Der Mann mit der schwarzen Feder

Gaston Leroux

(Übersetzer: Edgar Jepson)

Writat

Diese Ausgabe erschien im Jahr 2024

ISBN: 9789359949550

Herausgegeben von
Writat
E-Mail: info@writat.com

Inhalt

HISTORISCHES VORWORT

DIE SANDELHOLZ-KASTEN

Eines Abends im letzten Jahr bemerkte ich im Wartezimmer meiner Zeitung „ *Le Matin* " einen schwarz gekleideten Mann, dessen Gesicht von der dunkelsten Verzweiflung gezeichnet war und dessen trockene, tote Augen die Bilder von Dingen wie unbewegliche Spiegel zu empfangen schienen.

Er saß; und auf seinen Knien ruhte eine Schatulle aus Sandelholz mit Intarsien aus poliertem Stahl. Ein Bürojunge erzählte mir, dass er drei Stunden lang regungslos und schweigend da gesessen und auf mein Kommen gewartet hatte.

Ich lud diese Gestalt der Verzweiflung in mein Büro ein und bot ihm einen Stuhl an. Er nahm es nicht; Er ging direkt zu meinem Schreibtisch und stellte die Sandelholzkiste darauf ab.

Dann sagte er mit ausdrucksloser, weit entfernter Stimme zu mir: „Monsieur, diese Kiste gehört Ihnen. Mein Freund, M. Theophrastus Longuet , hat mich beauftragt, sie Ihnen zu bringen."

Er verbeugte sich und ging gerade zur Tür, als ich ihn aufhielt.

„Um Himmels willen , lauf nicht so weg!" sagte ich scharf. „Ich kann diese Box nicht erhalten, ohne zu wissen, was sie enthält."

„Ich weiß selbst nicht, was es enthält", sagte er im gleichen dumpfen, ausdruckslosen Ton. „Diese Kiste ist verschlossen; der Schlüssel ist verloren. Um das herauszufinden, müssen Sie sie aufbrechen."

„Auf jeden Fall würde ich gerne den Namen des Überbringers wissen", sagte ich fest.

„Mein Freund, M. Theophrastus Longuet , nannte mich ‚Adolphe'", sagte er im traurigsten Ton.

„Wenn M. Theophrastus Longuet mir diese Kiste selbst gebracht hätte, hätte er mir sicherlich gesagt, was sie enthält", sagte ich steif. „Ich bedauere, dass M. Theophrastus Longuet —"

„Das tue ich auch", sagte mein Besucher. „M. Theophrastus Longuet ist tot; und ich bin sein Testamentsvollstrecker."

Damit öffnete er die Tür, ging hindurch und schloss sie hinter sich. Ich starrte auf die Sandelholzschachtel; Ich starrte auf die Tür; dann rannte ich dem Mann hinterher. Er war verschwunden.

Ich ließ die Sandelholzkiste öffnen; und darin fand ich ein Bündel Manuskripte. In einer Zeitungsredaktion ist man es gewohnt, Bündel von Manuskripten zu erhalten; und ich begann sie mit erheblicher Müdigkeit durchzusehen. Sehr bald änderte sich das lebhafteste Interesse. Als ich immer tiefer in diese posthumen Dokumente eintauchte , fand ich die darin erzählte Geschichte immer außergewöhnlicher, immer unglaublicher. Lange Zeit habe ich es nicht geglaubt. Da es jedoch Beweise dafür gibt, bin ich nach eingehender Untersuchung zu dem Schluss gelangt, dass es wahr ist.

M. Theophrastus Longuet mir dieses seltsame Erbe vermachte, war an sich schon seltsam. Er kannte mich nicht; aber er hatte Artikel von mir in *Le Matin gelesen* , „seiner Lieblingsorgel "; und unter den vielen Mitwirkenden dieser Zeitschrift hatte er mich ausgewählt, nicht wegen meines überlegenen Wissens, eine Behauptung, die mich hätte erröten lassen, sondern weil er zu dem Schluss gekommen war, dass ich „einen solideren Intellekt" besitze als die anderen.

GASTON LEROUX

KAPITEL I

M. THEOPHRASTUS LONGUET WÜNSCHE SEINEN GEIST ZU VERBESSERN UND BESUCHT HISTORISCHE DENKMÄLER

M. Theophrastus Longuet war nicht allein, als er die Glocke des alten Palastgefängnisses, der Conciergerie, läutete: Er wurde von seiner Frau Marceline begleitet, einer sehr hübschen Frau, ungewöhnlich blond für eine Französin, von bewundernswerter Figur, und von M . Adolphe Lecamus , sein bester Freund.

Die Tür, die mit einem kleinen vergitterten Guckloch versehen war, drehte sich schwerfällig in den Angeln, wie es sich für eine Gefängnistür gehörte; Der Aufseher, der als Führer zum Gefängnis fungiert, ließ mit einem Bündel großer, altmodischer Schlüssel in der Hand die Gruppe mit offizieller Düsternis mustern und bat Theophrastus um seine Erlaubnis. Theophrastus hatte es noch am selben Morgen in der Polizeipräfektur besorgt; Er hielt es mit der Miene eines seiner Rechte überzeugten Bürgers hin und betrachtete seinen Freund Adolphe mit triumphierendem Blick.

Er bewunderte seinen Freund fast genauso sehr wie seine Frau. Nicht, dass Adolphe gerade ein gutaussehender Mann gewesen wäre; aber er strahlte Kraft und Kraft aus ; und es gab nichts auf der Welt, das Theophrastus, der schüchternste Mann von Paris, höher schätzte als Kraft und Tatkraft . Diese breite und hervortretende Stirn (während seine eigene schmal und hoch war), diese flachen und dicken Augenbrauen, die größtenteils ein wenig hochgezogen waren, um Verachtung gegenüber anderen und Selbstvertrauen auszudrücken, dieser durchdringende Blick (während seine eigenen blassblauen Augen blinzelten). hinter der Brille des Kurzsichtigen), diese große Nase, hochmütig gewölbt, diese Lippen, über denen sich ein brauner, geschwungener Schnurrbart befindet, dieses starke, eckige Kinn; Mit einem Wort, all dieser männliche Gegensatz zu seinem eigenen grotesken, schlaffen Gesicht war der ständige Gegenstand seiner stillen Bewunderung. Außerdem war Adolphe Postinspektor in Tunis gewesen: Er hatte „das Meer überquert".

Theophrastus hatte lediglich die Seine überquert . Niemand kann behaupten, dass es sich um eine echte Kreuzung handelt.

Der Führer brachte die Party in Gang; Dann sagte er:

"Du bist französisch?"

Theophrastus blieb mitten im Hof stehen.

„Sehen wir aus wie Deutsche?" sagte er mit einem selbstbewussten Lächeln, denn er war sich ganz sicher, dass er Franzose war.

„Es ist das erste Mal, dass ich mich daran erinnere, dass Franzosen die Conciergerie besucht haben. In der Regel besuchen Franzosen nichts", sagte der Führer mit seiner Miene offizieller Düsternis; und er ging weiter.

„Das ist falsch von ihnen. Die Denkmäler der Vergangenheit sind das Buch der Geschichte", sagte Theophrastus sentimental; und er blieb stehen, um stolz seine Frau und Adolphe anzusehen, denn er fand das Sprichwort gut.

Sie hörten ihm nicht zu; und während er dem Führer folgte, fuhr er in vertraulichem Ton fort: „Ich bin selbst ein alter Pariser; und wenn ich bis heute gewartet habe, um die Denkmäler der Vergangenheit zu besichtigen, dann aus meinem Beruf – ich war ein Fabrikant." von Stempeln bis zur letzten Woche – gab mir nicht die Muße, es zu tun, bis zu der Stunde, in der ich mich zurückzog. Diese Stunde hat geschlagen; und ich werde meinen Verstand verbessern." Und mit einer Miene der Entschlossenheit schlug er mit der Zwinge seines grünen Regenschirms auf das alte Pflaster.

Sie gingen durch eine kleine Tür und ein großes Tor, einige Stufen hinunter und fanden sich im Wachraum wieder.

Sie schwiegen und gaben sich ganz ihren Überlegungen hin. Sie taten alles, was sie konnten, um diese alten Mauern, die an eine so erstaunliche Geschichte erinnerten, dazu zu bringen, einen bleibenden Eindruck in ihrem Gedächtnis zu hinterlassen. Sie waren keine unempfindlichen Rohlinge. Während der Führer sie über den Cäsarsturm , den Silberturm oder den Bon-Bec-Turm führte, sagten sie sich vage, dass sich in ihnen seit mehr als tausend Jahren berühmte Gefangene befunden hätten, deren Namen sie vergessen hatten. Marceline dachte an Marie Antoinette, die Prinzessin Elisabeth und den kleinen Dauphin und auch an die Wachsfigurenwächter, die in Museen über die königliche Familie wachen. Im Geiste war sie also im Tempel, während sie körperlich die Conciergerie besuchte. Aber sie ahnte das nicht; also war sie ganz zufrieden.

Als sie den Silbernen Turm hinabstiegen, wo das einzige Relikt aus dem Mittelalter, das sie gefunden hatten, ein alter Herr war, der auf einem Hocker vor einem Rollschreibtisch saß und die Dokumente über politische Gefangene der Dritten Republik klassifizierte, kamen sie noch einmal in den Wachraum auf dem Weg zum Bon-Bec-Turm.

Theophrastus, der stolz darauf war, sich gut informiert zu zeigen, sagte zum Führer: „Haben die Girondisten nicht hier ihre letzte Mahlzeit eingenommen? Vielleicht zeigen Sie uns genau, wo der Tisch war und wo Camille Desmoulins saß. Ich schaue immer hin." Camille Desmoulins ist eine persönliche Freundin von mir.

„Das tue ich auch", sagte Marceline mit einer etwas überlegenen Miene.

Adolphe spottete über sie. Er behauptete, Camille Desmoulins sei kein Girondist. Theophrastus war verärgert und Marceline auch. Als Adolphe weiter behauptete, Camille Desmoulins sei ein Cordelier, ein Freund von Danton und einer der Anstifter der September-Massaker, bestritt sie dies.

„Er war nichts dergleichen", sagte sie bestimmt. „Wenn er es gewesen wäre, hätte Lucie ihn nie geheiratet."

Adolphe ging nicht weiter darauf ein, aber als sie die Folterkammer im Bon-Bec-Turm betraten, tat er so, als ob ihn die Etiketten an den Schubladen rund um die Wände, auf denen „Hopfen", „Zimt" und „Hopfen" standen, sehr interessierten. Senna.

„Das war die Folterkammer; sie haben sie in eine Apotheke umgewandelt", erklärte der Führer schroff.

„Sie haben es richtig gemacht. Es ist humaner", sagte Theophrastus sentimental.

„Kein Zweifel, aber es ist viel weniger beeindruckend", sagte Adolphe kalt.

Marceline stimmte ihm sofort zu...

Man war überhaupt nicht beeindruckt... Sie hatten etwas ganz anderes erwartet... Das war überhaupt nicht das, wonach sie gesucht hatten.

Doch als sie die Clock-Plattform betraten, veränderten sich ihre Gefühle. Der beeindruckende Anblick dieser feudalen Türme, die letzten Relikte der alten fränkischen Monarchie, beunruhigt selbst den Unwissendsten eine Zeit lang . Dieses tausend Jahre alte Gefängnis hat so viele großartige Todesqualen erlebt und so ferne und so legendäre Verzweiflungen verborgen, dass es den Anschein hat, als müsse man nur in seine Tiefen vordringen, um in einer dunklen, feuchten und tödlichen Ecke die tragische Geschichte von zu entdecken Paris, so unsterblich wie diese Mauern. Aus diesem Grund haben sie dort mit ein wenig Putz, Bodenbelag und Farbe das Büro des Direktors der Conciergerie und das des Blockflötenspielers eingerichtet; Sie haben den Tintenverschütter an die Stelle gestellt, an der einst der Henker stand. Es ist, wie Theophrastus sagt, humaner.

Nichtsdestotrotz, da es, wie Adolphe behauptete, weniger beeindruckend ist, drohte dieser Besuch vom 16. Juni letzten Jahres bei den drei Freunden nichts als die flüchtige Erinnerung an eine völlige Ernüchterung zu hinterlassen, als sich ein so unerhörter Vorfall ereignete und so seltsam fantastisch, dass ich es für unbedingt notwendig hielt, nachdem ich Theophrastus Longuets Bericht darüber in seinen Memoiren gelesen hatte, zur Conciergerie zu gehen und den Führer selbst ins Kreuzverhör zu nehmen.

Ich empfand ihn als einen behäbigen Kerl, offiziell düster, aber mit einer vollkommen klaren Erinnerung an die Ereignisse von Theophrastus' Besuch.

Auf meine Fragen verlor er seine düstere Miene und sagte etwas lebhaft: „Alles lief ganz wie immer, Sir; und ich hatte den beiden Herren und der Dame gerade die Küchen von St. Louis gezeigt – wo wir die Tünche aufbewahren." Wir waren auf dem Weg zur Zelle von Marie Antoinette, die heute eine kleine Kapelle ist. Die Christusfigur, vor der sie gebetet haben muss, befindet sich jetzt im Büro des Direktors –"

„Ja, ja; kommen wir zu den Fakten!" Ich habe unterbrochen.

„Wir kommen gerade zu ihnen. Ich habe dem Herrn mit dem grünen Regenschirm erzählt, dass wir gezwungen waren, den Sessel der Königin in das Büro des Direktors zu stellen, weil die Engländer den ganzen Inhalt davon in ihren Handtaschen wegtrugen –"

„Oh, lass die Engländer weg!" Sagte ich mit einiger Ungeduld.

Er sah mich mit verletzter Miene an und fuhr fort: „Aber ich muss Ihnen sagen, was ich dem Herrn mit dem grünen Regenschirm sagte, als er mich in einem so seltsamen Ton unterbrach, dass der andere Herr und die Dame gleichzeitig aufschrien: „ Was ist los, Theophrastus? Ich habe dich noch nie so sprechen hören! *Ich hätte deine Stimme nicht erkennen sollen!* ""

„Ah! Und was hat er zu dir gesagt?"

„Wir waren gerade am Ende der Paris Street angelangt – kennen Sie die Passage, die wir in der Conciergerie Paris Street nennen?"

„Ja, ja: los!"

„Wir waren oben in diesem schrecklichen schwarzen Gang, wo sich das Gitter befindet, hinter dem man den Frauen früher die Haare abschnitt, bevor man sie guillotinierte. Es ist das Originalgitter, wissen Sie."

„Ja, ja: los!"

„Es ist ein Durchgang, in den niemals ein Sonnenstrahl eindringt. Wussten Sie, dass Marie Antoinette durch diesen Durchgang in den Tod ging?"

„Ja, ja: Lass Marie Antoinette raus!"

„Da haben Sie die alte Conciergerie in all ihrem Grauen ... Dann sagte der Herr mit dem grünen Regenschirm zu mir: , *Zounds! Es ist Straw Alley!* ""

„ Er hat das gesagt? Bist du sicher? Hat er wirklich , *Zunds* 'gesagt ?"

"Jawohl."

„Nun, schließlich ist an seinem Ausspruch ‚ *Zounds! It's Straw Alley!* ‘ nichts besonders Bemerkenswertes.“

„Aber warten Sie noch ein bisschen, Sir“, sagte der Führer mit noch lebhafterem Ton. „Ich antwortete, dass er sich geirrt habe, dass die Straw Alley das sei, was wir heute ‚Paris Street‘ nennen.“ Er antwortete mit dieser seltsamen Stimme: „ *Zunds! Wirst du mir etwas über Straw Alley beibringen? Ich habe dort auf dem Stroh geschlafen, wie die anderen!* “ Ich lachte, obwohl ich mich ein wenig unwohl fühlte, dass niemand hatte mehr als zweihundert Jahre in der Straw Alley geschlafen.

„Und was hat er dazu gesagt?“

„Er wollte gerade antworten, als seine Frau sich einmischte und sagte: ‚Wovon redest du, Theophrastus? Wirst du dem Führer sein Geschäft beibringen, wenn du noch nie in deinem Leben in der Conciergerie warst?‘ Dann sagte er, aber mit seiner natürlichen Stimme, der Stimme, mit der er seit ihrem Eintreten gesprochen hatte: „Das stimmt. Ich war noch nie in meinem Leben in der Conciergerie.“

„Was hat er dann gemacht?“

„Nichts. Ich konnte den Vorfall nicht erklären und dachte noch einmal darüber nach, als noch etwas Seltsames geschah. Wir hatten die Zelle der Königin und Robespierres Zelle und die Kapelle der Girondins und die kleine Tür besichtigt, durch die die Gefangenen kamen September wollte im Gerichtssaal massakriert werden, und wir waren wieder in der Pariser Straße angekommen. Auf der linken Seite davon gibt es eine kleine Treppe, die niemand jemals hinuntergeht, weil sie in die Keller führt; und das Einzige, was man sehen kann In den Kellern herrscht die ewige Nacht. Die Tür unten besteht aus Eisenstangen, einem Gitter – vielleicht tausend Jahre alt oder noch älter. Der Herr, den sie Adolphe nannten, ging mit der Dame auf die Tür zu aus der Wachstube, als der Herr mit dem grünen Regenschirm wortlos die kleine Treppe hinunterlief und von unten mit der seltsamen Stimme , von der ich Ihnen erzählte, rief:

„‚Hallo! Wohin gehst du? *Hier entlang!* ‘

„Der andere Herr, die Dame und ich blieben stehen, als wären wir in Stein verwandelt worden. Ich muss Ihnen sagen, Sir, dass seine Stimme absolut schrecklich war; und es gab nichts in seinem Aussehen, das eine solche Stimme hätte erwarten lassen. Ich rannte, sozusagen gegen meinen Willen, zum oberen Ende der Treppe. Der Mann mit dem grünen Regenschirm warf mir einen vernichtenden Blick zu. Ich war wirklich wie vom Donner gerührt, wurde zu Stein und vom Donner gerührt, und als er mir zurief: „Öffne!“

dieses Gitter!' Ich weiß nicht, wie ich die Kraft aufbrachte, die Treppe hinunterzustürmen und sie zu öffnen. Dann, als das Gitter geöffnet wurde, stürzte er in die Nacht der Keller. Wohin ging er? Wie fand er seinen Weg? In diesen Keller der Conciergerie ist in eine schreckliche Dunkelheit getaucht, die seit Ewigkeiten nichts gebrochen hat.

„Hast du nicht versucht, ihn aufzuhalten?" sagte ich scharf.

„Er war zu weit gegangen, und ich hatte nicht die Kraft, ihn aufzuhalten. *Der Mann mit dem grünen Regenschirm gab mir nur Befehle* , und ich musste ihm gehorchen. Und wir standen eine Viertelstunde lang da, die halbe Stunde unser Verstand: Es war so seltsam. Und seine Frau redete, und sein Freund redete, und ich redete; und wir sagten nichts Sinnvolles; und wir starrten in die Dunkelheit, bis unsere Augen schmerzten. Plötzlich hörten wir seine Stimme – nicht seine erste Stimme, aber seine zweite Stimme, die schreckliche Stimme – und ich war so überwältigt, dass ich mich an den Türstangen festhalten musste.

„„Bist du das, *Simon der Auvergnat?* ' rief er.

„Ich antwortete nichts; und als er an mir vorbeiging, kam es mir vor, als hätte er ein Stück Papier in seine Brusttasche gesteckt. Er sprang die Treppe hinauf, drei Stufen auf einmal, und wir gingen hinter ihm her. Er bot nichts an Ich hatte keine Erklärung, und ich rannte einfach los, um ihnen die Tür des Gefängnisses zu öffnen. Ich wollte sie von hinten sehen. Als die Pforte geöffnet wurde und der Mann mit dem grünen Regenschirm die Schwelle überschritt, sagte er, ohne dass ich einen Grund dafür hätte finden können sehen:

„„ *Wir müssen dem Rad aus dem Weg gehen.* '

„Es gab keine vorbeifahrende Kutsche."

Kapitel II

: Der Papierschrott

Was ist passiert? Die Sache ist sehr unklar. Ich kann nichts Besseres tun, als Theophrastus Longuets Bericht darüber in den tatsächlichen Worten seiner Memoiren in der Sandelholzkiste wiederzugeben.

„Ich bin ein Mann mit einem gesunden Geist in einem gesunden Körper", schreibt er, „und ein guter Bürger: Das heißt, ich habe nie gegen das Gesetz verstoßen. Gesetze sind notwendig; und ich habe sie immer eingehalten. Zumindest glaube ich das." haben.

„Ich habe die Vorstellungskraft immer gehasst; und damit meine ich, dass ich es in allen Umständen immer gewesen bin, ob es zum Beispiel darum ging, jemandem meine Freundschaft zu schenken oder mich für eine Verhaltensweise entscheiden zu müssen." Achten Sie darauf, sich an den gesunden Menschenverstand zu halten. Das Einfachste schien mir immer das Beste zu sein.

„Ich litt zum Beispiel sehr, als ich entdeckte, dass mein alter Studienfreund Adolphe Lecamus süchtig nach dem Studium des Spiritualismus war.

„Der Mann, der Spiritualismus sagt, sagt Blödsinn. Der Versuch, Geister durch das Umdrehen des Spießes in Frage zu stellen, ist völlig absurd. Ich weiß, wovon ich spreche, denn um die Absurdität seiner Theorien zu beweisen, habe ich mit Adolphe und meinen Freunden an Sitzungen teilgenommen Frau. Wir saßen stundenlang um einen kleinen Tisch, der sich absolut nicht umdrehen wollte. Ich lachte ihn herzlich aus; und das ärgerte meine Frau, weil Frauen immer bereit sind, an das Unmögliche zu glauben und an das Geheimnisvolle zu glauben.

„Er brachte ihr immer Bücher mit, in denen sie gierig las; und manchmal vergnügte er sich damit, sie einzuschläfern, indem er vor ihrem Gesicht herumflog. Ich habe noch nie etwas Alberneres gesehen. Ich hätte es in der Tat vor keinem anderen ertragen sollen; Aber ich habe eine starke Vorliebe für Adolphe. Er hat ein kraftvolles Gesicht und war ein großer Reisender .

„Er und Marceline nannten mich einen Skeptiker. Ich antwortete, dass ich kein Skeptiker im Sinne eines Mannes sei, der an nichts glaubt oder an allem zweifelt. Ich glaube an alles, was es wert ist, geglaubt zu werden; ich glaube zum Beispiel an den Fortschritt. Das bin ich nicht." ein Skeptiker; ich bin ein Philosoph.

„Während seiner Reisen hat Adolphe viel gelesen; ich habe Stempel hergestellt. Ich bin das, was die Leute einen ‚erdigen Geist‘ nennen.“ Ich rühme mich nicht damit; ich sage es nur.

„Ich hielt es für gut, diese Skizze meiner Figur zu geben, um deutlich zu machen, dass das, was gestern passiert ist, nicht meine Schuld ist. Ich habe mir das Gefängnis angeschaut, als hätte ich im Louvre eine Krawatte kaufen können. Das wollte ich.“ Ich verbessere meine Meinung. Ich habe heutzutage viel Freizeit, seit wir das Geschäft verkauft haben. Ich sagte: „Lasst es uns wie die Engländer machen und uns die Sehenswürdigkeiten von Paris ansehen.“ Es war reiner Zufall, dass wir mit der Conciergerie angefangen haben.

„Es tut mir wirklich sehr leid, dass wir das getan haben.

„Tut es mir wirklich sehr leid? Ich bin mir nicht sicher. Ich bin mir über nichts sicher. Im Moment bin ich ganz ruhig. Und ich werde das, was passiert ist, genau so aufschreiben, als wäre es jemand anderem passiert. Egal, was.“ Es ist eine Geschichte!

„Während wir durch die Türme gingen, passierte nichts, was es wert wäre, hier niedergelegt zu werden. Ich erinnere mich, dass ich mir im Bon-Bec-Turm gesagt habe:

„‚Was, gab es hier in dieser kleinen Kammer, die wie ein Lebensmittelgeschäft aussieht, so viele Qualen und so viele berühmte Opfer, die den Märtyrertod erlitten?‘

„Ich habe versucht, mir ehrlich den Schrecken dieser Kammer vorzustellen, als der Henker und seine Gehilfen mit ihren schrecklichen Instrumenten zu den Gefangenen kamen, um sie zu zwingen, staatsgefährdende Verbrechen zu gestehen. Aber aufgrund der kleinen Etiketten auf den Schubladen, auf dem „Senna“, „Hopfen“ steht, ist mir nicht gelungen.

„Dieser Bon-Bec-Turm! Sie nannten ihn auch *„Prattler“* , wegen der schrecklichen Schreie, die aus ihm erklangen und den stillen Passanten beim Klang der Gerechtigkeit des Königs erschaudern und seine Schritte am Kai beschleunigen ließen.

„Jetzt ist der Bon-Bec-Turm friedlich und sehr still. Ich beschwere mich nicht darüber: Es ist Fortschritt.“

„Aber als wir in den Teil der Conciergerie vordrangen, der sich seit Jahrhunderten kaum verändert hat, und ruhig zwischen diesen kahlen Steinmauern entlanggingen, die nie von einer frischen Verkleidung, keinem profanen Putz bedeckt waren, begann ein unerklärliches Fieber meine Adern zu füllen; und wann Wir waren in der Dunkelheit am Ende der Straw Alley, ich rief: „ *Zounds! Es ist Straw Alley!* “

„Sofort drehte ich mich um, um zu sehen, wer diese Worte gesprochen hatte. Sie starrten mich alle an, und ich erkannte deutlich, dass ich sie selbst gesprochen hatte. Tatsächlich zitterte meine Kehle immer noch von ihren Äußerungen.

„Der Idiot von einem Führer behauptete, dass wir an der Straw Alley vorbeigekommen seien. Ich habe ihm widersprochen, und er hat den Mund gehalten. Ich war mir meiner Fakten sicher, wissen Sie, ganz sicher, dass es Straw Alley war Stroh darin. Aber es ist absurd. Wie konnte ich wohl in der Straw Alley auf Stroh schlafen, als ich zum ersten Mal in der Conciergerie war? War ich mir außerdem sicher? Das ist es, was mir Sorgen macht. Das hatte ich ein schrecklicher Kopfschmerz.

„Meine Stirn brannte, obwohl ich spürte, wie ein starker kalter Luftstrom sie umwehte. Draußen war ich kühl, drinnen war ich wie ein Ofen.“

„Was hatten wir gemacht? Ich hatte einen Moment zuvor einen ruhigen Spaziergang durch die Kapelle der Girondins gemacht, und während der Führer uns die Geschichte erzählte, spielte ich mit meinem grünen Regenschirm. Es ärgerte mich nicht im Geringsten, dass ich gerade dabei war Ich habe mich so seltsam verhalten. Ich war mein natürliches Selbst. Aber was das betrifft, habe ich nie aufgehört, mein natürliches Selbst zu sein.

„Das, was mir später widerfuhr, war auch ganz natürlich, da es nicht das Ergebnis irgendeiner Anstrengung war. Das Unnatürliche ist genau das, was mir nicht widerfahren ist.“

„Ich erinnere mich, dass ich mich am Fuß einer Treppe vor einem Gitter befand. Ich war mit übermenschlicher Kraft ausgestattet ; ich schüttelte das Gitter und rief: ‚Hier entlang!‘ Die anderen, *die es nicht wussten* , kamen langsam. Ich weiß nicht, was ich mit dem Gitter hätte machen sollen, wenn der Führer es nicht für mich aufgeschlossen hätte. Ich weiß auch nicht, was ich mit dem Gitter hätte machen sollen Führer. Ich war verrückt. Nein, ich habe kein Recht, das zu sagen. Ich war nicht verrückt; und das ist sehr schade. Es ist schlimmer, als wenn ich verrückt gewesen wäre.

„Zweifellos befand ich mich in einem Zustand großer nervöser Erregung; aber mein Geist war völlig klar. Ich glaube nicht, dass ich jemals so klar gesehen habe; und doch tappte ich im Dunkeln. Ich glaube nicht, dass ich jemals klarere Erinnerungen hatte ; und doch war ich an einem Ort, den ich nicht kannte. Himmel! Ich erkannte ihn nicht und *ich erkannte ihn!* Ich zögerte nicht auf meinem Weg. Meine tastenden Hände fanden die Steine, nach denen sie in der Dunkelheit suchten; und meine Füße betraten einen Boden, der ihnen nicht fremd sein konnte.

„Wer wird jemals in der Lage sein, das Alter dieses Bodens zu bestimmen; wer wird Ihnen jemals das Alter dieser Steine sagen können? *Ich weiß es selbst nicht*. Sie sprechen vom Ursprung des Palastes. Was ist der Ursprung des?" Sie werden vielleicht sagen können, wann diese Steine enden werden, aber sie werden nie sagen können, wann sie begonnen haben. Und sie sind vergessen, diese Steine, in der tausendjährigen Nacht der Keller. Das Seltsame ist das Ich erinnerte mich an sie.

„Ich kroch an den feuchten Mauern entlang, als wäre mir der Weg wohlbekannt. Ich erwartete bestimmte raue Stellen in der Mauer; und sie reichten bis zu meinen Fingerspitzen; ich zählte die Kanten der Steine und das wusste ich am Ende." Von einer bestimmten Anzahl musste ich mich nur umdrehen, um am anderen Ende eines Durchgangs *einen Strahl zu sehen, den die Sonne dort seit Beginn der Geschichte von Paris vergessen hatte* . Ich drehte mich um und sah den Strahl; *und ich fühlte, wie mein Herz laut schlug der Tiefpunkt der Jahrhunderte* .

M. Longuet unterbricht seine Erzählung für eine Weile, um den Wirbel seines Geistes in dieser einzigartigen Stunde zu beschreiben. Er hat die größte Schwierigkeit, Herr seines Gedankens zu bleiben, die größte Schwierigkeit, ihm zu folgen. Es rast vor ihm her wie ein Pferd, das davonläuft und dessen Zügel er losgelassen hat. Es lässt ihn zurück und stürmt weiter, hinterlässt auf dem Papier als Spuren seines Vorbeigehens Worte von solcher Tiefgründigkeit, dass ihm, wenn er sie anschaut, schwindelig wird, sagt er.

Und er fügt voller Angst hinzu:

„Man muss am Rande dieser Worte stehen bleiben, so wie man am Rande eines Abgrunds stehen bleibt."

Und er führt die Feder mit fieberhafter Hand, während er sich immer weiter in die Tiefen dieser unterirdischen Galerien vergräbt:

„Und das ist der Prattler! Das sind die Mauern, die gehört haben! Es war nicht oben, im Sonnenlicht, dass der Prattler sprach; es war hier, in dieser Nacht der Unterwelt. Hier sind die Ringe in den Mauern. Ist es? Der Ring von Ravaillac ? *Ich erinnere mich nicht mehr.*

„Aber auf den Strahl zu, auf den einzigartigen Strahl, bewegungslos und ewig, den schwachen, quadratischen Strahl, der seit Anbeginn der Zeitalter die Form eines Luftlochs annahm und bewahrte, ich schreite voran; ich schreite in stolpernder Eile voran, während der Das Fieber verzehrt mich, lodert und macht mein Gehirn schwindelig. Meine Füße bleiben stehen, aber mit einem solchen Schock, dass man glauben könnte, sie wären von unsichtbaren Händen gefangen, aus der Erde gestiegen; meine Finger laufen über die Wand, tasten und betasten diese Stelle in der Wand . Was wollen meine Finger? Was ist der Gedanke meiner Finger? Ich hatte ein Federmesser in meiner Tasche; und plötzlich ließ ich meinen grünen Regenschirm zu Boden fallen, um mein Federmesser aus der Tasche zu ziehen. Und ich Ich kratzte mit Sicherheit zwischen zwei Steinen. Ich entfernte Staub und Mörtel zwischen zwei Steinen. Dann durchbohrte mein Messer etwas zwischen den beiden Steinen und holte es heraus.

„Deshalb weiß ich, dass ich nicht verrückt bin. Das Ding liegt unter meinen Augen. In meinen ruhigsten Stunden kann ich, Theophrastus Longuet , es auf meinem Schreibtisch zwischen meinen neuesten Stempelmodellen betrachten. Ich bin nicht verrückt." ; es ist dieses Ding, das verrückt ist. Es ist ein Stück Papier, zerrissen und befleckt – ein Dokument, dessen Alter man nicht sagen kann und das in jeder Hinsicht dazu geeignet ist, einen stillen Stempelhersteller in größte Bestürzung zu stürzen. Das Papier Wie Sie sich vorstellen können, ist es durch die Feuchtigkeit der Keller verrottet. Die Feuchtigkeit hat die Hälfte der Wörter weggefressen, die aufgrund ihres roten Farbtons scheinen, als wären sie mit Blut geschrieben worden.

„Aber in diesen Worten vor mir, in diesem Dokument, das sicherlich vor zwei Jahrhunderten geschrieben wurde, das ich unter dem quadratischen Strahl des Luftlochs hindurchging und das ich mit entsetzten Haaren betrachtete, ERKANNTE ICH MEINE EIGENE HANDSCHRIFT ."

Hier ist dieses kostbare und geheimnisvolle Dokument deutlich abgedruckt:

„Ich habe meine Schätze nach dem Verrat am 1. April verloren
. Gehen Sie und sehen Sie sich die Chopinettes
an, schauen Sie sich die Gall an,
schauen Sie sich sofort den CockDig an, und Sie werden reich sein."

KAPITEL III

THEOPHRASTUS LONGUET bricht in ein Lied aus

Als Marceline und Adolphe das Gefängnis verließen, waren sie natürlich voller Neugier, die Gründe für das außergewöhnliche Verhalten von Theophrast zu erfahren ; und es fiel ihm sehr schwer, sie vom Thema abzubringen. Er behandelte die Angelegenheit auf die leichte Schulter und erklärte, dass ihn die Laune dazu verleitet habe, die Keller der Conciergerie aufzusuchen; und er hatte sie besucht. Sie waren von seiner Haltung gegenüber dem Führer noch mehr beeindruckt als von seinem tatsächlichen Sprung in die Keller. Dass Theophrastus, der schüchterne Theophrastus, nicht einen einfachen Mann, sondern einen Beamten eingeschüchtert haben sollte, erstaunte sie. Theophrastus gibt zu, dass er genauso erstaunt war wie sie und ziemlich stolz auf sich war. Den ganzen Abend über beschäftigten sie sich immer wieder mit der Sache, bis ihre Verwunderung und ihr Interesse durch die bloße Fortsetzung ihrer Äußerungen nachließen. Aber Theophrastus war in der Tat froh, als der Schlaf endlich Marcelines Zunge band.

Am nächsten Tag schloss er sich in seinem Arbeitszimmer ein, unter dem Vorwand, seine Rechnungen in Ordnung zu bringen. Sein Fenster blickt auf die kleine Rasenfläche in der Mitte des Anvers Square; und er beugte sich über das Fensterbrett und betrachtete die prosaische Realität der Szene, als könnte er nicht genug davon haben. Er freute sich vor allem über die Krankenschwestern, die ihre Babys in Kinderwagen vorbeizogen, und über das Geschrei der Kinder, die auf dem Platz herumtollten.

Sein Gedanke war von großer Einheit und großer Einfachheit. Es war vollständig in dem Satz enthalten: „Die Welt hat sich nicht verändert."

Nein: Die Welt hatte sich nicht verändert. Da waren die Babys in den Kinderwagen; und als die Uhr zwei schlug, begann die Signora Petito , die Frau des Italienischprofessors, der in der Wohnung über ihm wohnte, *„Der Karneval von Venedig" zu spielen* .

Nein: Nichts auf der Welt hatte sich verändert; Doch als er sich umdrehte, konnte er auf seinem Schreibtisch zwischen den Stempelmodellen ein Stück Papier entdecken.

dieser Zettel *wirklich* ? Er hatte eine fiebrige Nacht verbracht, fast eine Nacht im Delirium; und am Ende war er zu dem Schluss gekommen, dass sein seltsames Abenteuer ein böser Traum gewesen sein musste. Doch am Morgen hatte er den Zettel in einer Schublade seines Schreibtisches gefunden ...

Selbst jetzt sagte er sich immer wieder: „Ich werde mich gleich umdrehen, und der Fetzen Papier wird nicht da sein." Er drehte sich um; und der Zettel war da – *in seiner eigenen Handschrift*.

Er fuhr sich mit der Hand über die schwitzende Stirn und seufzte wie ein bekümmertes Kind. Dann schien er einen endgültigen Entschluss gefasst zu haben und steckte den Zettel vorsichtig in seine Handtasche. Ihm war gerade eingefallen, dass Signor Petito einen hervorragenden Ruf als Experte für Handschrift hatte. Sein Freund Adolphe war ebenfalls ein Experte für Handschrift, allerdings aus spiritistischer Sicht. Er erzählte es der Figur. Theophrastus hatte nicht die Absicht, Adolphe um Rat zu bitten. Die Angelegenheit war bereits zu geheimnisvoll, um sie der überbordenden Fantasie eines Mediums zu überlassen, das sich als Schüler eines Papus rühmte.

Petitos Arbeitszimmer geführt.

Er befand sich in der Gegenwart eines Mannes mittleren Alters, dessen Hauptmerkmale eine Fülle krausschwarzer Haare, ein durchdringender Blick und riesige Ohren waren. Nachdem sie sich gegrüßt hatten, kam Theophrastus auf das Thema des Papierfetzens zu sprechen. Er zog es aus seiner Handtasche und einem nicht unterschriebenen Brief, den er einige Tage zuvor geschrieben hatte.

„Signor Petito ", sagte er, „ich verstehe, dass Sie ein erstklassiger Experte für Handschrift sind. Ich wäre Ihnen sehr dankbar, wenn Sie diesen Brief und dieses Dokument prüfen und mir das Ergebnis Ihrer Prüfung mitteilen würden. Ich versichere mich." dass es keine Verbindung gibt –"

Er blieb plötzlich stehen, rot wie eine Pfingstrose, denn er hatte nicht die Angewohnheit zu lügen. Aber Signor Petito hatte den Brief und den Zettel bereits mit dem Blick eines Experten gescannt; und mit einem Lächeln, das alle seine überaus weißen Zähne zeigte, sagte er:

„Ich werde Sie nicht auf meine Antwort warten lassen, M. Longuet. Das Dokument ist in einem sehr schlechten Zustand; aber die Handschriftfetzen, die man lesen kann, stimmen in jeder Hinsicht mit der Handschrift des Briefes überein. Vor den Gerichten, Herr Longuet, vor Gott und vor den Menschen wurden diese beiden Handschriften *von derselben Hand gezeichnet!*" Er legte seine Hand mit großer Miene auf sein Herz.

Er ging auf Einzelheiten ein: Ein Kind, erklärte er, könne sich dabei nicht irren. Er wurde Orakeler.

„Die Handschrift ist bei beiden gleichermaßen eckig", sagte er in einem sehr pompösen Ton. „Mit eckig, M. Longuet, beschreiben wir eine Handschrift, bei der die dünnen Striche, die die Striche der Buchstaben und die

Buchstaben miteinander verbinden, in einem spitzen Winkel stehen. Verstehen Sie? Sehen Sie sich diesen Haken und diesen und diesen an dünner Strich und all diese Buchstaben, die in gleichen Proportionen zunehmend zunehmen. Aber was für eine scharfe Handschrift, M. Longuet ! Ich habe noch nie eine so scharfe Handschrift gesehen: *Sie ist so scharf wie eine Messerklinge!* "

Bei diesen letzten Worten wurde Theophrastus so blass, dass Signor Petito glaubte, er würde in Ohnmacht fallen. Dennoch nahm er den Brief und das Dokument entgegen, dankte Signor Petito und verließ die Wohnung.

Er ging direkt aus dem Haus und schlenderte lange Zeit durch die Straßen. Schließlich befand er sich am Saint-Andrew-des-Arts Place ; Dann ging er zur Suger Street und öffnete den Riegel einer altmodischen Tür. Er befand sich in einem dunklen und schmutzigen Gang. Ein Mann kam ihm entgegen, erkannte ihn und begrüßte ihn.

„Wie geht es dir, Theophrastus? Welcher gute Wind weht dich hierher?" sagte er in liebevollem Ton.

„Wie geht es dir, Ambrosius?" sagte Theophrastus düster.

Da sie sich seit zwei Jahren nicht mehr begegnet waren, hatten sie hundert Fragen aneinander zu stellen. Ambrosius war von Beruf Visitenkartenstecher. Er war Drucker in der Provinz gewesen ; Aber nachdem er sein gesamtes Kapital in eine neue Erfindung des Buchdrucks gesteckt hatte, dauerte es nicht lange, bis er bankrott ging. Er war ein Cousin von Marceline; und Theophrastus, der eine gute Seele war, war ihm in der Stunde seiner größten Not zu Hilfe gekommen.

Theophrastus setzte sich auf einen Strohstuhl in einem kleinen Raum, der als Werkstatt diente und durch ein großes, staubiges Oberlicht an der Decke erhellt wurde.

„Du bist ein Wissenschaftler, Ambrose", sagte er immer noch düster.

"Nichts Derartiges!" sagte Ambrose schnell.

„Ja, das bist du. In Sachen Papier könnte dir niemand etwas beibringen."

„Oh ja, das stimmt. Ich kenne mich mit Papier aus."

„Du kennst alle Papiere", sagte Theophrastus.

„Alle", sagte Ambrose mit bescheidenem Stolz.

„Wenn man Ihnen ein Stück Papier zeigen würde, könnten Sie dessen Alter erkennen?"

„Ja, ich habe eine Monographie über die Wasserzeichen der im 17. und 18. Jahrhundert in Frankreich verwendeten Papiere veröffentlicht. Die Akademie krönte sie."

„Ich weiß es. Und ich habe vollstes Vertrauen in deine Kenntnis der Papiere", sagte Theophrastus mit ungelinderter Trübsal.

„Es ist wohlbegründet; aber eigentlich ist es eine sehr einfache Sache. Die ältesten Papiere zeigten zunächst, als sie neu waren, eine glatte, glänzende Oberfläche. Doch bald erschienen auf ihnen Drahtspuren, die in regelmäßigen Abständen von senkrechten Linien durchzogen waren Sie reproduzierten den Abdruck des Metallgitters, auf dem die Paste verteilt war. Im 14. Jahrhundert hatten sie die Idee, diese Reproduktion zu nutzen , indem sie sie zum Zeichen der Quelle oder Mühle machten, aus der das Papier stammte. Mit diesem Ziel vor Augen stickten sie In Messingdraht auf der Spalierform , Initialen, Wörter und alle möglichen Embleme: Das sind die Wasserzeichen. Jedes mit Wasserzeichen versehene Blatt Papier trägt in sich seine Geburtsurkunde; aber die Schwierigkeit besteht darin, sie zu entziffern. Es erfordert ein wenig Übung: der Topf, der Adler, die Glocke ..."

Theophrastus öffnete seine Brieftasche und hielt ihm mit zitternden Fingern seinen Zettel hin.

„Könnten Sie mir das genaue Alter dieses Dokuments sagen?" er sagte.

Ambrose setzte seine Brille auf und hielt die Zeitung ins Licht.

„Es gibt ein Datum", sagte er. „172... Die letzte Zahl fehlt. Dann wäre es ein Papier aus dem 18. Jahrhundert. Angesichts des Datums innerhalb von zehn Jahren wird unsere Aufgabe sehr einfach."

„Oh, ich habe das Datum gesehen", sagte Theophrastus schnell. „Aber ist das wirklich eine Zeitung aus dem 18. Jahrhundert? Ist das Datum nicht falsch? Das ist es, was ich wissen möchte."

Ambrose zeigte auf die Mitte des Stücks.

„Schau", sagte er.

Theophrastus schaute; aber er sah nichts. Dann zündete Ambrose eine kleine Lampe an und warf ihr Licht auf das Dokument. Indem man das Stück Papier zwischen die Augen und die Lampe hielt, erkannte man in der Mitte eine Art Krone.

„Dieses Papier ist äußerst selten, Theophrastus!" rief Ambrose in großer Aufregung. „Dieses Wasserzeichen ist fast unbekannt, da nur sehr wenig davon hergestellt wurde. Das Wasserzeichen heißt ‚Die Dornenkrone'." Dieses Papier, mein lieber Theophrastus, stammt genau aus dem Jahr 1721.

„Sind Sie sicher?“

„Absolut. Aber wie kommt es, dass dieses Dokument, das auf das Jahr 1721 datiert ist, in jedem sichtbaren Teil von Ihrer Handschrift stammt?“ rief Ambrosius erstaunt.

Theophrastus stand auf, steckte das Dokument wieder in seine Handtasche und ging stolpernd hinaus, ohne zu antworten.

Aus dem Sammelsurium an Dokumenten, aus denen seine Memoiren bestehen, gebe ich die folgende Passage wieder:

„Jetzt also“, schreibt Theophrastus, „hatte ich den Beweis; ich konnte nicht mehr zweifeln; ich hatte nicht mehr das Recht zu zweifeln. Dieses Stück Papier, das vom Anfang des 18. Jahrhunderts stammte, aus der Zeit des Regenten, Dieses Blatt, das ich gefunden oder besser gesagt in einem Gefängnis *gesucht hatte* , war tatsächlich von mir selbst geschrieben. Ich hatte auf diesem Blatt geschrieben: „Ich, Theophrastus Longuet , verstorbener Hersteller von Stempeln, der erst eine Woche zuvor in den Ruhestand gegangen war: Im Alter von einundvierzig Jahren hatte ich auf dieses Blatt die immer noch unverständlichen Worte geschrieben, die ich im Jahr 1721 darauf las! Außerdem brauchte ich weder Signor Petito noch Ambrosius, um mich davon zu überzeugen. Mein ganzes Wesen schrie: ‚Das ist deine Arbeit! Es ist deine Arbeit!‘“

„Bevor ich Theophrastus Longuet wurde , der Sohn von Jean Longuet , Gärtner in Ferté -sous- Jouarre , war ich in der Vergangenheit jemand gewesen, den ich nicht kannte, der aber in mir wiedergeboren wurde. Ja: hin und wieder Dann bekam ich „Schaum vor dem Mund“, als ich daran dachte, dass ich vor zweihundert Jahren gelebt habe!

„Wer war ich? Wie war denn mein Name? Ich hatte eine seltsame Gewissheit, dass diese Fragen nicht lange unbeantwortet bleiben würden. War es nicht eine Tatsache, dass bereits Dinge aus meiner Vergangenheit auftauchten, von denen ich in meinem jetzigen Leben keine Ahnung hatte?“ Was bedeuteten bestimmte Sätze, die ich in der Conciergerie geäußert hatte? Wer war Simon der Auvergnat, dessen Name mir zweimal über die brennenden Lippen gekommen war?

„Ja, ja: Der Name von vor langer Zeit, *mein* Name, würde auch zu meinem erwachenden Gehirn aufsteigen; und wenn ich wüsste, wer ich war, sollte ich mich an mein gesamtes wiederauflebendes Leben in der Vergangenheit erinnern und das Dokument auf einen Blick lesen.“

Theophrastus Longuet könnte durchaus beunruhigt sein. Er war eine einfache, ziemlich dichte, selbstzufriedene Seele, die nie an etwas anderes als an Stempel geglaubt hatte. Als gutmütiger, streng ehrlicher, engstirniger und hartnäckiger Kaufmann hatte er, wie der Großteil seiner Klasse in Frankreich, die Religion nur für Frauen geeignet gehalten; und ohne sich für einen Ungläubigen zu erklären, pflegte er zu sagen, dass man, wenn man starb, schon lange tot war.

Er hatte gerade auf die überzeugendste und greifbarste Weise erfahren, dass *man niemals tot war* .

Es war tatsächlich ein Schlag. Aber er hat es sehr gut verkraftet. Von dem Moment an, als er sich daran erinnerte, zu Beginn des 18. Jahrhunderts gelebt zu haben, begann er zu bedauern, dass es nicht zweitausend Jahre früher gewesen war.

Das ist die Natur des französischen Kaufmanns; er ist voller gesundem Menschenverstand; aber wenn er übertreibt, überschreitet er alle Grenzen.

In seiner Unsicherheit über seine frühere Existenz hatte er zwei eindeutige Fakten als Ausgangspunkt: das Datum 1721 und das Conciergerie-Gefängnis. Diese ermöglichten es ihm zu bestätigen, dass er 1721 als Staatsgefangener in der Conciergerie eingesperrt worden war: Er konnte nicht einen Augenblick zugeben, dass er, Theophrastus Longuet , selbst in den bösen Zeiten Ludwigs XV. möglicherweise eine Zeit lang im Gefängnis gewesen sein könnte Verstoß gegen das Common Law.

Auch hier gab der Fetzen Papier Anlass zu bestimmten Schlussfolgerungen. Zu irgendeinem verzweifelten Zeitpunkt, möglicherweise am Vorabend seiner Hinrichtung, hatte er es geschrieben und in der Wand versteckt, um es zwei Jahrhunderte später bei einem flüchtigen Besuch wiederzufinden. Daran war nichts Übernatürliches; es handelte sich lediglich um die logische Erklärung des Sachverhalts.

Er wandte sich noch einmal der Prüfung des Dokuments zu. Zwei Worte darin schienen ihm natürlich von größter Bedeutung zu sein. Es waren die Worte „Verrat" und „Schätze".

Er hoffte, von diesen beiden Worten seine frühere Persönlichkeit wiederherzustellen. Erstens war klar, dass er reich und mächtig gewesen war. Nur reiche Männer vergraben Schätze; Nur mächtige Männer werden verraten. Es schien ihm, dass es sich um einen denkwürdigen, vielleicht historischen Verrat an *dem Verrat vom 1. April gehandelt haben musste* .

Was auch immer an dem Dokument noch geheimnisvoll war, es war ganz klar, dass er eine große Persönlichkeit gewesen war und Schätze vergraben hatte.

"Von Jove!" er sagte zu sich selbst. „Vorausgesetzt, dass niemand sie berührt hat, gehören diese Schätze mir! Notfalls könnte ich mit diesem Dokument in meiner eigenen Handschrift meinen Anspruch auf sie begründen."

Theophrastus war kein reicher Mann. Er hatte sich mit mäßiger Kompetenz aus dem Geschäft zurückgezogen: ein Häuschen auf dem Land mit seinem kleinen Garten, seinem Brunnen und seinem Rasen. Es war nicht viel, abgesehen von gelegentlichen Anfällen von Extravaganz bei Marceline. Bestimmt würden die Schätze sehr nützlich sein.

Gleichzeitig müssen wir ihm zugutehalten, dass er sich viel mehr für das Geheimnis seiner Persönlichkeit interessierte als für das Geheimnis der Schätze . Er beschloss, seine Suche nach ihnen zu verschieben, bis er der Persönlichkeit, die 1721 Theophrastus gewesen war, definitiv einen Namen nennen konnte. Seiner Meinung nach würde diese Entdeckung, die für ihn von größtem Interesse war, der Schlüssel zu allem anderen sein.

Er war etwas erstaunt über das plötzliche Verschwinden dessen, was er seinen „historischen Instinkt" nannte. Zu Beginn seines Lebens hatte es daran gefehlt; aber es hatte sich ihm in den Kellern der Conciergerie mit der Plötzlichkeit und Nachdruck eines Donnerschlags offenbart. Für eine Weile hatte der Andere (in seinen Gedanken nannte er die große Persönlichkeit, die er im 18. Jahrhundert gewesen war, den „Anderen") Besitz von ihm ergriffen. Der Andere war so völlig Herr über ihn gewesen, dass er mit den Händen des Anderen gehandelt und mit seiner Stimme gesprochen hatte. Es war der Andere, der das Dokument gefunden hatte. Es war der Andere, der geschrien hatte: „ *Zounds! Es ist Straw Alley! "Es war der Andere, der Simon den Auvergnat* genannt hatte und dann verschwunden war. Theophrast wusste nicht, was aus ihm geworden war. Er suchte vergeblich. Er sondierte sich selbst und erkundete die Tiefen seines Wesens. Nichts!

Theophrastus würde es nicht ertragen. Sein ganzes Leben lang hatte ihn keine ungesunde Neugier auf den Anfang oder das Ende der Dinge geplagt; er hatte keine Zeit mit den Geheimnissen der Philosophie verschwendet. Er hatte angesichts ihrer Sinnlosigkeit mit den Schultern gezuckt. Aber seit der Offenbarung der außergewöhnlichen Tatsache, dass ein Mann im Jahr 1911 Stempel verkaufte, nachdem er 1721 Schätze vergraben hatte, schwor er, das Geschäft zu beenden. Er würde es wissen. Er würde alles wissen.

Sein „historischer Instinkt" schien ihn vorerst verlassen zu haben, er würde in Büchern danach suchen. Am Ende würde er sicherlich herausfinden, wer die mysteriöse Person war, die 1721 in der Conciergerie eingesperrt worden war, nachdem sie am 1. April verraten worden war. Welcher 1. April? Das blieb noch herauszufinden.

Obwohl der Verkauf von Stempeln den Menschen nicht für historische Forschungen geeignet machte, begab er sich in Bibliotheken und machte sich auf die Suche nach dieser Persönlichkeit. Er studierte das Leben der führenden Männer dieser Zeit. Da er dabei war, war ihm nichts zu großartig: Fürsten, Adlige, Staatsmänner und Generäle studierte er das Leben aller. Er hielt eine Weile bei dem großen Finanzier Law inne, fand ihn aber zu zerstreut; Der gleiche Einwand galt für den Comte du Barry; und er war geradezu entsetzt bei dem Gedanken, dass er der Comte de Charolais gewesen sein könnte, der für seine Ausschweifungen bekannt war und dessen Hobby es war, Strohdecker bei der Arbeit auf den Hausdächern zu erschießen. Achtundvierzig Stunden lang war er der Kardinal von Polignac, bevor er mit Ekel erfuhr, dass dieser große Kirchenmann kein Mann von makelloser Tugend gewesen war. Wann immer er eine Person traf, die von den Historikern in den bezauberndsten Farben gemalt und mit den solidesten Tugenden geschmückt wurde, war diese Persönlichkeit ihm ausnahmslos unhöflich, weil sie nicht am 1. April in der Conciergerie eingesperrt oder verraten worden war.

Allerdings hatte er gerade *im Journal de Barbier* einen Günstling des Regenten entdeckt , der seltsamerweise genau der Mann war, den er suchte, als sich in seinem Fall eine Entwicklung vollzog, die ihn in tiefe Bestürzung versetzte.

Er hatte Marceline zu seinem Landhaus am Ufer der Marne geschickt, wohin sie sich Anfang Juli zu begeben pflegten; und Adolphe war zum Dorfgasthaus hinuntergegangen, um ihr dabei zu helfen, alles für ihren Aufenthalt in Ordnung zu bringen. Ihre Abwesenheit gab ihm mehr Freiheit, seine Forschungen voranzutreiben. Dann, am Morgen des Jahrestages seiner Hochzeit, ging er hinunter, um sich ihnen in der Hütte anzuschließen. Er hatte es „Azure Waves Villa" genannt, trotz der Einwände von Adolphe, der darauf bestanden hatte, dass ein solcher Name nur für ein Häuschen am Meer geeignet sei. Theophrastus war in dieser Sache standhaft geblieben, denn er erklärte, er sei oft in Treport gewesen und das Meer sei immer grün gewesen; während er beim Gründlingsfischen in der Marne häufig beobachtet hatte, dass die Wellen blau waren.

Er fand seine Frau und seinen Freund, die ihn sehnsüchtig auf der Schwelle erwarteten; und wie mit der Miene eines Günstlings des Regenten lobte er Marceline für ihr bezauberndes Aussehen, er schwenkte anmutig seinen grünen Regenschirm, von dem er sich selten trennen ließ, auf die Art und Weise, wie er glaubte, dass die Dandys mit ihren Stöcken wedelten Anfang des 18. Jahrhunderts.

Er befand sich im Haushalt im Stress der Vorbereitungen für das Jubiläumsessen, zu dem mehrere seiner Freunde aus der Nachbarschaft ihre Frauen mitbrachten, um Theophrastus und Marceline die Ehre zu erweisen.

Immer noch der Favorit des Regenten, fand er zum Erstaunen von Marceline und Adolphe für jeden Gast ein paar freundliche Komplimente. Keiner von ihnen hatte ihn jemals zuvor als Gastgeber so glänzen sehen.

Sie aßen in einem Zelt im Garten; und das Gespräch drehte sich sofort um das Angeln, einen Sport, dem sie alle gewidmet waren; und sie taten ihr Bestes, um ihre Heldentaten genau darzustellen. Herr Lopard hatte einen drei Pfund schweren Hecht gefangen; alte Fräulein. Taburet beklagte sich bitterlich darüber, dass jemand in ihrem Lieblingsbecken gefischt hatte ; ein Dritter erklärte, dass die Fische überfüttert würden; und es gab eine lange Diskussion über Grundfutter.

Theophrastus sagte nichts: Er fand diese guten Leute plötzlich zu bürgerlich für ihn. Am liebsten hätte er das Gesprächsniveau erhöht; und er hätte es vorgezogen, sich mit den Dingen zu befassen, die seine fieberhafte Fantasie erfüllten.

Gegen Ende des Abendessens fand er einen Weg, Adolphe dazu zu bringen, von Geistern zu reden. Dann erzählte ihnen Madame Lopard von den außergewöhnlichen Taten eines Schlafwandlers, der in der Nähe wohnte; und sofort erklärte Adolphe die Phänomene des Somnambulismus gemäß der spiritistischen Theorie und zitierte Allan Kardec . Adolphe war nie in der Lage, „Phänomene" zu erklären. Dann kamen sie endlich zu dem Thema, zu dem Theophrastus sie unbedingt bringen wollte: die Seelenwanderung.

Marceline bemerkte, dass unsere Vernunft die Hypothese ablehnte; und Adolphe protestierte energisch: „In der Natur geht nichts verloren", sagte er autoritär. „Alles wird verwandelt, Seelen und Körper gleichermaßen. Die Seelenwanderung mit dem Ziel ihrer Reinigung ist ein Glaube, der bis in die entfernteste Antike zurückreicht; und die Philosophen aller Zeiten haben darauf geachtet, ihn nicht zu leugnen."

„Aber wenn man in einen Körper zurückkäme, würde man es wissen", sagte Marceline.

„Nicht immer, nur manchmal", sagte Adolphe selbstbewusst.

„Manchmal? Ist das so?" sagte Theophrastus schnell; und sein Herz begann stürmisch zu schlagen.

„Oh ja, es gibt Beispiele – authentische Beispiele", sagte Adolphe mit Nachdruck. „Ptolemaios Cäsarion , Kleopatras Sohn und König von Ägypten dreißig Jahre vor Christus, erinnerte sich genau daran, dass er der Philosoph Pythagoras gewesen war, der sechshundert Jahre vor ihm gelebt hatte."

"Unmöglich!" riefen die Damen; und die Männer lächelten mit einer Miene überlegener Weisheit.

„Es gibt keinen Grund zum Lachen, meine Herren. Es ist das ernsteste Thema der Welt", sagte Adolphe streng. „Die tatsächliche Transformation unseres Körpers, die das letzte Wort in der Wissenschaft ist, steht in völliger

Übereinstimmung mit der Theorie der Reinkarnation. Was ist diese Transformationstheorie außer der, dass Lebewesen *sich ineinander verwandeln?* Die Natur präsentiert sich uns für immer als eine Die kreative Flamme vervollkommnet unaufhörlich die Typen auf ihrem Weg zur Verwirklichung eines Ideals, das die endgültige Krone des Gesetzes des Fortschritts sein wird. Da die Natur nur ein Ziel hat: Was sie für Körper tut, tut sie auch für Seelen. Das kann ich Ihnen versichern dass dies der Fall ist, denn ich habe diese Frage studiert, die die Grundlage aller gesunden Wissenschaft ist."

Keiner von der Gesellschaft verstand Adolphes Rede, eine Tatsache, die ihn mit stillem Stolz erfüllte; aber sie hörten ihm in Ekstase zu; und er war erfreut zu sehen, dass Theophrastus, der bei solchen Diskussionen normalerweise so unruhig war, mit lebhaftem Interesse zuhörte. Es war eine Haltung, die bei einem Mann kaum verwunderlich war, der hörte, dass die scheinbar wilde Vorstellung seines Deliriums auf einer soliden wissenschaftlichen Grundlage beruhte.

„Die Seelenwanderung wurde in Indien, der Wiege der Menschheit, gelehrt", fuhr Adolphe in seinem Professorenton fort und freute sich, das Ohr der Partei gefunden zu haben. „Dann wurde es in Ägypten, dann in Griechenland von Pythagoras gelehrt. Platon übernahm die Lehre von ihm und führte in seinem Phædo unwiderlegbare Beweise dafür an , dass Seelen nicht in die ewige Verbannung gehen, sondern zurückkehren, um neue Körper zu beleben."

„Oh, wenn wir nur Beweise für so eine Tatsache hätten!" rief Madame Sampic , die Frau des Schulmeisters von Pont-aux-Dames, begeistert.

„Wenn wir es getan hätten, hätte ich nichts dagegen, auch nur ein bisschen zu sterben", sagte die alte Mademoiselle. Taburet , die Todesangst vor ihrem nahenden Ende hatte.

„Es *gibt* Beweise – unwiderlegbare Beweise", sagte Adolphe feierlich. „Es gibt zwei: eine aus der allgemeinen Ordnung der Natur, eine aus dem menschlichen Bewusstsein. Erstens unterliegt die Natur dem Gesetz der Widersprüche, sagt Platon, und meint damit, dass wir dazu gezwungen sind, wenn wir in ihrem Schoß den Tod auf das Leben folgen sehen Glauben Sie, dass das Leben auf den Tod folgt. Ist Ihnen das klar?

„Ja, ja", riefen mehrere Gäste, ohne ein Wort zu verstehen.

„Darüber hinaus", fährt Platon fort, „da nichts aus nichts geboren werden kann, würde, wenn die Wesen, die wir sterben sehen, niemals zum Leben zurückkehren würden, alles im Tod versinken und die Natur würde sich auf einen ewigen Schlaf zubewegen." Habe ich das gemacht? erster Beweis klar?"

„Ja, ja: das Zweite!" riefen seine Mitgäste ganz unwahrhaftig.

„Zweitens", sagte Adolphe und wurde völlig päpstlich, „wenn wir, nachdem wir die allgemeinen Gesetze des Universums beobachtet haben, in die Tiefen unseres eigenen Seins hinabsteigen, finden wir dasselbe Dogma durch die Tatsache der Erinnerung bestätigt. ‚Lernen, ‚‚‚ ruft Platon dem Universum zu: ‚Lernen ist nichts anderes als Erinnern.' Da unsere Seele lernt, erinnert sie sich. Und woran erinnert sie sich, wenn nicht daran, dass sie zuvor gelebt hat und dass sie in einem anderen Körper gelebt hat? „Warum sollten wir das nicht glauben, indem wir den Körper verlassen, den sie gerade belebt?" , es muss mehrere andere nacheinander animieren?' „Ich zitiere Platon wörtlich", sagte Adolphe mit klingendem Triumph.

„Und Platon ist eine Person, mit der man rechnen muss", sagte Theophrastus herzlich.

„Charles Fourier sagt", sagte Adolphe und ging zum Modernen über: „Wo ist der alte Mann, der nicht den Wunsch hat, nicht sicher zu sein, die Erfahrung, die er in diesem gesammelt hat, in ein anderes Leben zu tragen? Zu behaupten, dass dieser Wunsch niemals möglich ist." Um zu erkennen , dass die Gottheit uns täuschen würde, müssen wir erkennen , dass wir bereits gelebt haben, bevor wir das waren, was wir heute sind, und dass noch viele weitere Leben auf uns warten. All diese Leben – fügt Fourier präzise hinzu Wir können gar nicht genug dankbar sein: Hundertzehn verteilen sich auf fünf Phasen ungleichen Ausmaßes und decken einen Zeitraum von einundachtzigtausend Jahren ab."

„81.000 Jahre! Das ist ziemlich sättigend!" unterbrach M. Lopard .

„Davon geben wir 27.000 auf unserem Planeten aus und die anderen 54.000 anderswo", erklärte Adolphe.

„Und wie lange dauert es, bis wir in einen anderen Körper zurückkehren?" fragte Madame Bache.

„Mindestens zwei- oder dreitausend Jahre, wenn wir Allan Kardec glauben wollen, immer unter der Voraussetzung, dass wir keinen gewaltsamen Tod gestorben sind. Dann, besonders wenn einer hingerichtet wurde, kann man am Ende von zweihundert Jahren wiedergeboren werden." sagte Adolphe.

„Das ist es! Sie müssen mich gehängt haben", sagte sich Theophrastus. „Oder wenn sie einen Mann von meiner Qualität nicht hängten, enthaupteten sie mich. Egal", dachte er mit natürlichem Stolz weiter, „wenn diese Leute hier wüssten, dass sie mit einem Günstling des Regenten zusammensaßen." , oder vielleicht ein Prinz von königlichem Geblüt, wie erstaunt und respektvoll würden sie sein! Aber nicht ein bisschen davon: Sie sagen sich nur: „Es ist Theophrastus Longuet , Hersteller von Stempeln"; und das ist genug für sie."

Das Erscheinen der beiden Kellner mit dem Champagner unterbrach Adolphes Dissertation; und obwohl alle davon tief beeindruckt waren, wollten sie jetzt nur noch amüsiert werden.

Da wandte sich Marceline an Theophrastus und bat ihn, das Lied zu singen, mit dem er an jedem Jahrestag ihrer Hochzeit beim Nachtisch ihre Ohren zu erfreuen pflegte. Er hatte es an ihrem Hochzeitstag selbst gesungen; und dank seines Charmes und seiner Frische war es ein großer Erfolg. Es war Berangers *Lisette* .

Aber was war das Erstaunen von Marceline und allen Gästen, als Theophrastus aufsprang, seine Serviette auf den Tisch warf und der Hausherrin zubrüllte:

„Wie du willst, *Marie-Antoinette!* Ich kann dir nichts abschlagen!"

„Gnädige Güte! *Seine Stimme ist zurückgekehrt!* ", keuchte Marceline.

Die Gäste hatten sich noch nicht von dem Schock erholt, als Theophrastus mit einer altfranzösischen Stimme, die keiner von ihnen als seine erkannte , mit seiner Stimme der Conciergerie, die erlesenste Gesellschaft von Crécy - en -Brie bis Lagny-Thorigny anbrüllte -Pomponne :

„Alle Tyrannen! In unseren gemütlichen Krippen leben wir wie Kampfhähne: Auf Leckerbissen, die reich sind, spritzen wir die Dibbs, und Alkohol, den wir nie anlegen . Dann verschlingen, keulen und saufen, bis Gabriels Trumpf am Jüngsten Tag ist!"

Trotz des Reichtums des Reims folgte der Strophe kein Applaus. Die Damen stießen nicht mit ihren Messern an; Sie starrten Theophrastus mit aus dem Kopf hervortretenden Augen an ; und die Augen von Marceline ragten am weitesten hinaus.

Theophrastus brauchte keinen Applaus; wie ein Besessener schrie er weiter:

„Schlägt alle! In unseren gemütlichen Kinderbetten liebt Dan Amor das Tanzen. Er bringt die schönste Seide Frankreichs mit, um uns dabei zu helfen, die Dibbs zu bespritzen . Dann verschlingt, saugt und sauft, bis Gabriels Trumpf am Tag des Jüngsten Gerichts ist!"

Mit einem letzten triumphalen Gebrüll wiederholte er den letzten Reim und verlängerte die letzte Note, den Blick auf die Sonne gerichtet, die über dem Rand des Horizonts versank, legte eine Hand auf sein Herz und umarmte „Natur" mit einer ausladenden Geste der anderen , und brüllte:

„Dann fressen, trinken und saufen, bis Gabriels Trumpf am Tag des Jüngsten Gerichts ist!"

Er setzte sich mit einer Miene höchster Zufriedenheit hin und sagte stolz:

„ *Was hältst du davon, Marie-Antoinette?* "

„Warum nennst du mich Marie-Antoinette?" keuchte die zitternde Marceline.

„Weil du die Hübscheste von allen bist!" brüllte Theophrastus mit dieser schrecklichen Stimme. „Ich appelliere an Madame la Maréchale de Boufflers , eine Frau mit Geschmack! Ich appelliere an euch alle! Und es gibt keinen von euch, beim Papst, der es wagen würde, es zu leugnen! Weder der große Picard noch der Bourbonnais, noch der Burgunder, noch Sheep's-Head, noch der Cracksman, noch Pariser, noch der Provincial, noch der Little Breton, noch der Feather, noch Patapon , noch Pint-Pot, noch St. James's Gate, noch Gastelard , noch Iron -Arm, noch Black-Mug, noch nicht einmal Fancy Man!"

Da Theophrastus zu seiner Rechten die alte Mademoiselle hatte. Taburet , er stieß ihr mit Nachdruck in die Rippen, eine Handlung, die sie fast in Ohnmacht fallen ließ.

Niemand wagte es, sich zu rühren; sein flammendes Auge fesselte sie an ihre Stühle; und neigte sich liebevoll zu Mlle. Taburet zeigte er auf die keuchende Marceline und sagte:

„Sehen Sie, Mlle. Taburet , habe ich nicht recht? Wer kann sich mit ihr vergleichen? Hübsches Milchmädchen von Pussycat? Oder sogar Blanche, die Bustlerin? Oder Belle-Hélène, die die Harp-Taverne betreibt?"

Er wandte sich Adolphe zu.

„Hier – du – alter Easy-Going!" sagte er mit einer erschreckenden Energie. „Lassen Sie uns Ihre Meinung sagen. Schauen Sie sich Marie-Antoinette einen Moment an! Beim Spanferkel! Es gibt niemanden, der sich mit ihr vergleichen lässt: weder Jenny Venus, die Blumenverkäuferin des Palais-Royal, noch Marie Leroy, noch Mutter Salomon, die hübsche Kaffeehaushälterin des Tempels, noch Jenny Bonnefoy *der gerade geheiratet hat, Veunier , der das Café Pont-Marie betreibt* . Nicht einer von ihnen, das sage ich Ihnen! Nicht einer von ihnen! Der Slapper, Manon de Versailles, Fat-Poulteress , das Schloss, die Kuh mit den Körben oder die Bastille!"

Mit gefesselten Händen lag Theophrastus auf dem Tisch; Und das Geschirr um ihn herum zersprang in tausend Stücke. Er holte ein Glas und brüllte:

„Ich trinke auf die Königin der Nymphen! Marie-Antoinette Neron !"

Er zerdrückte das Glas in seinen Händen, schnitt es an zwanzig Stellen auf und verneigte sich vor der Gesellschaft.

Doch die Firma war geflohen.

KAPITEL IV

ADOLPHE LECAMUS IST ÜBERRASCHT, ABER FRANK

Theophrastus stand auf dem Tisch und blickte verlegen in das leere Zelt. Sein großer Eifer war erloschen.

Aber ich greife die Erzählung mit den Worten seiner Memoiren auf:

„Ich befand mich auf dem Tisch", schreibt er, „inmitten des zerbrochenen Geschirrs, und die ganze Gesellschaft floh. Die raue Art meiner Gäste, sich von mir zu verabschieden, hatte mich ein wenig verwirrt. Ich wollte runter, aber." Durch ein merkwürdiges Phänomen fiel es mir ebenso schwer, vom Tisch herunterzukommen, wie ich beim Aufsteigen Anstand gezeigt hatte. Ich ging auf Hände und Knie nieder und gelangte dank der sorgfältigsten Vorsichtsmaßnahmen sicher auf den Boden. Ich rief Marceline , die nicht antwortete; und plötzlich fand ich sie zitternd in unserem Schlafzimmer. Ich schloss vorsichtig die Tür und machte mich daran, die Sache zu erklären. Ihre flehenden Augen voller Tränen verlangten nach einer Erklärung; und ich fühlte es als meine Pflicht als Ehemann, mich zu verstecken von ihr nicht mehr mein großer und erstaunlicher Seelenschmerz.

„‚Meine liebe Marceline', sagte ich, ‚Sie müssen völlig ratlos sein, um zu verstehen, was heute Abend passiert ist; aber egal, ich verstehe es selbst nicht. Dennoch, indem wir unsere Köpfe zusammenstecken, bestärkt durch unsere Liebe zu einander, ich zweifle nicht daran, die richtige Erklärung dafür zu finden.'

„Dann überredete ich sie, zu Bett zu gehen; und als ihr Kopf schließlich friedlich auf dem Kissen ruhte, erzählte ich ihr meine Geschichte. Ich erzählte ihr ausführlich von meinem Besuch in den Kellern der Conciergerie, verheimlichte nichts und beschrieb sie genau die außergewöhnlichen Gefühle, die mich beunruhigten, und die unbekannte Macht, die mich zu kontrollieren schien. Zuerst sagte sie nichts; tatsächlich schien sie vor mir zurückzuschrecken, als hätte sie Angst vor mir; aber als ich zu dem Dokument in der Wand kam, das Als ihr die Existenz der Schätze bekannt wurde, verlangte sie sofort, sie sehen zu dürfen.

„Ich nahm es aus meiner Handtasche und zeigte es ihr im Licht des Vollmondes. Wie ich, wie alle, die es bereits gesehen hatten, erkannte sie meine Handschrift und bekreuzigte sich für alle Welt, als ob sie darin etwas Teuflisches vermutete.

„ Der Anblick des Dokuments schien sie jedoch zu erleichtern; und sie sagte sofort, dass es ein großes Glück sei, dass wir einen Experten für Spiritualismus zur Hand hätten, dass Adolphe uns in dieser schwierigen

Angelegenheit von größtem Nutzen sein würde. Wir hatten den Im Mondlicht lag das Papier vor uns auf dem Bett; und in der Gegenwart dieser unerschütterlichen Zeugin musste sie sofort zugeben, dass ich eine wiedergeborene Seele aus der Zeit vor zweihundert Jahren war.

„Als ich dann noch einmal fragte, wer ich hätte sein können, ging sie mir zum ersten Mal seit unserer Ehe auf die Nerven.

‚„Armer Theophrastus, du hättest nicht viel anstellen können', sagte sie.

"'Und warum nicht?' Ich sagte scharf, denn ich war verärgert.

‚„Weil du, mein Lieber, heute Abend ein Slang-Lied gesungen hast; und die Damen, deren Namen du erwähnt hast, konnten sicherlich nicht zur Aristokratie gehören. Wenn man mit dem Slapper, dem Lock und der Manon von Versailles in Verbindung kommt, kann man‘ Es ist nicht viel los.'

„ Sie sagte dies in einem Ton der Verachtung, den ich auf Eifersucht zurückführte.

‚„Aber ich habe auch von La Maréchale de Boufflers gesprochen ', sagte ich noch einmal ziemlich scharf. ‚Und Sie sollten wissen, dass zur Zeit des Regenten alle Damen des Hofes einen seltsamen Spitznamen hatten. Das ist im Gegenteil meine Überzeugung , dass ich ein Mann von Qualität war – was sagen Sie zu einem Günstling des Regenten?‘

„Ich sprach ziemlich verärgert; sie gab mir einen Kuss und gab zu, dass in dem, was ich sagte, viel dran war.

„Am nächsten Morgen wiederholte sie ihren Vorschlag, Adolphe ins Vertrauen zu ziehen. Sie erklärte, dass seine große Erfahrung in diesen Angelegenheiten und seine profunden Kenntnisse der Metaphysik für einen Mann, der zweihundert Jahre lang Schätze vergraben hatte, von größter Hilfe sein müssten vor und wollte sie zurückerhalten.

‚„Du wirst sehen, mein Lieber, dass er der Mann ist, der dir sagen wird, wie du heißt‘, sagte sie.

„Ich gab ihrer Überredung nach und als wir nach dem Mittagessen im Garten saßen, erklärte ich ihm die innere Bedeutung des seltsamen Ereignisses vom Vorabend. Ich führte ihn zurück vom Lied zum Dokument, vom Dokument zur Conciergerie , während er die Wirkung dieser erstaunlichen Offenbarung auf seinen Gesichtsausdruck beobachtete. Es war klar, dass er völlig verblüfft war; und es kam mir sehr seltsam vor, dass ein bekennender Spiritualist so verblüfft sein sollte, als er sich einem pensionierten Mann gegenübersah Er war ein geistig und körperlich gesunder Unternehmer, der behauptete, vor zweihundert Jahren existiert zu haben. Er sagte, dass mein Verhalten beim gestrigen Abendessen und die unverständlichen Sätze, die ich in der

Conciergerie geäußert hatte, tatsächlich dazu geeignet seien, ihn auf ein solches Vertrauen vorzubereiten, aber tatsächlich hatte er nichts dergleichen erwartet und war völlig verblüfft. Er hätte die Beweise für ein solches Phänomen tatsächlich in der Hand.

„Ich nahm mein Dokument heraus und reichte es ihm. Er konnte seine Echtheit nicht leugnen; er erkannte die Handschrift. Tatsächlich löste diese Erkennung bei ihm eine scharfe Erklärung aus, und ich fragte ihn nach dem Grund dafür. Er antwortete, dass meine Handschrift auf einem Das zweihundert Jahre alte Dokument erklärte eine Menge Dinge.

'"Welche Sachen?' Ich sagte .

„Er gestand loyal, dass er bis zu diesem Zeitpunkt meine Handschrift nie verstanden hatte und dass es ihm immer unmöglich gewesen sei, einen Zusammenhang zwischen ihr und meinem Charakter zu erkennen.

'"Ist das so?' Ich sagte : „Und wie stellen Sie sich meinen Charakter vor, Adolphe?"

„„Nun, Sie werden nicht böse sein, wenn ich ehrlich zu Ihnen bin?' sagte er zögernd.

„„Natürlich nicht', sagte ich.

„Mit dieser Zusicherung beschrieb er meinen Charakter: Es war der eines würdigen Geschäftsmannes, eines ehrlichen Kaufmanns, eines ausgezeichneten Ehemanns, aber eines Mannes, der nicht in der Lage war, Festigkeit, Geistesstärke oder Energie an den Tag zu legen. Er fuhr fort, dass mein Charakter Meine Schüchternheit war übertrieben, und meine Herzensgüte, die er voll und ganz empfand, neigte immer dazu, in völlige Schwäche zu verfallen.

„Es war kein schmeichelhaftes Porträt; und es ließ mich vor mir selbst erröten.

„„Und jetzt', sagte ich und verbarg meine Demütigung, ,Sie haben mir gesagt, was Sie von meinem Charakter halten: Was halten Sie von meiner Handschrift?'

„„Es ist das genaue Gegenteil Ihres Charakters', sagte er schnell. ,Es drückt jedes Gefühl aus, das völlig im Gegensatz zu Ihrer Natur, wie ich sie kenne, steht. Tatsächlich kann ich mir keinen direkteren Gegensatz als Ihren Charakter und Ihre Handschrift vorstellen. Es muss also sein, dass Sie nicht die Handschrift haben, die zu Ihrem eigentlichen Charakter passt, sondern die Handschrift des Anderen.

„Ich wäre vielleicht wütend geworden, wenn Signor Petito mir nicht ungefähr das Gleiche gesagt hätte; so wie es war, rief ich: ‚Oh, das ist sehr interessant! Der Andere war also ein Mann voller Energie?‘

„Ich dachte bei mir, dass der Andere ein großer Anführer gewesen sein muss. Dann fuhr Adolphe fort; und solange ich lebe , werde ich seine Worte nie vergessen, so schmerzhaft fand ich sie:

„Alles zeigt sich, diese dünnen Striche, die Art und Weise, wie sie miteinander verbunden sind, ihre Art, sich zu erheben, zu steigen, einander zu übertreffen, Energie, Willensstärke, Sturheit, Härte, Begeisterung, Aktivität, Ehrgeiz ... für das Böse. '

„Ich war bestürzt, aber in einem Geistesblitz rief ich:

„„Was ist böse? Was ist gut? Wenn Attila hätte schreiben können, hätte er vielleicht die Handschrift Napoleons gehabt!‘

„„Attila wurde ‚der Dreschflegel Gottes‘ genannt“, sagte er.

„„Und Napoleon war der Dreschflegel der Männer‘, erwiderte ich sofort.

„Es fiel mir schwer, meinen Zorn zu zügeln; aber ich behauptete, dass *Theophrastus Longuet nur vor diesem Leben, während dieses Lebens und nach diesem Leben ein ehrlicher Mann sein könne* .

„Meine liebe Frau stimmte mir voll und ganz zu. Adolphe sah, dass er zu weit gegangen war, und entschuldigte sich .“

KAPITEL V

THEOPHRASTUS ZEIGT DIE SCHWARZE FEDER

Von diesem Tag an waren die Gespräche von Theophrastus, Marceline und Adolphe für sie von faszinierendem Interesse. Sie brüteten und brüteten über dem Dokument; Sie diskutierten immer wieder über „Cock", „Gall", „ Chopinettes " und den „Verrat am 1. April" an dem mysteriösen Dokument. Sie verließen bald die Azure Waves Villa und kehrten nach Paris zurück, um die Bibliotheken zu durchsuchen.

Adolphe, der große Leser, war viel besser für die historische Forschung geeignet als Marceline oder Theophrastus; und ihre Geduld war lange vor seiner erschöpft.

Eines Sonntags schlenderten sie über die Champs-Élysées; und sowohl Theophrastus als auch Marceline hatten sich bitterlich über ihr Versagen in den Bibliotheken beklagt, als Adolphe nachdenklich sagte:

„Welchen Nutzen hätte es für uns, ungefähr die Stelle zu finden, an der die Schätze vergraben sind, *wenn Theophrastus nicht seine Schwarze Feder hätte?* "

„Welche schwarze Feder? Was meinst du?" sagten Marceline und Theophrastus einstimmig.

„Lass uns zurück zum Rond -Pont schlendern; und ich werde dir sagen, was ich meine", sagte Adolphe.

Als sie unter den Bäumen inmitten der Menge unvorsichtiger Spaziergänger waren, sagte Adolphe:

„Hast du von den Wasserfindern gehört?"

„Natürlich", sagten sie prompt.

„Nun, aufgrund eines Phänomens, dessen Erklärung noch nicht entdeckt wurde, sind diese Wassersucher, ausgestattet mit gegabelten Haselnusszweigen, die sie über den Boden halten, den sie überqueren, in der Lage, durch die verschiedenen Schichten des Wassers zu *sehen* Boden, die Position der gesuchten Quelle und die Stelle, an der der Brunnen versenkt werden muss. Ich verzweifle nicht daran, Theophrastus zu veranlassen, für seine Schätze das zu tun, was die Wasserfinder für ihre Quellen tun. Ich werde ihn an den Ort bringen, und er wird sagen: „Hier gräbst du nach Schätzen."

„Aber das alles erklärt nicht, was du mit meiner schwarzen Feder meinst", unterbrach Theophrastus.

„Ich komme dorthin. Ich werde dich, den Schatzsucher, an diesen Ort bringen, so wie man den Wasserfinder an die Stelle bringt, an der man die Anwesenheit von Wasser vermutet. Ich werde dich dorthin bringen, *wenn du deine Schwarze Feder hast.“*."

Er machte eine Pause und fuhr dann in seinem Professorenton fort:

„Ich werde mit Ihnen über Darwin reden müssen; aber Sie brauchen sich nicht zu beunruhigen: Ich werde nicht lange über ihn reden müssen. Sie werden es sofort verstehen. Sie wissen, dass Darwin einen großen Teil seines Lebens diesem Thema gewidmet hat.“ Einige berühmte Experimente, von denen das berühmteste seine Experimente mit Tauben waren. In dem Wunsch, die Phänomene der Vererbung zu erklären, beschäftigte er sich eingehend mit der Zucht von Tauben. Er wählte Tauben, weil die Generationen von Tauben so eng aufeinander folgen, dass man daraus Schlussfolgerungen ziehen kann sie in vergleichsweise kurzer Zeit. Am Ende einer bestimmten Anzahl, nennen wir es X, von Generationen fand er wieder dieselbe Taube. Sie verstehen, dieselbe Taube, mit denselben Mängeln und denselben Eigenschaften, derselben Form , die gleiche Struktur und *die gleiche schwarze Feder* genau an der Stelle, wo die erste Taube eine schwarze Feder hatte. Nun, ich, Adolphe Lecamus , behaupte, und ich werde es Ihnen beweisen, dass es für die von Darwin geöffneten Augen dasselbe ist mit Seelen wie mit Körpern. Am Ende einer Reihe von X Generationen findet man dieselbe Seele, genau wie sie ursprünglich war, mit denselben Mängeln und denselben Eigenschaften, *mit derselben schwarzen Feder* . Verstehst du?"

„Nicht ganz“, sagte Theophrastus entschuldigend.

„Dennoch senke ich mich auf das Niveau Ihrer Intelligenz herab“, sagte Adolphe ungeduldig, aber offenherzig. „Aber es ist notwendig, zwischen der Seele, die erblich erscheint, und der Seele, die durch Reinkarnation zurückkehrt, zu unterscheiden.“

"Wie meinst du das?" sagte Theophrastus ziemlich schwach.

„ Eine Erbseele, die den Vorfahren wiederbelebt , *hat immer ihre schwarze Feder* , weil sie das Ergebnis einer einzigartigen Kombination ist, da sie in der Hülle, dem Körper, existiert, der in gleichem Maße erblich ist. Ist das klar? "

„Mir fällt auf, dass jedes Mal, wenn Sie sagen: ‚Ist das klar?‘ „Mein lieber Adolphe, alles scheint pechschwarz zu werden“, sagte Marceline demütig.

Adolphe knirschte mit den Zähnen und erhob seine Stimme:

„Während sich eine Seele, die im Zuge der Reinkarnation zurückkehrt, in einem Körper befindet, in dem nichts darauf vorbereitet ist, sie aufzunehmen. Die Gesamtheit der Materialien dieses Körpers hat ihren

Ursprung in – ich nehme Theophrastus als Beispiel – mehreren Generationen von Kohl- Pflanzgefäße –"

„Gärtner – Gärtner!" warf Theophrastus sanft ein.

„-in Ferté -sous- Jouarre . Die Gesamtheit der Materialien dieses Körpers könnte dieser Seele eine Zeitlang Schweigen auferlegen, ursprünglich vielleicht – ich nehme immer noch Theophrastus als Beispiel –, die zu einer der ersten Familien in Frankreich gehörte. Aber Es kommt eine Zeit, in der die Seele die Oberhand gewinnt; dann spricht sie und zeigt sich in ihrer Gesamtheit, genau so, wie sie ursprünglich war, *mit ihrer schwarzen Feder* .

„Ich verstehe! Ich verstehe die ganze Sache!" rief Theophrastus freudig.

„Wenn dann diese Seele in dir spricht", rief Adolphe, der sich zur Beredsamkeit erwärmte, „du bist nicht mehr du selbst! Theophrastus Longuet ist verschwunden! Es ist der Andere, der da ist! Der Andere, der die Gesten, die Miene, die Aktion hat, und *die schwarze Feder* des Anderen! Es ist der Andere, der sich genau an das Geheimnis der Schätze erinnern wird! Es ist der Andere, der sich an den Anderen erinnert!"

„Oh, das ist wunderbar!" rief Theophrastus fast in Freudentränen. „Ich verstehe jetzt, was du mit meiner *schwarzen Feder meinst* . Ich werde *meine schwarze Feder haben* , wenn ich der Andere bin!"

„Und wir werden dir dabei helfen, lieber Freund", sagte Adolphe mit unverminderter Wärme. „Aber bis wir das Unbekannte, das in Theophrastus Longuet verborgen ist, entwirrt haben, bis er mit der richtigen Menge an Kraft, Wagemut und Energie vor unseren Augen lebendig wird, bis er, mit einem Wort, mit *seiner schwarzen Feder erscheint* , lasst uns Widmen wir uns ruhig dem Studium dieses interessanten Dokuments, das Sie aus der Conciergerie mitgebracht haben. Machen wir es uns zum Zeitvertreib, in sein Geheimnis einzudringen, legen wir die Grenzen des Raums fest, in dem diese Schätze vergraben waren. Aber warten wir mit der Durchsuchung die Eingeweide der Erde, bis der Andere, der in dir schläft, erwacht und schreit: „Es ist hier!"

„Du sprichst wie ein Buch, Adolphe!" rief Marceline, überwältigt von Bewunderung. „Aber können wir wirklich davon ausgehen, dass der Boden, in dem die Schätze vergraben waren, in all den Jahren – über zweihundert – unberührt geblieben ist?"

„Kleingläubige Frau", sagte Adolphe streng, „sie haben den heiligen Boden des Forum Romanum seit über zweitausend Jahren zerstört, so wie der Boden von Paris noch nie gestört wurde; und erst vor ein paar Jahren haben sie es geschafft." Zünden Sie das berühmte Podium an, von dem Caius und Tiberius ihre Beredsamkeit ausströmten ... Ah, hier ist M. Mifroid , mein

Freund, der Kommissar der Polizei, den ich Ihnen schon so lange vorstellen wollte. Nun, das ist ein Glücksfall!"

Ein Mann von vierzig Jahren, topmodisch gekleidet und so gepflegt wie eine neue Anstecknadel, mit einer weißen Locke sorgfältig in die glatte Stirn gezogen, kam lächelnd auf sie zu, hob seinen Hut und schüttelte Adolphe herzlich die Hand.

"Wie geht es dir?" sagte Adolphe herzlich. „Lassen Sie mich Ihnen meine Freunde vorstellen. M. Mifroid – Madame Longuet – M. Longuet ."

Aus dem Blick respektvoller Bewunderung, den er ihrem bezaubernden Gesicht zuwarf, schloss Marceline, dass der Polizeikommissar auch ein Edelmann war.

„Wir haben unseren Freund M. Lecamus oft von Ihnen sprechen hören", sagte sie mit einem liebenswürdigen Lächeln.

„Ich habe das Gefühl, dass ich Sie schon seit langer Zeit kenne. Jedes Mal, wenn ich ihn treffe, spricht er über seine Freunde in der Gerando Street, und zwar in solchen Worten, dass das Glück, das mir in diesem Moment widerfährt, diese Vorstellung, für mich am innigsten ist." Wunsch", sagte M. Mifroid galant.

„Ich habe gehört, dass Sie ein versierter Geiger sind", sagte Marceline, erfreut über seine Höflichkeit.

„Erfüllt? Ich weiß nicht, ob es gelungen ist: Ich *spiele* Geige und bin so etwas wie ein Bildhauer und ein Student der Philosophie – eine Vorliebe, die ich unserem Freund M. Lecamus hier zu verdanken habe. Und als ich gerade an Ihnen vorbeikam, „Ich habe gehört, wie Sie über die Unsterblichkeit der Seele gesprochen haben", sagte Mifroid , der vor den Augen der hübschen Marceline strahlen wollte.

„Adolphe und ich lieben es, über diese ernsten Fragen zu diskutieren; und gerade haben wir über Körper und Seele und die Beziehungen zwischen ihnen gesprochen", sagte Theophrastus mit einer sehr guten Nachahmung der Professorenhaltung von Adolphe.

„Bist du darüber nicht hinausgekommen?" sagte M. Mifroid und brannte darauf, zu glänzen. „In den Augen der Wissenschaft sind Materie und Geist ein und dasselbe, das heißt, sie bilden dieselbe Einheit in derselben Kraft, sind zugleich Ergebnis und Phänomen, Ursache und Wirkung und bewegen sich auf dasselbe Ziel zu: den fortschreitenden Aufstieg." des Seins. Sie zwei Herren sind die einzigen Menschen, die noch diese Unterscheidung zwischen Materie und Geist treffen."

Theophrastus war ein wenig verärgert: „Wir geben unser Bestes“, sagte er steif.

Die kleine Gesellschaft war auf dem Place de la Concorde angekommen. Oben in der Rue Royale befand sich eine große Menschenmenge, die schrie und gestikulierte.

Sofort war Theophrastus, wie ein echter Pariser, ganz begierig darauf, zu erfahren, was vor sich ging, und stürzte sich mitten in die Menge.

„Pass auf, dass dir nicht die Taschen gestohlen werden!“ rief Marceline ihm nach.

„Oh, Sie brauchen keine Angst davor zu haben, dass Ihnen die Tasche gestohlen wird, wenn Sie in der Gesellschaft von Kommissar Mifroid sind “, sagte dieser Herr stolz.

„Das stimmt“, sagte Marceline mit einem liebenswürdigen Lächeln. „Sie sind hier und wir gehen überhaupt kein Risiko ein.“

„Das weiß ich nicht“, sagte Adolphe schlau. „Mein Freund Mifroid erscheint mir gefährlicher als alle Taschendiebe auf der Erde – bis ins Herz.“

„Ah, er wird seinen Witz haben!“ sagte Herr Mifroid lachend; aber er nahm seine eroberndste Miene an.

Theophrastus ließ sie ganze zehn Minuten lang dort stehen, bevor er mit strahlend leuchtenden Augen aus der Menge hervortrat.

„Es ist ein Taxifahrer, der sein Lenkrad mit dem eines Autos blockiert hat“, sagte er.

„Und was ist passiert?“ sagte Marceline.

„Er kann es nicht aufschließen“, sagte Theophrastus.

„Und diese ganze Menge wegen so einer Kleinigkeit! Wie dumm die Leute doch sind!“ sagte Marceline.

Daraufhin lud sie Herrn Mifroid ein , nach Hause zu kommen und mit ihnen zu speisen. Er brauchte nur ein wenig Druck, um die Einladung anzunehmen; und sie schlenderten langsam zurück zur Gerando Street.

Das Abendessen war sehr lebhaft, denn Herr Mifroid war immer noch darauf bedacht, zu glänzen; und sein Beispiel spornte Adolphe zu einer großartigen Nachahmung an. Als sie am Ende des Abendessens ihren Kaffee tranken, schien M. Mifroid plötzlich unruhig zu sein. Er durchsuchte alle seine Taschen und versuchte, sein Taschentuch zu finden. Seine Suche war vergeblich; es war nicht da. Nach einer letzten Suche in den Taschen an den

Schößen seines Gehrocks knirschte er mit den Zähnen, zupfte verzweifelt an seinem Schnurrbart und holte tief Luft.

Zwei Minuten später putzte sich Theophrastus die Nase. Marceline fragte ihn, woher er dieses hübsche Taschentuch habe. M. Mifroid schaute es sich an und sah, dass es ihm gehörte. Er lachte etwas unbeholfen, erklärte, es sei ein ausgezeichneter Witz, nahm es Theophrastus ab und steckte es in die Tasche. Theophrastus konnte es überhaupt nicht verstehen.

Plötzlich wurde Herr Mifroid blass und tastete in seiner linken Brusttasche.

„Meine Güte! Was ist aus meiner Brieftasche geworden?" er weinte.

Die Erklärung für sein Fehlen war ganz einfach: Jemand hatte dem Polizeikommissar die Tasche seines Portemonnaies mit fünfhundert Francs gestohlen. Herr Mifroid bedauerte den Verlust der fünfhundert Franken nicht so sehr, sondern war vielmehr wütend darüber, sich lächerlich zu machen. Marceline machte sich sanft über ihn lustig, während sie ihm für den Verlust ihr Beileid aussprach; sie konnte nicht anders. Er war wirklich wütend.

„Lassen Sie mich Ihnen für heute Abend so viel Geld leihen, wie Sie wollen, Herr Mifroid ", sagte Theophrastus freundlich.

Er zog eine Handtasche hervor. Herr Mifroid stieß einen scharfen Schrei aus: Es war seine eigene Brieftasche!

Theophrastus nahm ein sattes Scharlachrot an. Herr Mifroid starrte ihn an, nahm die Brieftasche aus seinen zitternden Fingern, holte seine fünfhundert Franken zurück und steckte sie in die Tasche.

Dann fing er sofort an, hundert dringende Aufgaben zum Vorwand zu machen, um sich eilig von ihnen zu verabschieden, und verabschiedete sich.

Während er die Treppe hinuntertrottete, rief er mit einiger Hitze seinem Freund Adolphe zu, der hinter ihm aus der Wohnung geeilt war:

„Wer sind diese Leute, denen Sie mich vorgestellt haben?"

Adolphe sagte nichts; Er wischte sich die schwitzende Stirn ab.

Die klappernden Schritte von M. Mifroid verklangen auf der Treppe; und er ging langsam zurück ins Esszimmer. Theophrastus war gerade damit fertig, seine Taschen herauszudrehen. Auf dem Tisch lagen drei Uhren, sechs Taschentücher, vier Brieftaschen mit beträchtlichen Geldbeträgen und achtzehn Geldbörsen!

KAPITEL VI

DAS PORTRÄT

Die drei Freunde starrten mit leerer und stiller Bestürzung auf die drei Uhren, die sechs Taschentücher, die vier Brieftaschen und die achtzehn Geldbörsen.

Es gab tatsächlich nichts zu sagen.

Eine schreckliche Verzweiflung lag auf dem Gesicht von Theophrastus; aber er war der Erste, der das schwere Schweigen brach.

„Meine Taschen sind *ziemlich* leer", sagte er.

„Oh, Theophrastus – Theophrastus!" stöhnte Marceline vorwurfsvoll.

„Mein armer Freund", sagte Adolphe; und er stöhnte.

Theophrastus wischte sich mit einem Taschentuch, dessen Besitzer er nicht kannte, den kalten Schweiß von der Stirn.

„Ich verstehe, was es ist", sagte er verzweifelt. „Ich hatte meine *schwarze Feder* ."

Marceline und Adolphe sagten nichts; sie waren völlig überwältigt.

Theophrastus blickte von einem zum anderen und wischte die Gläser seiner Brille ab. Sein Gesicht klärte sich ein wenig; und dann sagte er mit einem schwachen Lächeln:

„ *Vielleicht war es damals doch ein Gesellschaftsspiel* . "

Er steckte den Zeigefinger seiner rechten Hand in den Mund, was ein Zeichen ernster seelischer Besorgnis war.

Marceline seufzte tief und sagte: „Nimm deinen Finger aus deinem Mund, Liebes, und erzähl uns, wie es dazu kam, dass du drei Uhren, sechs Taschentücher, vier Handtaschen und achtzehn Geldbörsen bei dir hattest, das Taschentuch nicht mitgerechnet." und das Taschenbuch von Kommissar Mifroid . Ich habe heute Morgen Ihre Taschen herausgedreht, um die Auskleidung zu bürsten; und wie üblich waren nichts darin außer ein paar Fetzen Tabak.

„Es gab eine große Versammlung auf dem Place de la Concorde. Ich stürzte mich hinein und kam mit all diesen Dingen wieder heraus. Es ist ganz einfach", sagte Theophrastus.

„Und was machen wir mit ihnen?" sagte Adolphe in feierlichem Ton.

„Was soll ich mit ihnen machen?" sagte Theophrastus scharf, denn er erholte sich ein wenig von dem Schock. „Du glaubst nicht, dass ich sie behalten werde! Ist es meine Angewohnheit, Dinge zu behalten, die mir nicht gehören? Ich bin ein ehrlicher Mann und habe noch nie einer Seele Unrecht getan. Du wirst diese Dinge nehmen." an Ihren Freund, den Polizeikommissar. Es wird für ihn leicht sein, die Besitzer zu finden.

„Und was soll ich ihm sagen?" sagte Adolphe mit gehetzter Miene.

"Alles was du magst!" rief Theophrastus und begann, die Beherrschung zu verlieren. „Macht sich ein ehrlicher Taxifahrer, der in seinem Taxi eine Brieftasche und fünfzigtausend Francs findet und sie zur Polizeistation bringt, Gedanken darüber, was er dem Inspektor sagen wird? Er sagt: ‚Das habe ich in meinem Taxi gefunden', ' und das reicht. Er bekommt sogar eine Belohnung. Alles, was Sie sagen müssen, ist: ‚Mein Freund Longuet hat mich gebeten, Ihnen diese Dinge zu bringen, die er in seiner Tasche gefunden hat, und er verlangt keine Belohnung.'"

Er sprach in einem Ton ungeduldiger Verachtung für Adolphes Intelligenz, ein Ton, den Adolphe nicht gewohnt war. Adolphe runzelte würdevoll die Stirn und wollte gerade scharf erwidern, als Marceline ihn sanft unter dem Tisch trat, ein kleiner Tritt, der deutlich sagte: „Theophrastus wird verrückt! Komm, Freund, zu seiner Rettung!"

Adolphe verstand die Botschaft dieses kleinen Schuhs: Das Stirnrunzeln verschwand aus seinem Gesicht und hinterließ nur noch einen Ausdruck überirdischer Düsternis; Er betrachtete die achtzehn Geldbörsen, kratzte sich an der Nase und hustete. Dann blickte er Theophrastus an und sagte in sehr feierlichem Ton:

„Was gerade passiert ist, Theophrastus, ist nicht natürlich. Wir müssen versuchen, die Erklärung dafür zu finden; wir müssen uns zwingen, die Erklärung zu finden. Es hat keinen Sinn, unsere Augen zu schließen; wir müssen sie so weit wie möglich öffnen." das Unglück, wenn es Unglück ist, um damit zu kämpfen."

„Welches Unglück?" sagte Theophrastus, wurde plötzlich wieder zu seinem schüchternen Selbst und griff verzweifelt nach Marcelines Hand.

„Es ist immer ein Unglück, fremdes Eigentum in der Tasche zu haben", sagte Adolphe düster.

„Und was gibt es sonst noch in den Taschen von Zauberern?" rief Theophrastus mit neuer Heftigkeit. „Und Zauberer sind sehr ehrliche Männer; und Theophrastus Longuet ist ein sehr ehrlicher Mann! *Bei Madame Phalaris* ist er es!"

Er schrie dies laut; fiel dann erschöpft in seinen Stuhl zurück.

Es herrschte düstere Stille. Dann setzte er sich wieder auf und sagte mit Tränen in den Augen klagend:

„Ich habe das Gefühl, dass Adolphe Recht hat. Mir droht ein großes Unglück und ich weiß nicht, was es ist – ich weiß nicht, was es ist!"

Er brach in Tränen aus; und Marceline und Adolphe bemühten sich vergeblich, ihn zu trösten. Aber nach einer Weile trocknete er seine Tränen, ergriff eine Hand von beiden und sagte mit festerer Stimme:

„Schwöre – schwöre, mich niemals im Stich zu lassen, *was auch immer passiert* ."

Sie versprachen es in gutem Glauben; und die Gewissheit schien ihn ein wenig aufzumuntern. Dann bat Adolphe ihn, ihm das Dokument noch einmal zu zeigen; und er holte es. Adolphe breitete es vor ihm aus und studierte es aufmerksam. Dann nickte er weise mit dem Kopf und sagte:

„Träumst du jemals, Theophrastus?"

„Träume ich jemals? Naja, ich schätze, das tue ich manchmal. Aber meine Verdauung ist so gut, dass ich mich kaum noch an meine Träume erinnern kann."

"Niemals?" beharrte Adolphe.

„Oh, ich könnte nicht so weit gehen, nie zu sagen", sagte Theophrastus. „Tatsächlich erinnere ich mich, dass ich in meinem Leben vier oder fünf Mal geträumt habe. Ich erinnere mich daran, weil ich immer an der gleichen Stelle im Traum aufgewacht bin und es immer derselbe Traum war. Aber wie um alles in der Welt wirkt sich das auf dieses Geschäft aus?" macht uns Sorgen?"

„Träume wurden nie von der Wissenschaft erklärt", sagte Adolphe feierlich. „Es bildet sich ein, alles gesagt zu haben, wenn es sie der Wirkung der Einbildungskraft zuschreibt. Aber es gibt uns keine Erklärung für die recht klaren und deutlichen Visionen, die wir manchmal haben und die überhaupt nichts mit den Ereignissen oder Sorgen des Vorhergehenden zu tun haben." Wie sollen wir insbesondere jene Visionen von tatsächlich existierenden Dingen erklären, die man im Wachzustand nie gesehen hat, Dinge, an die man noch nie gedacht hat? Wer wird es wagen zu sagen, dass es sich nicht um retrospektive Visionen von Ereignissen handelt, die es gegeben haben? vor unserer gegenwärtigen Existenz stattgefunden hat?

„Tatsächlich, Adolphe, kann ich Ihnen versichern, dass die Dinge, von denen ich träume – und ich erinnere mich jetzt, dass ich dreimal davon geträumt habe – vielleicht in der Vergangenheit oder Zukunft real waren, aber dass ich sie nie gesehen habe in der Gegenwart."

„Sie verstehen, was ich meine", sagte Adolphe in einem befriedigten Ton. „Aber was sind das für Dinge, von denen Sie geträumt, aber nie gesehen haben?"

„Das wird Gott sei Dank nicht lange dauern, denn sie sind nicht besonders angenehm. Ich habe geträumt, dass ich mit einer Frau verheiratet war, die ich Marie-Antoinette nannte und die mich extrem ärgerte."

"Und dann?" sagte Adolphe, dessen Augen das Dokument nie verließen.

„Und dann habe ich sie in kleine Stücke zerschnitten", sagte Theophrastus und errötete leicht.

„Was für eine schreckliche Sache!" rief Marceline.

„Eigentlich war es ziemlich schrecklich ", sagte Theophrastus. „Und dann legte ich die Stücke in einen Korb und wollte sie in der Nähe der kleinen Brücke des Hôtel-de-Ville in die Seine werfen. An diesem Punkt wachte ich auf; und ich war sehr froh, aufzuwachen, denn das war nicht der Fall ein angenehmer Traum.

"Es ist schrecklich!" rief Adolphe; und er schlug mit der Faust auf den Tisch.

„Nicht wahr?" sagte Marceline.

„Nicht der Traum! Aber es ist mir gerade gelungen, die gesamte erste Zeile des Dokuments zu lesen! Das ist das Schreckliche!" stöhnte Adolphe.

„Was ist? Was hast du herausgefunden?" rief Theophrastus in panischem Ton, als er aufsprang, um über dem Dokument zu brüten.

„Hier steht, *dass ich meine Schätze versteckt habe* . Und Sie wissen nicht, wofür das *steht* ? Nun, ich werde es Ihnen nicht sagen, bis ich ganz sicher bin. Morgen werde ich es ganz sicher sein. Bis- Morgen, Theophrastus, treffen Sie mich um zwei Uhr an der Ecke Guénégaud- und Mazarine-Straße. Er stand auf. „In der Zwischenzeit werde ich diese Dinge zu meinem Freund Mifroid bringen , der sie ihren Besitzern zurückgeben wird. Gute Nacht und Mut, Theophrastus – vor allem Mut!"

Er schüttelte Theophrastus die Hand mit dem anhaltenden Druck, mit dem man bei einer Beerdigung einem Verwandten des Leichnams die Hand schüttelt, und ging.

In dieser Nacht schlief Theophrastus nicht. Während Marceline friedlich an seiner Seite atmete, lag er wach und starrte in die Dunkelheit. Sein eigener Atem war unregelmäßig und wurde von tiefen Seufzern unterbrochen. Ein schwerer Druck lastete auf seinem Herzen.

Der Tag dämmerte düster, schwach und schmutzig über Paris und warf einen finsteren Schleier über seine Gebäude. Vergeblich versuchte die

Sommersonne, in die dicke und rauchige Luft einzudringen. Der Mittag, die Stunde seines Triumphs, zeigte nur einen trüben Ball, der unrühmlich in einem schwefelhaltigen Nebel rollte.

Um sechs Uhr sprang Theophrastus plötzlich aus dem Bett und weckte Marceline durch einen Ausbruch gefühllosen Gelächters. Sie fragte nach dem Grund seiner seltsamen Heiterkeit; und er antwortete, dass die Natur ihm keinen Mund gegeben habe, der groß genug sei, um über das Gesicht zu lachen, das Kommissar Mifroid , der nicht an Taschendiebe glaubte, ziehen würde, wenn er sah, wie Adolphe seine Taschen von der Sammlung leerte, mit der er sie vollgestopft hatte.

Dann fuhr er im Ton eines offiziellen Ausbilders fort:

„Es ist die Arbeit eines Kindes, eine Handtasche aus der Tasche zu ziehen. Wenn Sie Ihre Hand nicht hineinbekommen, stecken Sie einen mit Vogelkalk bedeckten Strohhalm hinein. Dieses Gerät eignet sich hervorragend für Crowd-Work.“

Marceline setzte sich im Bett auf und starrte ihn an. Theophrastus hatte noch nie eine natürlichere Ausstrahlung gehabt. Er zog seine Hose an.

„Da ist ein Knopf am Hosenbund“, grummelte er.

„Du machst mir Angst, Theophrastus!“ sagte Marceline mit zitternder Stimme.

„Und auch eine gute Arbeit!“ sagte ihr Mann und ging auf Hände und Knie, um seine Zahnspange aufzuheben, die unter das Bett gefallen war. „Gute Arbeit leistet man nur mit einer guten Frau. Und mit dir kann ich nichts anfangen. Du wirst nie ein guter Trubel sein.“

„Eine gute – was?“

„Ein guter Bustler. Wenn du das nächste Mal ins Maison-Dorée gehst, kauf mir ein Paar Hosenträger. Die sind morsch. Du weißt noch nicht einmal, was ein Bustler ist. In deinem Alter solltest du dich schämen. Ein Bustler.“ ist eine Person Ihres Geschlechts, die geschickt darin ist, alles, was einem in die Hände fällt, in ihrem Kleid zu verstecken. Ich hatte nie eine bessere Truppe als Jenny Venus.

„Mein armes Kind!“ stöhnte Marceline.

Ein Anflug von wütendem Zorn erfasste Theophrastus. Er stürzte auf das Bett zu, den Knopfhaken schwingend, und rief:

„Weißt du – du weißt ganz genau, dass ich seit dem Tod von Jenny Venus jedem verboten habe, mich , *Kind ' zu nennen!*“

Marceline versprach, dass sie es nie wieder tun würde. Aber wie sehr bedauerte sie es, zusammen mit ihrem Mann Besitzer eines Dokuments geworden zu sein, das ihnen Schätze versprach, das ihnen aber Ärger, Angst, Gewalt, Wahnsinn und Unerklärliches ins Haus brachte. Nach Marie-Antoinette kam Jenny Venus. Sie kannte keine der beiden Damen; und sie hatte keine Lust, ihre Bekanntschaft zu machen. Aber Theophrastus sprach mit einer beunruhigenden Vertrautheit von ihnen. In Wahrheit erfüllten die unerwarteten Worte, die über seine Lippen kamen, sie zwar mit Furcht vor dem Theophrastus von vor zweihundert Jahren, ließen sie aber tatsächlich den so leicht verständlichen Theophrastus von ein paar Tagen zuvor bereuen. Sie dachte mit den unfreundlichsten Gefühlen an die Theorie der Reinkarnation.

Theophrastus hatte sich fertig angezogen. Er beklagte sich bitter darüber, dass ein Riss in seiner geblümten Weste nicht geflickt worden sei. Dann sagte er, dass er nicht zu Hause zu Mittag essen würde, da er einen Termin mit seinem *Freund Old Easy-Going* an der Ecke Guénégaud- und Mazarine-Straße hatte, um einem Monsieur de *Traneuse , einem Ingenieuroffizier, für den er einen Streich spielte, einen Streich zu spielen hatte eine starke Abneigung* ; aber da der Termin nach dem Mittagessen war, dachte er, er würde zuerst in die *Chopinettes -Mühle gehen und Luft schnuppern* .

Marceline zitterte erbärmlich. Sie hatte kaum die Kraft zu sagen: „Es ist sehr schlechtes Wetter, zur Chopinettes- Mühle zu gehen.“

„Bah! *Ich lasse meinen grünen Regenschirm zu Hause und nehme meine Schwarze Feder mit* “, sagte Theophrastus.

Damit ging er hinaus und verpasste dabei seiner Krawatte den letzten Schliff.

Auf der Treppe traf er Signor Petito ; und sie gingen es gemeinsam hinunter. Signor Petito begrüßte Herrn Longuet mit der respektvollsten Höflichkeit, beklagte sich über die Wetterlage und machte ihm tausend Komplimente für seine gute Gesundheit. Theophrastus reagierte mürrisch auf diese höflichen Annäherungsversuche; und da Signor Petito , als sie das Haus verließen, keine Absicht zeigte, ihn zu verlassen, fragte er unangenehm, ob die Signora Petito nicht überredet werden könne, neben dem *Karneval von Venedig* noch eine andere höllische Melodie zu lernen . Signor Petito tat so, als ob er seinen nörgelnden Tonfall nicht bemerkte, und antwortete mit einem liebenswürdigen Lächeln, dass sie gerade mit dem Üben beginnen würde *Der Stern der Liebe* , und sie würde in Zukunft entzückt sein, ihr Talent jedem Stück zu widmen, das Monsieur Longuets Gefallen fand. Dann sagte er noch freundlicher:

„Und welchen Weg gehen Sie, M. Longuet ?“

Theophrastus sah ihn misstrauisch an und antwortete:

„Ich wollte einen Abstecher in die Chopinettes- Mühle machen, aber dafür ist das Wetter sicherlich zu schlecht: Also gehe ich hinunter zu den Porkers."

„Zu den Schweinen?" sagte Signor Petito schnell; und er wollte gerade fragen, wo die Porkers seien, als er es sich anders überlegte und sagte: „Ich auch."

"In der Tat in der Tat?" sagte Theophrastus und musterte ihn seltsam. „ Also gehst du auch zu den Porkers?"

„Dort oder anderswo: Mir ist es egal", sagte Signor Petito ; und er lachte ein äußerst liebenswürdiges Lachen.

Sie gingen eine Weile schweigend Seite an Seite entlang, bis Signor Petito seinen Mut zusammennahm und eine Frage stellte:

„Und wie geht es Ihnen mit Ihren Schätzen, M. Longuet ?" er sagte.

Theophrastus wandte sich mit wilder Miene zu ihm und rief: „Was zum Teufel hat das mit dir zu tun?"

„Erinnern Sie sich nicht daran, vor einiger Zeit meine Meinung zur Handschrift eingeholt zu haben —"

„Ich erinnere mich ganz gut! Aber du — du solltest es lieber vergessen!" unterbrach Theophrastus in einem Ton trockener Drohung; und er öffnete seinen grünen Regenschirm.

Signor Petito versteckte sich völlig unverfroren darunter und sagte freundlich: „Oh, ich habe die Frage nicht gestellt, um Sie zu ärgern, M. Longuet ."

Sie hatten die Ecke Martyrs' Street in der Trudaine Avenue erreicht; und sie lehnten es ab, wobei Theophrastus finster dreinblickte.

Dann sagte er: „Ich habe einen Termin in der Spanferkel-Taverne neben der Porkers-Kapelle, und hier sind wir, Signor Petito ."

„Aber das ist Notre-Dame-de-Lorette und überhaupt nicht die Kapelle von Porkers!" rief Signor Petito .

„Ich mag es nicht, wenn mir ins Gesicht gesagt wird!" knurrte Theophrastus, sah ihn mit einem sehr bösen Blick an und fletschte die Zähne.

Signor Petito protestierte, dass er überhaupt nicht die Absicht habe, etwas Derartiges zu tun.

„In meinem Gesicht — ich bin mir sehr wohl bewusst, dass mein Kopf wertvoll ist", sagte Theophrastus und betrachtete Signor Petito mit einer Miene, die immer seltsamer wurde. „Wissen Sie, wie viel der Kopf *des Kindes wert ist, Signor* Petito ? Nein? eine kleine Geschichte, die Ihnen nützlich sein könnte. Kommen Sie ins Spanferkel.

„B-B-Aber das ist das Café B-B- Boussets ", stammelte Signor Petito , der immer ängstlicher wurde.

„Der Nebel hat dich verwirrt. Du hast deinen Weg zwischen *all diesen gepflügten Feldern verfehlt* ", sagte Theophrastus und setzte sich auf eine Bank vor einem der Tische. Dann lachte er sehr unheimlich und fuhr fort: „Sie wollten mich also ärgern, M. Petito . Umso schlimmer für Sie. Was werden Sie trinken müssen? Ein Glas Ratafia? Die ausgezeichnete Madame Taconet [1] , der diese Taverne betreibt, hat eine Flasche für mich reserviert, die euch wärmen wird in'ards .

[1] Theophrastus war in diesen historischen Details ziemlich genau. Ich habe herausgefunden, dass eine Madame Taconet vor zweihundert Jahren die Sucking-Pig-Taverne in der Nähe der Porkers-Kapelle besaß, die im Jahr 1800 abgerissen wurde, und an ihrer Stelle wurde die Kapelle Notre-Dame-de-Lorette errichtet. Der gesamte Bezirk, nordwestlich des Boulevard des Italiens , war vor zweihundert Jahren mit gepflügten Feldern, Gärtnereien, Landhäusern und einem Porkerdorf bedeckt. Die Spanferkel-Taverne hatte den schlechtesten Ruf, denn Madame Taconet beherbergte darin alle verlassensten Raufbolde von Paris.

Und als ein Kellner in seiner weißen Schürze an den Tisch trat, fügte Theophrastus ohne Tonänderung hinzu: „Zwei Lagerbiere vom Fass; und wir wollen nicht, dass sie alle schäumen."

So verband er ohne Übergang, ohne es überhaupt zu bemerken, sein heutiges Dasein mit dem zweihundert Jahre zurückliegenden Dasein. Signor Petito war bereits im lebhaftesten Bedauern darüber, dass er darauf bestanden hatte, einen Mann zu begleiten, der sich einbildete, er sei in der Spanferkelschenke, als der Kellner das Bier brachte und es auf den Tisch stellte.

Theophrastus sagte: „Mein Kopf ist zwanzigtausend Francs wert; und du weißt es!"

Er begleitete das „Und nun, Sie wissen es!" mit einem Faustschlag auf den Tisch, der die Gläser klingeln ließ und Signor Petito zusammenzucken ließ.

„Haben Sie keine Angst, Signor Petito , Ihr Bier ist nicht verschüttet", fuhr Theophrastus höhnisch fort. „Sie wissen also, mein Herr, dass mein Kopf zwanzigtausend Francs wert ist; aber Sie tun besser so, als ob Sie es nicht täten, sonst wird Ihnen etwas Unangenehmes widerfahren. Ich habe Ihnen eine Geschichte versprochen. Nun, hier ist sie:

„ *Vor knapp zweihundert Jahren* ging ich mit den Händen in den Taschen und ohne irgendeine Waffe, nicht einmal ein Schwert, die Vaugirard Street entlang, als mich an der Straßenecke ein Mann ansprach und mit begrüßte Mit aller Höflichkeit, die man sich vorstellen kann, erklärte er, dass mein Gesicht ihm gefallen habe – genau wie Sie gesagt und getan haben, Signor Petito ! –, dass sein Name Bidel sei und alle seine Freunde ihn „Guter alter Bidel" nannten und dass er mir ein Geheimnis anvertrauen müsse . Ich ermutigte ihn mit einem freundlichen Tipp auf die Schulter." An diesem Punkt versetzte Theophrastus Signor Petito einen solchen Schlag auf die Schulter, dass er ein kurzes Heulen auslöste; und er zog sein Geld heraus, weil er den dringenden Wunsch hatte, hinauszugehen und zu sehen, ob sich der Nebel verzogen hatte. „Legen Sie Ihr Geld weg, Signor Petito , ich bezahle die Getränke!" sagte Theophrastus scharf; und er fuhr in seinem lockeren, gesprächigen Ton fort. „Nun, der gute alte Bidel , ermutigt durch meinen freundlichen Wink", glitt Signor Petito an der Bank entlang, „erzählte mir sein Geheimnis. Er flüsterte mir ins Ohr, dass der Regent jedem, der das *Kind* verhaften wollte, zwanzigtausend Francs angeboten hatte ; dass er „Der gute alte Bidel wusste, wo sich das *Kind* versteckte; dass ich ihn für einen mutigen Mann hielt und dass er mit meiner Hilfe ziemlich nahe an die zwanzigtausend Franken herankommen sollte. Wir würden sie teilen." Theophrastus hielt inne und lachte, ein Lachen, das Signor Petito das Blut gefrieren ließ. „Der gute alte Bidel war dem Glück nicht im Weg, Signor Petito , denn auch ich wusste, wo sich das *Kind* versteckte, denn das *Kind* war ich!" Signor Petito glaubte kein Wort davon. Er war der festen Überzeugung, dass M. Longuet schon vor Monaten aufgehört hatte, ein Kind zu sein. Aber er wagte es nicht, es zu sagen. „Ich antwortete dem guten alten Bidel , dass es ein regelmäßiger Glücksfall sei und dass ich wirklich dankbar sei, dass er auf mich gestoßen sei; und ich flehte ihn an, mich direkt zu dem Ort zu bringen, an dem sich das *Kind* versteckte. Er sagte:

„‚Heute Nacht wird das *Kind bei den* Kapuzinern schlafen , im Gasthaus zum Goldenen Kreuz.'

„Es stimmte, Signor Petito . Die Informationen des guten alten Bidel waren in Ordnung; und ich habe ihm dazu gratuliert. Wir kamen an einer Messerschmiede vorbei, und ich ging hinein und kaufte unter den erstaunten Augen des guten alten Bidel *ein kleines Penny-Messer* ." Die Augen von Theophrastus leuchteten; und die Augen von Signor Petito blinzelten. „Als wir auf die Straße kamen, fragte mich der gute alte Bidel , was zum Teufel ich mit *einem kleinen Penny-Messer* machen würde . Ich antwortete: ‚Mit einem kleinen Penny-Messer'" – M. Longuet trat näher an Signor Petito heran ; Signor Petito entfernte sich weiter von Monsieur Longuet : „Einen *Polizisten kann man immer töten!* Und ich habe ihn in seine Rippen gerammt! Er wedelte mit den Armen wie eine Windmühle und fiel tot um!"

Er lachte wieder sein eiskaltes Lachen; aber Signor Petito kümmerte sich nicht darum: Er war an der Bank entlang und darunter hindurchgerutscht.

Er kroch schnell unter einer Bank nach der anderen hindurch, zum Erstaunen des Personals des Cafés, erreichte die Tür, stürzte hindurch und rannte die Straße hinunter.

M. Theophrastus Longuet leerte sein Glas und erhob sich. Er ging zum Schreibtisch, wo Mlle. Bertha zählte die Messingscheiben und sagte zu ihr:

„Madame Taconet " – Mlle. Bertha fragte sich überrascht, warum Monsieur Longuet sie Madame Taconet nannte ; aber die Frage erhielt keine Antwort: „Wenn dieser kleine Petito noch einmal hierherkommt, sagen Sie ihm von mir, dass ich ihm *die Ohren abschneiden werde, wenn ich ihm das nächste Mal begegne* ."

Mit diesen Worten streichelte Theophrastus den Griff seines grünen Regenschirms, wie man den Griff eines Dolches streichelt, und ging hinaus, ohne zu bezahlen.

Es kann keinen vernünftigen Zweifel daran geben, dass Theophrastus seine *Schwarze Feder hatte* .

Der Nebel war immer noch dicht. Er vergaß das Mittagessen völlig. Er ging wie im Traum durch den schwefelhaltigen Nebel. Er durchquerte das alte Quartier d'Antin und die ehemalige Bischofsstadt. Als er undeutlich die Türme der Trinité sah , murmelte er: „Ah, die Türme von Cock Castle!" Er war am Bahnhof St. Lazare, als er sich einbildete, er sei in „Kleinpolen". Aber nach und nach, als sich der Nebel lichtete, verschwand auch sein Traum. Er hatte eine genauere Vorstellung von den Dingen. Als er bei Pont-Royal die Seine überquerte, war er wieder zum ehrlichen Theophrastus geworden, und als er das linke Flussufer betrat, hatte er nur eine vage Erinnerung an das, was auf der anderen Seite passiert war.

Aber er hatte diese Erinnerung. Als er sich selbst genau untersuchte, stellte er tatsächlich fest, dass er anfing, drei verschiedene Geisteszustände zu erleben: erstens den, der aus seiner tatsächlichen Existenz als ehrlicher Hersteller von Stempeln resultierte; zweitens das, was aus der plötzlichen und vorübergehenden Auferstehung des *Anderen entstand* ; drittens das, was aus der Erinnerung entstand. Während die Auferstehung des *Anderen* , solange sie andauerte, eine schreckliche Angelegenheit war, war die Erinnerung eine angenehme und melancholische Stimmung, geeignet, in einem traurigen Herzen ein Gefühl sanfter Traurigkeit und philosophischen Mitleids hervorzurufen.

Guénégaud -Straße wandte , fragte er sich beiläufig, warum Adolphe die Ecke Guénégaud- und Mazarine-Straße als Treffpunkt festgelegt hatte.

Er nahm einen Umweg zu dieser Ecke, denn *er konnte sich nicht dazu durchringen, den Streifen der Mazarine Street entlangzugehen,* der am Palast des

Instituts, dem ehemaligen Vier-Nationen-Palast, entlangführt. *Er kannte den Grund dieser Zurückhaltung nicht.* Er ging um das Haus De la Monnaie herum und gelangte so in die Guénégaud- Straße.

Adolphe erwartete ihn mit sehr düsterem Gesicht an der Ecke und schlüpfte in seinen Arm.

„Haben Sie jemals jemanden von jemandem sprechen hören, der das *Kind heißt*, Adolphe?" sagte Theophrastus, nachdem sie einander begrüßt hatten.

„Das habe ich tatsächlich", sagte Adolphe in einem Ton, der so düster war wie sein Gesicht. „Und ich kenne seinen Namen, seinen Familiennamen."

„Ah, was ist das?" sagte Theophrastus besorgt.

Um keine Antwort zu erhalten, schob ihn Adolphe durch einen kleinen Durchgang, der zu einem alten Haus in der Guénégaud- Straße führte, ein paar Türen vom Haus De la Monnaie entfernt . Sie gingen ins Haus, eine wackelige Treppe hinauf und in einen Raum, in dem die Fenstervorhänge zugezogen waren. Es war absichtlich abgedunkelt worden. Aber auf einem kleinen Tisch in einer Ecke warf eine flackernde Kerze ihr Licht auf ein Porträt.

Es war das Porträt eines dreißigjährigen Mannes mit kraftvollem Gesicht und „blitzenden" Augen. Die Stirn war hoch, die Nase groß, das kräftige, eckige Kinn rasiert; Der große Mund war von einem borstigen Schnurrbart überragt. Auf dem buschigen Haar saß eine Mütze aus Wolle oder grobem Leder; und die Kleidung schien die eines Sträflings zu sein. Ein grobes Leinenhemd lag halb offen über der behaarten Brust.

"Güte!" sagte Theophrastus, ohne seine Stimme zu erheben. „Wie kam *mein Porträt* in dieses Haus?"

„Dein Porträt?" rief Adolphe. "Bist du sicher?"

„ *Wer könnte da sicherer sein als ich?* " sagte Theophrastus ruhig.

„Nun – nun –" sagte Adolphe Lecamus mit erstickter Stimme, sein Gesicht war von einem Ausdruck der schmerzlichsten Emotion verzerrt. „Dieses Porträt, das Ihr Porträt ist, ist das Porträt dieses großen Diebeskönigs aus dem 18. Jahrhundert, CARTOUCHE !"

Theophrastus starrte das Porträt mit immer wieder aufgerissenen Augen an, während eine kränkliche Blässe sein gequältes Gesicht überzog. Ein leises Grunzen ertönte aus seinen geöffneten Lippen und er fiel ohnmächtig zu Boden.

Adolphe ließ sich neben ihm auf die Knie fallen, öffnete seinen Kragen und schlug heftig auf seine Hände. Dann blies er die Kerze aus, drehte das Porträt mit dem Gesicht zur Wand und öffnete das Fenster.

Es dauerte lange, bis Theophrast wieder zu sich kam. Als er das tat, waren seine ersten Worte:

„Erzähl es auf keinen Fall meiner Frau, Adolphe!"

Kapitel VII

Die junge Kartusche

Am Morgen dieser schrecklichen Entdeckung suchten Theophrastus und Marceline erneut die ruhigen Freuden der Azure Waves Villa. Theophrastus hatte von der schockierenden Angelegenheit kein Wort gesagt; und Marceline hatte es nicht gewagt, ihn danach zu befragen, so dass sie noch immer nichts von ihrem schrecklichen Unglück wusste. Auf seinem sanften Gesicht herrschte ständig eine leere Bestürzung; und ab und zu füllten Tränen seine freundlichen Augen.

Adolphe, der in Paris geblieben war, um Nachforschungen über das Leben des berühmten Königs der Diebe anzustellen, sollte in ein paar Tagen zu ihnen kommen; und die Stunden bis zu seiner Ankunft vergingen in der Tat düster: Marceline werkelte im Haus herum, beschäftigt mit ihren Haushaltsaufgaben; Theophrastus bereitete schweigend sein Angelgerät vor und fischte am Nachmittag des zweiten Tages mit sehr wenig Glück.

Aber der dritte Tag brach hell und sonnig an; und Theophrastus, der eine gute Nacht verbracht hatte, zeigte ein entspannteres Gesicht mit weniger bestürztem Ausdruck; um seine Lippen schwebte der Schatten eines Lächelns. Adolphe Lecamus kam mit dem Zug um 11.46 Uhr zum Bahnhof Esbly und wurde mit großer Freude empfangen. Sie gingen sofort zum Déjeuner und standen erst um zwei Uhr vom Tisch auf. Marceline atmete wieder friedlich in der Gegenwart ihres treuen Freundes; und Theophrastus unterhielt ihn mit einem detaillierten Bericht über sein leidenschaftliches, aber erfolgloses Angeln am Nachmittag. Herr Lecamus sagte wenig; aber nach seinem Kaffee gönnte er sich ein drittes Glas Curaçoa , das er viel mehr schätzte, als es verdiente.

Nach dem Mittagessen belud sich Theophrastus mit Ruten, Leinen und Ködern; Adolphe nahm den Kescher; sie verabschiedeten sich von Marceline; und ging mit dem ruhigen Gang von Männern, die gut zu Mittag gegessen haben, zur Marne hinunter.

„Ich habe alles für deinen Nachmittagssport vorbereitet", sagte Theophrastus, als sie das Ufer erreichten. „Während Sie angeln , höre ich mir Ihre Nachrichten an und vergnüge mich mit Trolling. Das ist alles, wofür ich geeignet bin. Ich habe eine Dose voll Elritzen unter den Weiden. Ich bin auf das Schlimmste vorbereitet."

Adolphe sagte nichts; und als er seinen Köder anlegte, sagte Theophrastus mit einem Anflug von Ungeduld in seinem Ton: „Nun?"

„Nun, meine Nachrichten sind gut und schlecht", sagte Adolphe. „Aber ich muss Sie warnen, dass es mehr schlecht als gut ist: Zweifellos haben sie viele Geschichten über Sie erfunden; aber die Wahrheit ist für alles schlimm genug."

„Ihre Angaben sind korrekt?" sagte Theophrastus mit einem Seufzer.

„Ich bin zur Quelle gegangen, zu den Originaldokumenten", sagte Adolphe. „Ich werde dir sagen, was ich gelernt habe; *und du kannst mich wieder gutmachen, wenn ich falsch liege* ."

„Mach weiter", sagte Theophrastus in einem Ton geduldiger Resignation. „Ich muss das Beste daraus machen."

„Erstens *wurden Sie im Oktober 1693 geboren und heißen Louis-Dominique Cartouche* ..."

„Es hat keinen Sinn, mich Kartusche zu nennen", unterbrach Theophrastus und zog eine Elritze aus der Köderdose. „Es gibt keinen Grund, warum es irgendjemand wissen sollte. Sie wissen, was diese Landleute sind: Sie würden über die Idee lachen. Nennen Sie mich das *Kind* : Das ist mir lieber."

„Sind Sie damit einverstanden, dass *Cartouche* Ihr richtiger Name und kein Spitzname ist?" beharrte Adolphe.

„Hör auf! Hör auf! Das ist ein abscheulicher Name!" sagte Theophrastus ungeduldig.

„Sie erzählen, dass Sie am Clermont College eine gute Ausbildung hatten und dort zur gleichen Zeit wie Voltaire Schüler waren. Aber das ist nur eine Legende: Wenn Sie das Lesen nicht von den Zigeunern gelernt haben , haben Sie das Lesen überhaupt nicht gelernt."

"Ich mag es!" rief Theophrastus. „Wie hätte ich schreiben lernen können, wenn ich nicht lesen konnte? Und wenn ich nicht schreiben konnte, wie hätte ich dann das Dokument schreiben können, das ich in den Kellern der Conciergerie versteckt hatte?"

„Das ist durchaus vernünftig. Aber bei Ihrem Prozess ..."

„Hatte ich eine Verhandlung?" unterbrach Theophrastus eifrig.

„Das glaube ich – ein sehr berühmter Prozess!" sagte Adolphe. „Und bei Ihrem Prozess haben Sie erklärt, dass Sie nicht schreiben konnten. Sie haben alle Ihre Aussagen mit einem Kreuz unterschrieben und nie eine einzige Zeile an eine einzige Seele geschrieben."

„Weil man nie etwas schriftlich festhalten sollte", sagte Theophrastus bestimmt. „Ich hatte zweifellos Angst, mich zu kompromittieren. Dennoch existiert das Dokument."

„Das stimmt. Aber lass uns zurück zu deinem elften Jahr gehen. Eines Tages bist du mit einigen deiner Schulkameraden zum Jahrmarkt von Saint-Laurent gegangen –"

„Schau her, Adolphe: Könntest du es nicht anders ausdrücken? Du sagst immer wieder: , *Du* bist mit deinen Schulkameraden zum Jahrmarkt von Saint-Laurent gegangen' ... , *Du* wurdest 1693 geboren' ... ,Du warst eine Schule.' -Gefährte von Voltaire.' Obwohl ich zugebe, dass ich *Car* –" er hielt inne – „das *Kind war* , bin ich schließlich auch Theophrastus Longuet ; und ich kann Ihnen versichern, dass Theophrastus Longuet überhaupt nicht geschmeichelt ist, *Car – das Kind gewesen zu sein* . Geben Sie jedem, was ihm zusteht." . Ich wäre Ihnen sehr dankbar, wenn Sie sagen würden: „Das *Kind* ging mit seinen Schulkameraden."

„Sicherlich – sicherlich. Auf dem Jahrmarkt von Saint-Laurent, kleine Kartusche –"

"Das *Kind!* "

„Aber du wurdest noch nicht das *Kind genannt* – du wurdest nicht das *Kind genannt* , bis du ein Mann warst –"

„Na ja, sagen wir: ,Kleiner Louis-Dominique'."

„Louis-Dominique fiel in eine Gruppe Zigeuner –"

„Das zeigt, dass Eltern ihre Kinder niemals alleine auf Jahrmärkte gehen lassen sollten", sagte Theophrastus feierlich.

„Die Zigeuner haben ihn entführt; sie haben ihn gestohlen –"

„Armer kleiner Louis-Dominique: Er verdient unser Mitleid", sagte Theophrastus in einem Ton warmen Mitgefühls. „Drücken sie in den Büchern Mitleid mit ihm aus?"

„Sie sagen, dass er keine Schwierigkeiten damit hatte, gestohlen zu werden."

„Und was wissen sie darüber!" rief Theophrastus empört.

„Nun, die Zigeuner brachten ihm das Knüppeln, Fechten, Pistolenschießen bei, die Kunst, von Dach zu Dach zu springen, Jonglieren, Taumeln ..."

„Alles sehr nützliche Dinge", sagte Theophrastus in einem anerkennenden Ton.

„Sie haben ihm beigebracht, die Taschen von Handwerkern und Herren zu leeren, ohne dass sie es merken. Oh, er war ein netter Junge! Niemand konnte ihn anfassen, wenn es darum ging, Taschentücher, Schnupftabakdosen, Uhren, Schwertknoten zu packen ..."

„Das war überhaupt nicht schön!" rief Theophrastus empört .

„Oh! Wenn das alles wäre!" sagte Adolphe düster. „Die Zigeunertruppe war in Rouen, als Louis-Dominique krank wurde."

„Armer kleiner Junge! Er war nie für ein solches Leben bestimmt", rief Theophrastus mitfühlend.

„Er wurde ins Krankenhaus von Rouen gebracht, und dort fand ihn ein Bruder seines Vaters. Er erkannte ihn, umarmte ihn unter Freudentränen und schwor, ihn seinen Eltern zurückzugeben."

„Ein toller Kerl, dieser Onkel! Louis-Dominique wurde gerettet!" rief Theophrastus freudig.

M. Lecamus verlor die Geduld, wandte sich scharf gegen Theophrastus und flehte ihn an, mit seinen ständigen Unterbrechungen aufzuhören. Er erklärte, dass er gut zehn Jahre brauchen würde, um die Geschichte von Cartouche zu erzählen, wenn er sich ohne diese Kommentare nicht dazu durchringen könnte, zuzuhören.

„Es ist ja schön und gut, dass du das sagst!" sagte Theophrastus mit einiger Hitze. „Aber ich würde *dich* gerne an meiner Stelle sehen! Ich werde jedoch tun, was du willst; aber sag mir einfach zuerst, ob Cartouche so gefürchtet war, wie man sagt: War er ein Räuberhäuptling?"

„Das war er tatsächlich."

„Von vielen Räubern?"

„Allein in Paris befehligte er etwa dreitausend Mann."

„Dreitausend? Meine Güte! Das ist viel!"

„Sie hatten mehr als fünfzig Leutnants; und in der ganzen Stadt gab es immer zwanzig Männer, die genau wie Sie gekleidet waren – in einem rotbraunen Mantel, gefüttert mit Amaranthin-Seide und mit einem schwarzen Tuch über dem linken Auge –, um die Polizei abzuschrecken Dein Track.

„Oh, ho! Es war ein ziemlich großer Haushalt!" sagte Theophrastus in einem Ton unbändigen Stolzes.

„Sie schreiben Ihnen mehr als hundertfünfzig Morde durch Ihre eigene Hand zu."

Während Theophrastus die ganze Zeit mit einer Elritze angelte, hatte er nicht den geringsten Grund zu der Annahme, dass es in den Gewässern der Marne einen Fisch gab, der auch nur den geringsten Appetit auf seinen lebenden Köder hatte. Plötzlich schien der Schwimmer, den die Elritze sanft zwischen den grünen Herzen der Seerosen entlangzog, von Raserei erfüllt zu sein. Es sprang aus dem Wasser und stürzte sich wieder hinein, mit solch unerwarteter Schnelligkeit und so entschlossener Eile, dass es in der Tiefe verschwand und die ganze Linie mit sich führte, die es mit dem Stab verband, der es mit der Hand des Theophrastus verband . Das Unglückliche war, dass es, nachdem es die ganze Angelschnur hinter sich gelassen hatte, auch die ganze Rute mit sich nahm – mit der Folge, dass es nichts mehr mit der leeren Hand des Theophrastus verband.

„Der Schuft!" rief Theophrastus mit einer Geste der Verzweiflung, so dass es unmöglich ist zu sagen, ob er diesen starken Ausdruck, der in seinem Mund so selten ist, über den Mörder der Vergangenheit oder den Fisch der Gegenwart verwendete.

Er fügte jedoch hinzu: „Es muss gut vier Pfund gewogen haben!"

Alles in allem schien Theophrastus den Verlust seines Fisches bitterer zu bereuen als seine hundertfünfzig Morde.

Adolphe sprach ihm sein Beileid aus und fuhr mit seiner Geschichte fort.

„Dieser gute Onkel", sagte er, „rettete den kleinen Cartouche aus seinem elenden Zustand, holte ihn aus dem Krankenhaus in Rouen und brachte ihn zu seinen Eltern zurück. In der Cabbage-Bridge Street herrschte Freude – sie befand sich in der Cabbage-Bridge Street Nummer neun." der kleine Cartouche wurde geboren und sein Vater ging dem Böttcherhandwerk nach. Louis-Dominique, gewarnt durch sein frühes Unglück, schwor, dass es in ganz Paris in Zukunft keinen gehorsameren Sohn und keinen standhafteren Lehrling als ihn geben dürfe. Er half seinem Guten Vater baute Fässer; und es war eine Freude, ihn vom frühen Morgen bis zum taufrischen Abend mit Hammer und Dechsel bedienen zu sehen. Es schien seine erste Aufgabe zu sein, sein katastrophales Schulschwänzen zu vergessen. Die wenigen Monate, die er in der Gesellschaft des Vaters verbracht hatte Zigeuner waren ihm jedoch insofern von Nutzen gewesen, als sie ihm einige der Künste des Verwöhnens beigebracht hatten; und in der Mittagspause unterhielt er seine Arbeitskollegen mit Zaubertricks, und an Feiertagen lud man seine Familie eilig zum Abendessen ein damit das Unternehmen sich über seine Geschicklichkeit und seinen Humor amüsiert . Er war ein großer Erfolg in der Nachbarschaft ; und sein wachsender Ruhm erfüllte ihn mit Stolz.

„In diesen Berufen erreichte er das glückliche Alter, in dem selbst der am wenigsten vernünftige Mensch spürt, wie sein schlagendes Herz die zärtlichsten Gefühle in ihm weckte; und Louis-Dominique verliebte sich. Der Gegenstand seiner Zuneigung war bezaubernd. Sie war eine kleine Hutmacherin Portefoin Street, mit blauen Augen, goldenem Haar, einer schlanken Figur und äußerst kokett ..."

„Aber ich sehe darin nichts Falsches", unterbrach Theophrastus. „Es ist alles sehr natürlich und zeigt überhaupt keine Anzeichen von Verderbtheit. Wie er so schlecht geworden ist, übersteigt mein Verständnis."

Adolphe sah ihn düster an und sagte: „Ich habe Ihnen gerade gesagt, dass die kleine Hutmacherin eine Kokette war. Sie liebte Kleidung, Putz und Schmuck und brannte darauf, ihre Freunde in den Schatten zu stellen. Sehr bald tat es das bescheidene Einkommen von Louis-Dominique reicht nicht aus, um ihre Fantasien zu bezahlen –"

„Oh, diese Frauen!" rief Theophrastus und ballte die Fäuste.

„Sie scheinen zu vergessen, dass Sie eine Frau haben, die Ihre größte Freude und Ihr größter Stolz ist", sagte Adolphe mit einiger Strenge.

„Das stimmt", sagte Theophrastus. „Aber Sie vergessen, dass ich mich für die Abenteuer des *Kindes so sehr interessiere* , als wären es meine eigenen; und ich bin natürlich irritiert, zu sehen, wie er seine Zukunft für einen kleinen Hutmacher aus der Portefoin Street so ernsthaft aufs Spiel setzt."

„Nun, bald beraubte er seinen Vater; und sein Vater ließ es nicht lange auf sich warten. Er erlangte einen Zwangsbefehl, mit dem er seinen Sohn in das Kloster der Lazaristen des Faubourg Saint-Denis eintreten ließ, das in Wirklichkeit ein Haus war der Korrektur."

„Genau wie Eltern!" sagte Theophrastus bitter. „Anstatt die bösen Instinkte ihrer Kinder durch Freundlichkeit zu bekämpfen, treiben sie sie in die Verzweiflung, indem sie sie in diese schändlichen Besserungsanstalten einsperren, wo sie nur schlechte Beispiele finden und wo der Geist der Revolte gärt, an Kraft gewinnt, überkocht und erstickt. " jedes andere Gefühl in ihren unschuldigen jungen Seelen. Ich würde wetten, dass, wenn sie Louis-Dominique nicht in einem Gefängnis der Justizvollzugsanstalt eingesperrt hätten, keiner der anderen gefolgt wäre!"

„Darüber brauchen Sie sich keine Sorgen zu machen", sagte Adolphe trocken. „Louis-Dominique wurde nicht in einem Justizvollzugsanstalt eingesperrt."

„Wie kam es dazu?" sagte Theophrastus in einem weniger beredten Ton.

„Sein Vater informierte ihn nicht über die Entdeckung seiner Diebstähle, aber eines Sonntagmorgens lud er ihn zu einem Spaziergang ein. Louis-Dominique begleitete ihn gerne, denn er war sehr gut gelaunt und hatte sein Bestes gegeben." Kleidung mit der Absicht, seine Liebste am Nachmittag ins Palais-Royal mitzunehmen. Doch als sein Vater sich auf den Weg zum Faubourg Saint-Denis machte, begann Louis-Dominique hellhörig zu werden. Das wusste er am Ende des Faubourg waren die Lazaristen; und er wusste auch, dass Eltern manchmal ihre Kinder zu den Lazaristen brachten. Allerdings zeigte er nichts von dem Misstrauen, das seinem schlechten Gewissen entsprang; aber als sie an die Ecke Paradise Street kamen und die Gebäude von Saint- Lazare erhob sich vor ihnen, Louis-Dominique hatte den Eindruck, dass sein Vater eine angespannte Miene hatte, und er verspürte sofort eine Abneigung gegen die Nachbarschaft . Er blieb ein wenig zurück.

„Als sein Vater sich umdrehte, um nach ihm zu suchen, war Louis-Dominique verschwunden; und er sollte ihn nie wieder sehen."

„Und ganz richtig auch!" rief Theophrastus hitzig. „An seiner Stelle hätte ich genau das Gleiche tun sollen!"

„ *Aber du warst an seiner Stelle* ", sagte Adolphe.

„Ah, ja – ja – natürlich war ich das! Ich vergesse es immer wieder", sagte Theophrastus mit weniger Hitze.

Theophrastus blickte immer noch voller Staunen

„Nun, das nächste Mal hörte man von Ihnen in einem verrufenen Haus auf der anderen Seite der Seine. Ihre hübschen Manieren wurden von den Besuchern der Taverne *Three Tuns* an der Ecke Rat Street als angenehm empfunden. Aber da es auf dieser Seite keinen Kredit gab an der Seine standen Sie nun vor der Notwendigkeit, die Fähigkeiten zu nutzen, die Sie von den Zigeunern gelernt hatten, und machten sich daran, die Taschen der Passanten von allem zu befreien, was sie belastete: Schnupftabakdosen, Geldbörsen, Taschentücher, Bonbondosen, und Patchboxen.

„Nach einer Weile bist du der Verbündete eines Schurken namens Galichon geworden , der eine große Schwäche für dich hatte. Du hast die Schwester seiner Frau geheiratet. Das Heiraten wurde für dich zur Gewohnheit; denn als Galichon nach Ablauf von sechs Monaten Seine Frau und die Schwester seiner Frau wurden zur Galeerenstrafe verurteilt, Sie heirateten einen ungewöhnlich klugen Taschendieb aus der Bucherie Street und gingen mit ihr Ihrem Beruf im Palais-Royal nach.

„Schändlich!" rief Theophrastus, überwältigt von Scham.

„Aber plötzlich wurdest du angegriffen und gezwungen, deine List den Rekrutierungssergeants zur Verfügung zu stellen. Die Rekrutierungsmethode war damals ganz einfach: Die Rekrutierungssergeants, zu denen man einfache junge Kerle brachte oder nie zerlumpte ... Gutsmenschen ohne Zuhause machten alle betrunken; und als sie am nächsten Morgen nüchtern aufwachten, stellten sie fest, dass sie sich gemeldet hatten; und sie mussten in den Krieg ziehen. Sie versorgten die rekrutierenden Sergeants mit Rekruten zu einem festen Preis. Aber Du warst in deiner eigenen Falle gefangen; denn nachdem du eines Abends zwei junge Kerle zu einem Rekrutierungsfeldwebel gebracht hattest, hast du mit ihnen in einer Taverne namens „Die Liebsten von Montrueil " Spaß gehabt und am nächsten Morgen aufgewacht, um festzustellen, dass du dich selbst unterschrieben hattest. Sie waren der angeworbene Personalvermittler.

„Nun, darüber beschwere ich mich nicht", sagte Theophrastus. „Ich hatte schon immer eine Vorliebe für die Armee. Außerdem beweist es, dass ich schreiben konnte, wenn ich mich anmeldete; und das können Sie den Historikern von mir erzählen."

Eine Uhr in Esbly schlug halb sechs und warnte sie, dass es Zeit sei, zum Abendessen nach Hause zu gehen.

Adolphe brach seine Erzählung ab und zerbrach seine Rute; und sie machten sich auf den Heimweg.

Unterwegs sagte Theophrastus: „ Sag mir, Adolphe: Wie war ich? Ich bin neugierig. Ich war ein feiner Mann, nicht wahr? Groß und gut gebaut?"

„So bist du auf der Bühne in diesem Stück von Ennery . Aber tatsächlich warst du, laut dem Dichter Granval , ein Mann, der dich gut kannte und deinen Ruhm besang —"

"Mein was?" rief Theophrastus.

„Dein blutiger Ruhm — du warst:

„Braun, ausgetrocknet, dünn und klein, durch Mut groß, rücksichtslos und forsch, robust, wachsam, geschickt."

Theophrastus runzelte die Stirn, als hätte er ein romantischeres Bild vorgezogen; Dann sagte er: „Sie haben mir nicht erzählt, wie Sie an das Porträt im Haus in der Guénégaud -Straße gekommen sind."

„Es ist eine Kopie eines Fotos von Nadar."

„Aber wie um alles in der Welt hat Nadar mein Foto gemacht?" rief Theophrastus äußerst überrascht.

„Er hat es einer Wachsmaske entnommen, die Ihnen sehr ähnlich gewesen sein muss, da sie auf Befehl des Regenten aus Ihrem Gesicht geformt wurde. Nadar hat diese Maske am 17. Januar 1859 fotografiert."

„Und wo ist es zu finden?" sagte Theophrastus eifrig.

„Im Château de Saint-Germain."

„Ich muss diese Maske sehen!" rief Theophrastus, „Ich muss es sehen und berühren! Wir werden morgen nach Saint-Germain fahren."

In diesem Moment öffnete ihnen die lächelnde Marceline die Tür der Azure Waves Villa.

KAPITEL VIII

DIE WACHSMASKE

An dieser Stelle überlasse ich Theophrast noch einmal die Erzählung.

geformt worden war ; und dieses Verlangen wurde, wenn möglich, noch stärker, als Adolphe mir erzählte, dass das Schloss von Saint-Germain- en — Laye besaß seit dem 25. April 1849 das Wachsporträt der berühmten Kartusche. Es war ihm von einem Abbé Niallier geschenkt worden , der es nach dem Testament eines Monsieur Richot , eines Beamten des Hauses Ludwigs XVI., geerbt hatte. der es seit vielen Jahren besaß. Es war umso wertvoller, weil es zur königlichen Familie gehörte.

„Diese Büste wurde wenige Tage vor meiner Hinrichtung von einem florentinischen Künstler geformt . Darauf ist eine Mütze aus Wolle oder grobem Leder; bekleidet ist sie mit einem groben Leinenhemd, das mit Ruß bedeckt ist, sowie einer Weste und einer Jacke aus schwarzem Camlet. Aber das Außergewöhnlichste daran ist, dass meine Haare und mein Schnurrbart nach meiner Hinrichtung abgeschnitten und auf meine Maske geklebt wurden! Das Porträt ist in einen großen, tiefen, vergoldeten Rahmen eingefasst, ein sehr hübsches Werk. A Eine venezianische Glasscheibe schützt das Porträt; und auf dem Rahmen sind noch schwache Spuren des Wappens Frankreichs zu erkennen.

„Ich fragte Adolphe, wie er genau an diese Einzelheiten gekommen sei. Er antwortete, dass sie das Ergebnis einer zweitägigen Arbeit in der Nationalbibliothek seien.

„Meine Haare! mein Schnurrbart! meine Kleidung! Alles wie vor zweihundert Jahren! Trotz des Grauens, das mich die Reliquien eines Mannes, der so viele Verbrechen begangen hatte, hätten einflößen sollen, konnte ich meine Ungeduld kaum zurückhalten sie zu sehen und zu berühren. O Geheimnis der Natur! Tiefer Abgrund der Seele! Schwindelerregender Abgrund des Herzens! Ich, Theophrastus Longuet , dessen Name das Synonym für Ehre ist , ich, der ich immer Angst vor Blutvergießen hatte, habe ich bereits in meinem Herzen *geschätzt* die Reliquien des größten Räubers der Welt!

„Als ich nach dem Anblick des Porträts in der Guénégaud -Straße wieder zu Sinnen kam, war ich zunächst erstaunt, mich nicht in einem Zustand der Verzweiflung wiederzufinden, der bitter genug war, mich vor dem Leben zu ekeln und mich noch einmal ins Grab zu stürzen. Nein: Ich Ich hätte nicht im Traum daran gedacht, diesen Umschlag mit dem Gesicht eines ehrlichen Mannes zu unterdrücken, der im 20. Jahrhundert „Theophrastus Longuet " genannt wurde und der die Seele von Cartouche umgab und um die Welt trug. Zweifellos im ersten Moment einer solchen Offenbarung Das Mindeste, was ich tun konnte, war, in Ohnmacht zu fallen; und das tat ich. Aber statt Verzweiflung in meinem Herzen zu finden, empfand ich ein großes Mitleid, das mir nicht nur Tränen über mein eigenes Unglück, Theophrastus, sondern auch über Kartusche entlockte, fragte ich mich In der Tat war es am schönsten, wenn der ehrliche Theophrastus den Räuber Cartouche in sich herumzog oder der Räuber Cartouche im ehrlichen Theophrastus eingesperrt war.

„„Wir müssen versuchen, einander zu verstehen', sagte ich laut.

„Kaum waren die Worte über meine Lippen gekommen, als ein blendendes Licht auf mich fiel, als ich mich an die Theorie der Reinkarnation erinnerte, die mir M. Lecamus offenbart hatte.

„Das ganze Ziel der Evolution ist die Entwicklung der reinkarnierten Seele hin zum Besseren. Es ist der fortschreitende Aufstieg des Seins, von dem Kommissar Mifroid mit so entzückender Ernsthaftigkeit zu uns gesprochen hatte. Es war ganz klar, dass die Kräfte, die den Prozess der Reinkarnation regulieren hatte nichts Ehrlicheres auf Erden gefunden als den Körper von Theophrastus Longuet , um der kriminellen Seele von Cartouche die Möglichkcit zu geben, sich zum Besseren zu entwickeln.

„Ich muss zugeben, dass ich, als diese Idee mich erfasste, statt der kindlichen Verzweiflung, die mich ohnmächtig gemacht hatte, ein Gefühl erfüllte, das eher dem Stolz ähnelte. Ich wurde vom Planetarischen Logos beauftragt, ich, der Demütige, ehrlicher Theophrastus, um diese Seele der Dunkelheit und des Blutes, die Seele von Louis-Dominique Cartouche, bekannt als das *Kind , in idealer* Pracht zu regenerieren . Ich nahm diese unerwartete Mission bereitwillig an, da ich nicht anders konnte, und sofort war ich auf meinem Weg Ich wiederholte den Satz „Wir müssen einander verstehen" nicht, aber ich befahl Kartusche sofort, Theophrastus zu gehorchen, und ich versprach mir, ihm so viel Zeit zu lassen, dass ich es mir nicht verkneifen konnte, mit ihm zu sprechen ein Lächeln: „Arme alte Kartusche!"

„Ich vertraute diese Überlegungen Adolphe an, der sie mit Zustimmung aufnahm, mich aber gleichzeitig vor meiner Tendenz warnte, Theophrastus von Cartouche zu trennen.

„„Du darfst nicht vergessen', sagte er, ,dass sie eins sind. Du hast die Instinkte des Theophrastus, das heißt der Kohlpflanzer (Gärtner, Marktgärtner) von Ferté -sous- Jouarre . Diese Instinkte sind gut. Aber Sie haben auch die Seele von Cartouche, die abscheulich ist. Seien Sie vorsichtig: Der Krieg ist erklärt. Die Frage ist, wer siegen wird, die Seele von vor langer Zeit oder die Instinkte von heute.'

„Ich fragte ihn, ob die Seele von Cartouche wirklich völlig abscheulich sei, was mich betrübt hätte. Ich war erfreut zu erfahren, dass sie ihre guten Seiten hatte.

„‚Cartouche‘, sagte er, ‚verbot seinen Männern ausdrücklich, Wanderer ohne Grund zu töten oder auch nur zu verwunden. Wenn er mit einer seiner Banden in Paris auf der Arbeit war und seine Männer ihm Gefangene brachten, sprach er mit ihnen.“ äußerste Höflichkeit und Sanftmut und ließ sie einen Teil ihrer Beute zurückgeben. Manchmal beschränkte sich die Angelegenheit auf einen bloßen Austausch von Kleidern. Als er in den Taschen des Mantels so ausgetauschte Briefe von Bedeutung fand, lief er seinem verstorbenen Besitzer nach, um ihn abzugeben Sie kehrten zu ihm zurück, wünschten ihm einen angenehmen Abend und gaben ihm das Passwort. Es war eine Maxime dieses außergewöhnlichen Mannes, dass niemand in derselben Nacht zweimal ausgeraubt oder zu hart behandelt werden sollte, damit die Pariser es nicht taten Ich habe eine Abneigung gegen das Ausgehen am Abend.'

„Da er also gegen unvernünftigen Mord war, ist es klar, dass dieser Mann nicht völlig böse war. Ich bedaure jedoch, dass er, was ihn selbst betrifft, im Laufe seines Lebens hundert hätte haben sollen und fünfzig Gründe für die Ermordung seiner Zeitgenossen.

„Aber um auf die Wachsmaske zurückzukommen: Mein Freund Adolphe und ich waren gerade am Bahnhof Saint-Germain aus dem Zug gestiegen, als ich glaubte, in einer Gruppe von Passagieren eine Gestalt zu sehen, die ich kannte. Bewegt von einem Gefühl, das es nicht war völlig unter meiner Kontrolle rannte ich auf die Gruppe zu, aber die Gestalt war verschwunden.

„‚Diese Form ist mir im Grunde zuwider. Wo habe ich sie gesehen?‘ sagte ich zu mir selbst, und Adolphe fragte mich nach dem Grund meiner Aufregung. Auf einmal fiel es mir ein.

„‚Ich könnte schwören, dass es Signor Petito war , der Professor für Italienisch, der in der Wohnung über uns wohnt!‘ Ich weinte. „Was hat Signor Petito in Saint-Germain vor? Er sollte mir besser nicht in die Quere kommen!“

„‚Was hat er getan?‘ sagte Adolphe, einigermaßen überrascht über die Betonung, mit der ich den letzten Satz aussprach.

„‚Oh, nichts – nichts. Nur wenn er mir in die Quere kommt , schwöre ich dir, *ich werde ihm die Ohren abschneiden!* ‘

„ *Und ich hätte getan, was ich gesagt habe, wissen Sie.*

„Dann gingen wir, ohne uns weiter um Signor Petito zu kümmern , weiter zum Schloss, diesem wundervollen Schloss. Wir gingen ins Museum; und ich war äußerst verärgert, als ich feststellte, dass diese Räume die gesamte Geschichte Frankreichs kannten und gedient hätten." denn der Rahmen unserer Vergangenheit sollte, selbst wenn er leer gewesen wäre, heute als Basar für römische Gipsabgüsse, prähistorische Waffen, Elefantenstoßzähne und Flachreliefs vom Konstantinsbogen dienen. Aber mein Ärger verwandelte sich in Wut Als ich erfuhr, dass die Maske der Kartusche nicht da war. Ich hatte gerade heimlich die Zwinge meines grünen Regenschirms einem Gipslegionär ins Auge gestoßen und sie zerschlagen, als ein alter Aufseher zu uns kam und sagte, dass er sicher sei, dass es eine gab Maske der Kartusche in Saint-Germain und er dachte, sie befände sich in der Bibliothek; diese war jedoch seit einer Woche wegen Reparaturarbeiten geschlossen.

günstigeren Gelegenheit zurückkehren würden ; denn je weiter sich die Maske zurückzog, desto heftiger brannte ich, wenn ich sie berührte.

„Wir gingen auf die Terrasse, denn es war ein herrlicher Tag, und stürzten uns in den Wald, einen prächtigen Gang hinunter, der uns zu den auf Wunsch von Königin Anna von Österreich vor dem Schloss erbauten Lodges führte.

„Als wir die linke Ecke der Mauer erreichten, glaubte ich, während ich mich in ein Dickicht schlich, noch einmal die abscheuliche Silhouette und das abstoßende Gesicht von Signor Petito zu erkennen . Adolphe behauptete, ich habe mich geirrt.

„War es, weil ich diesen alten Boden betrat, den ich kannte, weil ich mich in diesem freundlichen Wald zwischen diesen vertrauten Bäumen befand, oder war es das Ergebnis eines langen, suggestiven Gesprächs über alte Zeiten und die Menschen von vor langer Zeit? Von a Plötzlich kam eine Erinnerung in mir hoch, eine sehr angenehme Erinnerung, so wie einem manchmal eine bewegende Erinnerung an seine Jugendtage in den Sinn kommt, Tage, die man für immer verloren glaubte, in der Erinnerung vergraben. Und dann sah ich ganz deutlich, dass ich *der war dieselbe Seele, denn ich erinnerte mich an Cartouche, als ob uns nicht zweihundert Jahre Tod* getrennt hätten .

„Ja, ich hatte dieselbe Seele, tatsächlich eine lange gleiche Seele: An einem Ende war Kartusche, am anderen Theophrastus.

„Ich erinnerte mich an die alten Zeiten; und vor allem erinnerte ich mich an sie, als wir die Nordmauer passiert hatten und immer tiefer in den Wald eintauchten. Ich warf mich auf die Grasnarbe am Fuße eines uralten Baumes, meine Augen funkelten mit einer erstaunlichen Jugendlichkeit Feuer, und als ich mich an der Stelle umsah, die ich so gut kannte, sagte ich:

„„Ah, Adolphe! Als ich das letzte Mal hier war, war mein Vermögen auf dem Höhepunkt. Ich wurde von allen gefürchtet und geliebt. Ich wurde sogar von meinen Opfern geliebt, Adolphe, ich plünderte sie so anmutig aus, dass sie danach singend durch Paris zogen Mein Lob. Ich war noch nicht die Beute dieses schrecklichen Blutdurstes, der mich einige Monate später zu den grausamsten Verbrechen treiben sollte. Alles ging mir gut, ich wurde von allen gefürchtet und geliebt, ich war glücklich, unbeschwert, von einem großartigen Wagemut, großartig in der Liebe, von der schönsten Natur der Welt und *Meister von Paris*.

„,Erinnern Sie sich an die herrliche Septembernacht, als wir in das Haus des Botschafters von Spanien einbrachen, in das Schlafzimmer seiner Frau gingen und all ihre bestickten Roben aus Seide und Samt mitnahmen, eine Schnalle, die mit siebenundzwanzig großen Diamanten besetzt war (einer … Ich könnte mir fast vorstellen, dass es gestern passiert ist), eine Halskette aus feinen Perlen, sechs goldene Teller, sechs goldene Messer und Gabeln und zehn silbervergoldete Kelche (was für eine wunderbare Sache, mein lieber Adolphe, das Phänomen der Erinnerung ist!)? Erinnern Sie sich, wie wir die Juwelen und den Teller in Servietten verpackten und zum Abendessen (oh, was war das für ein Abend!) bei La Belle Hélène gingen, die, wie Sie sich erinnern, *die* Heart-Taverne betrieb?

„Warum, frage ich mich, habe ich jetzt , *Du erinnerst dich* ' gesagt? Es muss sein, dass ich dich als einen Freund betrachte, den ich damals hatte, genauso vertrauenswürdig wie dich selbst, den ich genauso gern hatte – der alte Lässige – mein Lieblingsfreund . *Bei Madame Phalaris!* Er war ein guter Kerl – Sergeant der Stadtwache und einer meiner Leutnants. Wie viele dieser Stadtwachen ich unter meinen Männern hatte! Als ich verhaftet wurde, waren es *hundert und fünfzig von ihnen, Offiziere und Männer, flohen in die Kolonien,* aus Angst, ich könnte mich spalten. Sie hatten keinen Grund dazu: Folter brachte mir nie ein Wort!

„,Erinnern Sie sich an die Nacht, in der Sie im Palais-Royal Dienst hatten und die silbervergoldeten Kerzenleuchter des Regenten gestohlen haben?‘"

Die Stimme des Theophrastus verhallte verträumt in den Ausblicken der Vergangenheit; aber Herr Adolphe Lecamus sagte nichts; sein Gesicht war gerötet; und er atmete schwer.

Plötzlich erwachte Theophrastus aus seinem Traum und erzählte seinem Freund von einer weiteren ungeheuerlichen Tat: dem Diebstahl von Mississippi-Anleihen im Wert von einer Million und dreihunderttausend Franken vom großen Finanzier Law. Er beendete die Geschichte mit den Worten: „Wie verändern zweihundert Jahre einen Menschen!"

Dann begann er über den Satz zu lachen. Er machte Witze, im wahrsten Sinne des Wortes. So ist es mit dem Pariser Kaufmann von heute: Er fängt damit an, dass er sich vor dem bloßen Nichts zu Tode erschreckt, und endet damit, dass er über alles lacht. Theophrastus Longuet hatte den Punkt erreicht, über sich selbst zu lachen. Der übernatürliche und schreckliche

Gegensatz zwischen Cartouche und Longuet , der ihn zunächst in düsterstes Grauen gestürzt hatte, wurde wenige Tage später zum Witz! Der elende Mann beleidigte das Schicksal! Er machte sich über den Donner lustig! Seine Entschuldigung ist, dass er sich der Schwere seines Falles nicht bewusst war.

Adolphe zeigte wenig Verständnis für seinen Humor . In der Abenddämmerung kehrten sie nach Paris zurück; Und als sie den Bahnhof Saint-Lazare verließen, sagte er zu Theophrast:

„ Sag mir, Theophrastus, wenn du Kartusche bist und durch Paris gehst und sein Leben beobachtest, was überrascht dich am meisten? Ist es das Telefon, oder die Eisenbahn, oder die Autos, oder der Eiffelturm?“

„Nein, nein!“ sagte Theophrastus schnell. „Es sind die Polizisten!“

KAPITEL IX

SELTSAME POSITION EINER KLEINEN VIOLETTEN KATZE

Es scheint, dass das Schicksal, das die Menschheit regiert, ein abscheuliches Vergnügen daran hat, die heitersten Freuden vor den schlimmsten Katastrophen entstehen zu lassen. Noch nie hatten die drei Freunde ein Abendessen mehr genossen als das Abendessen, das sie an diesem Abend im Café Des Trois Etoiles hatten. Sie aßen gut, der Kaffee war ausgezeichnet, und auch die Zigarren, die Adolphe mitgebracht hatte, und die russischen Zigaretten, die Marceline rauchte, waren ausgezeichnet. Nach dem Abendessen unterhielten sie sich noch lange; und ihre Gespräche, die sich unter der Führung von Adolphe nie weit von der Sphäre des Okkulten entfernten, die sie jetzt so praktisch beschäftigte, waren interessant und faszinierend, obwohl der eingefleischte Pariser Theophrast hin und wieder über sein eigenes scherzte gefährliche Situation. Um halb elf verließen sie das Restaurant und gingen zurück zu ihrer Wohnung in der Gerando Street. Adolphe wünschte ihnen am Fuß der Treppe eine gute Nacht.

Diese Wohnung bestand aus einem schmalen Flur, der von einer Truhe aus poliertem Eichenholz fast ausgefüllt und sicherlich eng war. In diese Halle führten vier Türen, die zur Küche und zum Esszimmer auf der linken Seite, die des Wohnzimmers und des Schlafzimmers, die auf die Straße hinausgingen, auf der rechten Seite. Es gab ein drittes Fenster, das auf die Straße hinausging, das des winzigen Zimmers, das Theophrastus zu seinem Arbeitszimmer gemacht hatte. *Dieses Arbeitszimmer hatte zwei Türen; einer davon führte ins Schlafzimmer, der andere ins Esszimmer.* In diesem Arbeitszimmer stand an der Wand eine Kommode; und darin befanden sich Schubladen über und unter dem Schreibtisch. Dieser Schreibtisch ließ sich herunterklappen und schließen und wurde mit einem etwas kunstvollen Schloss an der Kante der Schreibtischplatte befestigt. Als es verschlossen war, waren auch alle Schubladen verschlossen. In der Regel setzte Theophrastus eine kleine violette Katze auf das Schlüsselloch des Schlosses, sowohl um es zu verbergen als auch um es zu schmücken.

Diese kleine violette Katze mit Glasaugen war nichts anderes als ein raffinierter Seidenball, der als Stiftwischer und Nadelkissen fungierte. Ungefähr einen Meter vom Schreibtisch entfernt stand ein sehr kleiner *Teetisch* .

Als Theophrastus und Marceline ihre Wohnung betraten, suchten sie, wie es ihre Gewohnheit war, in jedem Zimmer sorgfältig nach einem versteckten Einbrecher. Da es ihnen wie üblich nicht gelang, einen zu finden (der Himmel allein weiß, was sie sonst mit ihm gemacht hätten!), gingen sie beruhigt zu Bett. Als der schüchternere der beiden schlief Theophrastus neben der Mauer. Sie schliefen bald ein, Theophrastus schnarchte leise.

Nacht. Keine Kutsche auf der Straße. Schweigen.

Das Schnarchen des Theophrastus hörte auf. War er in einen tieferen Schlaf versunken? Nein: Er schläft nicht mehr. Sein Hals ist trocken; er starrt mit ängstlichen Augen in die Dunkelheit; Er ergreift mit einer kalten Hand, einer Hand, die vor Angst gefriert, die Schulter von Marceline und weckt sie.

Er sagt mit leiser Stimme, so leise, dass sie ihn nicht einmal hört: „Hörst du?"

Marceline hält den Atem an; Sie umklammert die eisige Hand ihres Mannes. Sie strengen ihre Ohren an; und sie hören zweifellos etwas – *in der Wohnung* .

Eigentlich ist es nichts, worüber man lachen kann. Der Mann, der nachts *in einer Wohnung über ein unerklärliches Geräusch lachen kann* , ist noch nicht geboren! Es gibt mutige Männer, unglaublich mutig, die vor nichts zurückschrecken, die nachts überall hingehen, in die leersten Straßen der verrufenesten Viertel, die nicht zögern würden, sich nur aus Vergnügen in lampenlose Sackgassen zu wagen. Aber ich sage Ihnen, weil es die Wahrheit ist, und Sie wissen, dass es die Wahrheit ist, dass der Mann, der nachts *in einer Wohnung über ein unerklärliches Geräusch lachen kann* , noch nicht geboren ist.

Wir haben Theophrastus bereits in der Nacht der Enthüllung des schrecklichen Geheimnisses, das den Steinen der Conciergerie entsprang, schlaflos gesehen. Die Angst, die in dieser Nacht auf seinem Herzen lastete, so schrecklich sie auch gewesen war, war nichts im Vergleich zu der, die ihn jetzt erwürgte, denn nachts gab es *in der Wohnung* einen unerklärlichen Lärm.

Es war wirklich ein seltsames Geräusch, aber zweifellos echt; Es war ein langgezogenes *Pur -rrrrrrrrr* . Es kam hinter der Wand des Nebenzimmers hervor.

Sie saßen geräuschlos im Bett, mit struppigem Haar und kalten Schweißperlen, die ihnen auf der Stirn standen. Von der anderen Seite der Mauer kam das seltsame *Pur -rrrrrrr* . Es war das Schnurren einer Katze; Sie erkannten dieses Schnurren: Es war das Schnurren der kleinen violetten Katze. Marceline schlüpfte unter die Kleidung und flüsterte:

„Es ist das Schnurren der violetten Katze. Geh und sieh nach, was damit los ist, Theophrastus."

Theophrast rührte sich nicht; Er hätte hunderttausend Stempel dafür gegeben, mittags über den Boulevard zu gehen.

„Es ist nicht natürlich, dass es so schnurrt", fügte sie hinzu. „Geh und sieh nach, was damit los ist. Du musst, Theophrastus! Hol deinen Revolver aus der Schublade."

Theophrastus fand die Kraft, leise zu sagen: „Du weißt ganz genau, dass es nicht geladen ist.“

Sie hörten noch einmal zu; das Schnurren hatte aufgehört; Marceline begann zu hoffen, dass sie sich geirrt hatten. Dann stöhnte Theophrastus, stand aus dem Bett, nahm den Revolver und öffnete leise die Tür, die in sein Arbeitszimmer führte. Es war hell im Mondlicht; Und was Theophrastus sah, ließ ihn mit einem dumpfen Schrei zurückschrecken, schloss die Tür und lehnte sich mit dem Rücken dagegen, als wollte er verhindern, dass das, was er sah, das Schlafzimmer betreten konnte.

"Was ist es?" sagte Marceline heiser.

Die Zähne von Theophrastus klapperten, als er sagte: „Es hat aufgehört zu schnurren; aber es hat sich bewegt!“

"Wo ist es?"

„Auf dem Teetisch.“

„Die violette Katze liegt auf dem Teetisch?“

"Ja."

„Sind Sie ganz sicher, dass es letzte Nacht an seinem Platz war?“

„Ganz sicher. Ich habe meine Schalnadel in den Kopf gesteckt. Sie lag wie immer auf der Kommode.“

„Sie müssen es sich eingebildet haben. Angenommen, ich zünde das Licht an?“ sagte Marceline.

„Nein, nein, wir könnten in der Dunkelheit entkommen ... Angenommen, ich würde die Tür zum Treppenabsatz öffnen und den Portier rufen?“

„Erschrecken Sie nicht so sehr“, sagte Marceline, die nach und nach wieder zu sich kam, da sie die violette Katze nicht mehr hörte. „Das Ganze war eine Illusion. Du hast letzte Nacht den Platz gewechselt, und es hat nicht geschnurrt.“

„Schließlich ist es durchaus möglich“, sagte Theophrastus, dessen einziger Wunsch es war, wieder ins Bett zu gehen.

„Geh und stell es wieder an seinen Platz“, sagte Marceline.

Theophrastus machte sich auf die Anstrengung gefasst, ging ins Arbeitszimmer, nahm mit einer schnellen und zitternden Hand die Katze vom Teetisch, stellte sie zurück auf die Kommode und eilte zurück ins Bett.

Kaum war der violette Kater wieder auf der Kommode, begann er schon wieder mit seinem *Pur -rrrrr*. Dieses Schnurren brachte sie nur zum Lächeln:

Sie wussten, was es ausgelöst hatte. Eine Viertelstunde war vergangen; Sie waren fast eingeschlafen, als ein zweiter Schreck sie im Bett aufspringen ließ. Ein drittes Schnurren hallte in ihren Ohren wider. Wenn das erste Schnurren sie in Angst und Schrecken versetzt hatte und das zweite Schnurren sie zum Lächeln brachte, dann scheuchte sie das dritte Schnurren aus ihrem Leben.

"Es ist unmöglich!" sagte Marceline mit plapperndem Flüstern. „Wir sind Opfer einer Halluzination! BBB-Außerdem ist es nicht wirklich überraschend, nach dem, was dir in der Conciergerie passiert ist!"

Das Schnurren verstummte erneut. Diesmal war es Marceline, die aufstand. Sie öffnete die Tür des Arbeitszimmers, drehte sich scharf zu Theophrastus um und sagte, aber mit was für einer schwachen und sterbenden Stimme:

„Du hast die violette Katze nicht wieder auf die Kommode gesetzt!"

"Hab ich doch!" stöhnte Theophrastus.

„ Aber es ist wieder auf dem Teetisch! "

"Guter Gott!" rief der arme Theophrastus; und er vergrub seinen Kopf unter der Bettdecke.

Die violette Katze schnurrte nicht mehr. Marceline kam zu der Überzeugung, dass ihr Mann es in seiner Aufregung auf dem Teetisch liegen gelassen hatte. Sie nahm es, hielt den Atem an und legte es zurück auf die Kommode. Die violette Katze ließ zum vierten Mal ihr Schnurren hören. Marceline und Theophrastus hörten es mit der gleichen Gelassenheit, mit der sie das zweite Schnurren gehört hatten. Das vierte Schnurren verstummte.

Eine weitere Viertelstunde verging: Sie schliefen nicht und waren auch nicht schläfrig; und dann kam *ein fünftes Schnurren* .

Dann sprang Theophrastus, unglaublich zu erzählen, wie ein Tiger aus dem Bett und rief:

„ *Bei der Drossel von Madame Phalaris!* Das ist zu viel des Guten! Was zum Teufel hat diese höllische violette Katze vor?"

KAPITEL X

Die Erklärung der seltsamen Haltung einer kleinen violetten Katze

Es ist notwendig, in die darüber liegende Etage zu steigen, in die Wohnung, die von Signor und Signora Petito bewohnt wurde , in das Zimmer, in dem Theophrastus, ohne einen Gedanken an die Unvorsichtigkeit, die er beging, um die notwendigen Informationen über die Handschrift des Dokuments gebeten hatte . Was für eine Unvorsichtigkeit könnte es in der Tat sein, einem Handschriftexperten ein Dokument zu zeigen, das so zerrissen, befleckt und unleserlich ist, dass es auf den ersten Blick unmöglich ist, überhaupt irgendeinen Sinn oder Sinn darin zu erkennen?

Doch durch einen wirklich seltsamen Zufall war es genau dieses Dokument, über das Signor Petito und seine Frau an diesem Abend diskutierten.

Die Signora Petito sagte gerade: „Ich verstehe es überhaupt nicht; und das Verhalten von M. Longuet in Saint-Germain wirft kein neues Licht darauf. Tatsache ist, dass Sie sich nicht an die Anweisungen erinnern – an alle Anweisungen. *Gehen Sie .“ und schnappen Sie sich die Luft bei den Chopinettes , schauen Sie sich den Hahn an, schauen Sie sich die Gall an* : Es ist alles so vage. Was kann das bedeuten?“

„Das erste, was es bedeutet, ist, dass der Schatz am Stadtrand von Paris, dem Paris dieser Epoche, zu finden ist. *Gehen Sie und schnappen Sie sich die Luft ... Meiner Meinung nach sollten wir in der* Nähe von Montrouge suchen , oder.“ „Montmartre, wegen des Hahns. Es gab ein Château du Coq im Dorf Porkers. Schauen Sie sich diesen Plan des alten Paris an“, sagte ihr Mann.

Sie brüteten über dem Plan auf dem Tisch.

„Es ist immer noch sehr vage“, sagte Signor Petito düster. „Ich für meinen Teil denke, wir sollten den Worten ‚The Gall‘ besondere Aufmerksamkeit schenken.“

„Das ist nur das Unbestimmteste an der ganzen Sache“, sagte seine Frau.

„Trotzdem bin ich mir sicher, dass es wichtig ist“, sagte ihr Mann. „Soweit ich mich an das Dokument erinnere (und Sie wissen, was für ein großartiges Gedächtnis ich habe), war zwischen dem Wort „the“ und dem Wort „Gall“ ein kurzes Leerzeichen und nach „Gall“ ein längeres Leerzeichen. Bringen Sie mir das Wörterbuch. "

Die Signora Petito erhob sich mit größter Vorsicht, sie ging geräuschlos und heimlich durch das Zimmer (sie war die Verschwörerin bis in die Fingerspitzen) und brachte ein kleines Wörterbuch mit. Sie begannen, eine Spalte entlangzulaufen und alle Wörter aufzuschreiben, die mit der Silbe

Galle begannen: Gallantly, Gallery, Galley und so weiter. Dann begann die Uhr auf dem Kaminsims zwölf zu schlagen.

Die Signora Petito erbleichte und erhob sich; Signor Petito erhob sich noch blasser.

„Die Stunde ist gekommen!" sagte die Signora Petito . „Die von Ihnen gewünschten Informationen finden Sie weiter unten." Sie deutete mit einem steifen Finger auf den Boden. „Sie können dich in deinen Listenpantoffeln nicht hören. Außerdem besteht keine Gefahr: Sie sind in Esbly ."

Zwei Minuten später glitt eine dunkle Gestalt zu M. Longuets Wohnung, steckte einen Schlüssel in das Türschloss und betrat seinen Flur. Die Wohnung von Theophrastus war genau so gebaut wie die von Signor Petito , und er betrat ohne zu zögern das Esszimmer. Er verhielt sich umso gelassener, weil er glaubte, die Wohnung sei leer. Er öffnete die Tür des Arbeitszimmers und sah die violette Katze auf der Kommode. Da es offensichtlich am Schloss der Kommode hing, an der er interessiert war, nahm er es und stellte es auf den Teetisch. Dann eilte er lautlos durch das Esszimmer zurück in die Diele, denn er glaubte Stimmen auf der Treppe zu hören.

Er lauschte eine Weile an der Wohnungstür und hörte nichts; zweifellos hatten ihn seine Ohren getäuscht. Dann kam er zurück ins Arbeitszimmer. *Auf der Kommode* fand er die violette Katze, die schnurrte .

Trotz ihrer Strähnen standen die Haare von Signor Petito steif auf seinem Kopf, das Grauen, das ihn erfüllte, kann nur mit dem anderen Grauen auf der anderen Seite der Mauer verglichen werden.

Er stand regungslos und keuchend im Mondlicht, selbst als die kleine violette Katze aufgehört hatte zu schnurren. Dann machte er sich bereit und hob mit schüchterner Hand die violette Katze hoch. Sobald er es bewegt hatte, begann es zu schnurren; und er erfuhr, dass sich in seinem Inneren aus Pappe eine kleine Murmel befand, die beim Hin- und Herrollen eine geniale Nachahmung eines natürlichen Schnurrens erzeugte. Da er sich zu Tode gefürchtet hatte, bezeichnete er sich selbst als einen vollkommenen Narren. Es war alles ganz klar; Hatte er nicht, bevor er aus dem Arbeitszimmer schlüpfte, die Katze bewegt? Anstatt es, wie er dachte, auf den Teetisch zu stellen, hatte er es zurück auf die Kommode gelegt. Natürlich war es ganz einfach. Er stellte es, immer noch schnurrend, auf den Teetisch zurück.

Petito nicht erschreckte , Theophrastus und seine Frau erneut in Angst und Schrecken versetzte, während das zweite Schnurren, das Signor Petito vor Schrecken die Locken aus dem Haar genommen hatte , sie überhaupt nicht erschreckte.

Die Katze schnurrte immer noch, als draußen vor der Wohnung ein weiteres Geräusch zu hören war. Es war Signora Petito, die im Luftzug nieste. Signor Petito eilte zurück in den Flur und lauschte erneut an der Wohnungstür. Als er beruhigt ins Arbeitszimmer zurückkehrte, *war die schnurrende violette Katze zum Schreibtisch zurückgekehrt* .

Er dachte, er würde vor Angst sterben; Er glaubte, dass ein wundersamer Eingriff ihn davon abhielt, am Rande eines Verbrechens zu stehen. Er sprach ein schnelles Gebet, in dem er dem Himmel versicherte, dass er damit nicht weitermachen würde. Es verging jedoch eine Viertelstunde, bis er wieder zu Verstand kam; und da er nichts mehr hörte, führte er diese überraschenden Ereignisse auf die durch seine außergewöhnliche Beschäftigung hervorgerufene Geistesstörung zurück. Er nahm die violette Katze hoch, die wieder zu schnurren begann.

Aber dieses Mal wurde die Tür des Arbeitszimmers gewaltsam aufgerissen; und Signor Petito fiel ohnmächtig in die Arme von M. Longuet , *der keinerlei Überraschung zum Ausdruck brachte* .

M. Longuet warf Signor Petito verächtlich auf den Boden, stürzte sich auf die violette Katze, fing sie auf, öffnete das Fenster, riss ihr die Schalnadel aus dem Kopf und warf sie auf die Straße.

„ Du tierische Katze!“ er weinte mit unaussprechlicher Wut. „Du wirst nie wieder aufhören zu schlafen!“

Signor Petito hatte sich aufgerafft und wusste überhaupt nicht, wie er die Sache beurteilen sollte, da Madame Longuet in ihrem Nachthemd eifrig einen großen, glänzenden, vernickelten Revolver auf ihn richtete. Er fand nur den Satz:

„Ich bitte um Verzeihung: *Ich dachte, Sie wären auf dem Land* .“

Aber es war Herr Longuet , der zu ihm kam, eines von Signor Petitos langen Ohren zwischen Daumen und Zeigefinger nahm und sagte:

„Und jetzt, *mein lieber Signor Petito , werden wir uns noch ein wenig unterhalten!* “

Marceline senkte den Lauf des Revolvers; und beim Anblick seines ruhigen Mutes blickte sie ihren Mann voller Bewunderung an.

„Sehen Sie, mein lieber Signor Petito , ich bin ruhig“, sagte Theophrastus. „Gerade eben war ich tatsächlich in teuflischer Wut, aber das war gegen diese höllische Katze, die uns am Schlafen hinderte. Also warf ich sie aus dem Fenster. Aber seien Sie beruhigt, Signor Petito , ich werde nicht werfen. “ Sie aus dem Fenster. Meines ist eine gerechte Natur. Sie waren es nicht, die uns am Schlafen gehindert hat. Sie haben vorsichtshalber Pantoffeln angezogen. Vielen Dank dafür. Warum machen Sie dann, mein lieber Signor Petito ?

Dieses unerträgliche Gesicht? Natürlich muss es Ihr Ohr sein. Dann habe ich gute Nachrichten für Sie, Nachrichten, die Sie in Bezug auf Ihr Ohr ganz beruhigen werden: *Sie werden nicht länger unter Ihren Ohren leiden* , mein lieber Signor Petito !"

Dann forderte er seine Frau auf, einen Morgenmantel anzuziehen, und bat Signor Petito, in die Küche zu kommen.

„Seien Sie nicht überrascht, wenn ich Sie in meiner Küche empfange", sagte er. „ *Ich gehe sehr vorsichtig mit meinen Teppichen um, und du wirst wie ein Schwein bluten.* "

Er zog einen Tisch aus weißem Holz von der Wand in die Mitte der Küche und forderte Marceline auf, ein Stück Wachstuch darauf auszubreiten und ihm die große Schüssel und das Tranchiermesser aus der Schublade des Esszimmers zu holen. Zimmer-Sideboard.

Marceline versuchte um eine Erklärung zu bitten; Aber ihr Mann warf ihr einen solchen Blick zu, dass sie nur zittern und gehorchen konnte. Auch Signor Petito zitterte, und während er zitterte, ging er zur Küchentür, in der es, wie er sich sagte, nichts zu tun gab. Leider weigerte sich Monsieur Longuet strikt, seinen Nachbarn gehen zu lassen. Er forderte ihn auf, sich zu setzen, und setzte sich selbst.

„Signor Petito ", sagte er in einem Ton von höchster Höflichkeit, „Ihr Gesicht gefällt mir nicht. Es ist nicht Ihre Schuld, aber ganz sicher nicht meine. Es besteht kein Zweifel, dass Sie der Feigste und Verächtlichste von allen sind." Hinterhältige Diebe. Aber was ist damit? Es geht mich nichts an, sondern um einen ehrlichen Henker des Königs, der Sie in der nächsten Saison *zum Ernten an der Leiter einladen wird* , wohin er Sie eines schönen Tages *sanft im Wind schweben* lassen wird das Ende, damit *Sie wie ein guter Kerl die Schafe des Mondes behalten können* . Lächeln Sie nicht, Signor Petito . Signor Petito lächelte nicht. „Du hast absurde Ohren; und ich bin sicher, dass du es mit Ohren wie diesen niemals wagen würdest, in die Nähe von Guilleri Cross-roads zu gehen." [2]

[2] An der Guilleri -Kreuzung stand ein Pranger. Dort schnitt man Dieben die Ohren ab.

Signor Petito faltete die Hände und sagte mit klappernden Zähnen: „Meine Frau wartet auf mich."

„Was machst du, Marceline?" rief Theophrastus ungeduldig. „Sehen Sie nicht, dass Signor Petito es eilig hat? Seine Frau wartet auf ihn! *Haben Sie das Tranchiermesser?* "

„Ich kann die Gabel nicht finden", antwortete die zitternde Stimme von Marceline.

Tatsache ist, dass Marceline nicht wusste, was sie sagte. Sie dachte, ihr Mann sei völlig verrückt geworden; und zwischen Signor Petito , dem Einbrecher, und Theophrastus, dem Verrückten, war sie nicht in der Stimmung für Scherze. Sie hatte sich instinktiv hinter einer Schranktür versteckt; und ihre Aufregung war so groß, dass sie, als sie sich ein wenig ungeschickt umdrehte, in dem Moment, in dem Theophrastus ihr eine Salve von Beschimpfungen zubrüllte, das Dessertservice und die Sarreguemines -Vase, die sein Hauptschmuck war, umwarf. Die Folge war ein lautes Krachen und größte Verwirrung. Theophrastus appellierte erneut an die Drossel von Madame Phalaris und rief Marceline mit so wütendem Gebrüll zu sich, dass sie wider Willen in die Küche rannte. Ein schrecklicher Anblick erwartete sie.

Die Augen von Signor Petito schienen aus ihren Höhlen zu springen. War es aus Angst? Angst hatte etwas damit zu tun, aber auch die Erstickung durch das Taschentuch, das Theophrastus ihm in den Mund gesteckt hatte. Signor Petito selbst lag in voller Länge auf dem Tisch. Theophrastus hatte die Zeit und Kraft gehabt, seine Hand- und Fußgelenke mit Bindfäden zu fesseln. Der Kopf des Signors ragte ein wenig über die Tischkante hinaus; und unter seinem Kopf befand sich eine Schüssel, die Herr Longuet dort hingestellt hatte, *um keine Unordnung zu verursachen* . Theophrastus selbst hatte mit zuckenden Nasenflügeln (das bemerkte Marceline vor allem an dem schrecklichen Gesicht ihres Mannes) mit den Fingern seiner linken Hand Signor Petitos rechtes Ohr, und mit der rechten Hand hielt er ein Küchenmesser fest. Er knirschte mit den Zähnen und sagte:

„ Schlag die Fahne! "

Mit diesen Worten schnitt er Signor Petito ordentlich das linke Ohr ab.

Er ließ das Ohr in eine kleine Schüssel fallen, die er bereit hatte, ergriff das rechte Ohr, schnitt es ab, dann trug er die kleine Schüssel zum Waschbecken und drehte den Wasserhahn auf.

Er kehrte in die Küche zurück; und während er darauf wartete, dass Signor Petitos Ohren aufhörten zu bluten, summte er eine alte und vergessene französische Melodie mit dem fröhlichsten Gesicht der Welt. Als die Blutung aufhörte, befestigte er ein Geschirrtuch um Signor Petitos Kopf, zog das Taschentuch aus seinem Mund, schnitt die Schnur durch, die ihn fesselte, und befahl ihm, sofort seine Wohnung zu verlassen, wenn er nicht wegen Einbruchs verhaftet werden wollte .

Als der stöhnende Handschriftexperte die Küche verließ, besann sich Theophrastus, eilte zur Spüle, nahm die Ohren aus der Schüssel und steckte sie in die Westentasche ihres Besitzers.

„Du vergisst alles!" sagte er empört. „Was würde die Signora Petito denken, wenn Sie ohne Ihre Ohren nach Hause kämen?"

KAPITEL XI

THEOPHRAST BEHÄLT, DASS ER NICHT AUF DEM PLACE DE GRÈVE STARB

In seinem Bericht, in seinen Memoiren, über diese schreckliche Nacht scheint M. Longuet sehr wenig Wert darauf zu legen, Signor Petito die Ohren zu stutzen . Er scheint sich viel stärker mit der Psychologie von Frau zu befassen. Longuet . „Die Seele der Frau", schreibt er, „ist eine sehr heikle Sache. Das habe ich aus den Gefühlen meiner lieben Marceline herausgefunden. Sie wollte nicht zugeben, dass ich verpflichtet war, Signor Petito die Ohren zu stutzen ; und ihre Argumentation war es." unglaublich und in der Tat unverständlich. Aber ich habe ihr wegen ihrer übermäßigen Sensibilität verziehen. Sie sagte dann, dass ich nicht verpflichtet sei, Signor Petito die Ohren zu stutzen. Ich antwortete, dass man offensichtlich nie verpflichtet sei, einem Mann die Ohren zu stutzen, genauso wenig wie man dazu verpflichtet sei töte ihn; und doch hätten neunundneunzig von hundert Männern, das behaupte ich (und niemand wird mir widersprechen), Signor Petito getötet , als sie ihn nachts in ihrer Wohnung fanden. Sie selbst, die schließlich nur eine Frau war Sie hätte alles getan, was sie konnte, um Signor Petito mit dem Revolver in der Hand zu töten, wenn er geladen gewesen wäre. Sie hat es nicht bestritten. Nun, habe ich ihm dann nicht die Ohren gestutzt, um zu zeigen, dass es nicht nötig war, ihn zu töten?

„Ein Mann lebt lieber ohne Ohren, als mit aufgesetzten Ohren zu sterben; und Signor Petito war von nächtlichen Ausflügen in die Wohnungen anderer Leute genauso angewidert, als wäre er getötet worden."

„Ich habe mit großer Zurückhaltung und unvorstellbarer Menschlichkeit zum Besten gehandelt."

„Die Logik dieser Argumentation beruhigte sie ein wenig; und was von der Nacht übrig blieb, wäre angenehm vergangen, wenn ich es mir nicht in den Kopf gesetzt hätte, ihr das ganze Geheimnis meiner Persönlichkeit zu enthüllen. Es war ihre eigene Schuld. Sie bestand darauf, den Grund meines plötzlichen Mutes zu erfahren: was natürlich war, da ich bis zu diesem Tag kaum ein mutiger Mann gewesen war. Man lernt nicht durch den Verkauf von Stempeln, das Blut fließen zu sehen. Daraufhin sagte ich es ihr direkt davon, dass ich Kartusche war, und in einer prahlerischen Art, die mich überraschte, prahlte ich mit meinen hundertfünfzig Morden. Sie sprang mit allen Anzeichen äußerster Angst aus dem Bett, flüchtete sich hinter das Sofa und teilte mir mit, dass sie es getan hätte Sie hatte nichts mehr mit Cartouche zu tun und wollte sich von mir scheiden lassen. Als ich das hörte, war ich tief bewegt und begann zu weinen. Daraufhin kam sie etwas näher und erklärte, wie schwierig ihre Lage sei, als sie geglaubt hatte, mit einem verheiratet zu sein ehrlicher Mann, und plötzlich entdeckte sie, dass sie die Frau eines schrecklichen Räubers war; dass es für sie fortan keinen Frieden mehr geben könne. Ich trocknete meine Tränen und drückte ihr mein Beileid zu ihrem Unglück aus. Wir beschlossen, Adolphe zu konsultieren.

„Adolphe kam früh am nächsten Morgen und hatte ein langes Gespräch mit Marceline im Salon. Als sie herauskamen, sah Adolphe mich traurig an, bat mich, mit ihm zu gehen, denn er hatte etwas einzukaufen; und wir schlenderten nach Paris hinunter . Unterwegs fragte ich ihn, ob das Studium des Dokuments irgendwelche neuen Fakten über unsere Schätze ergeben hätte, und er antwortete, dass das alles warten könne, dass meine Gesundheit das erste Anliegen sei und wir alle drei den Abendzug nach Azure nehmen würden Wellenvilla.

„Ich wandte das Gespräch dem Thema Kartusche zu; aber er schreckte davor zurück, bis ich wegen seiner Zurückhaltung fast die Beherrschung verlor. Dann begann er darüber zu reden und wurde bald mit dem Thema vertraut. Er begann damit Ich erzählte mir meine Geschichte zum Zeitpunkt meiner Einberufung und teilte mir mit, dass am Ende des Krieges der größte Teil der Truppen aufgelöst worden sei und dass ich mich in Paris ohne andere Mittel als die meines natürlichen Einfallsreichtums und meiner besonderen Leistungen befunden habe. I setzte diese mit so viel Geschick und Geschick ein, dass meine Kameraden keine Zeit verloren, mich zum Chef zu wählen; und da wir erfolgreich waren, wuchs unsere Truppe sehr schnell an Zahl.

„Zu dieser Zeit befand sich die Polizei von Paris in einem so erbärmlichen Zustand, dass ich beschloss, sie zu meiner Aufgabe zu machen. Es war meine Absicht, dass jeder, ob Herr, Händler oder Kirchenmann, zu jeder Tages- und Nachtzeit laufen konnte Ruhe über der guten Stadt Paris. Ich teilte meine Truppen sehr geschickt auf , ernannte für jede einen Bezirk und einen Anführer, der mein gehorsamer Leutnant bleiben würde. Wenn jemand nach der Ausgangssperre oder sogar davor ins Ausland ging, wurde er von einem höflich angesprochen Er wurde aufgefordert, eine bestimmte Summe zu zahlen oder, wenn er kein Geld bei sich hatte, seinen Mantel abzugeben. Als Gegenleistung erhielt er das Passwort und konnte anschließend die ganze Nacht durch Paris laufen wenn er wollte, in vollkommener Sicherheit, denn ich war der Anführer aller Räuber geworden.

„Ich wäre des Namens Mensch unwürdig, wenn ich davor zurückscheuen würde, zuzugeben, dass ich mich zu meiner Schande dafür bewundere, dass ich es zu einer so ungeheuren Höhe krimineller Unternehmungen gebracht habe. Leider ziemlich kriminell, denn obwohl meine Absicht, Paris zu überwachen, es könnte.“ Obwohl die Idee an sich schon eine bewundernswerte Idee war, führte ihre Ausführung uns zu Exzessen, die der ursprüngliche gute Wille des Plans nicht entschuldigen konnte. Die Handwerker verstanden das nicht und widersetzten sich oft; und ihr Widerstand führte zu einer Katastrophe. Die Geistlichkeit war jedoch nicht davon betroffen gegen uns, da wir die Kirchen respektierten. Tatsächlich erwies uns ein unbekleideter Priester, den wir Ratlet nannten, einige Dienste, die ihn bald dazu veranlassten, den Segen mit erhobenen Füßen *in der Kommunion* auszusprechen *patibulo* .

„Hier habe ich Adolphe angehalten, um nach der Bedeutung der lateinischen Wörter zu fragen. Er sagte, wenn ich wirklich ein Mitschüler von Voltaire am Clermont College gewesen wäre, müsste ich Latein können, und zwar *in Kommunion* .“ *patibulo* bedeutete „auf dem gemeinsamen Galgen“.

Chopinettes- Mühle eine Panne machen wollten ‘, sagte ich.

„‚Oh, es gab viele Galgen‘, antwortete Adolphe und warf mir einen Blick zu, dessen Bedeutung ich nicht verstand. ‚Der guten Stadt mangelte es nicht an Galgen, Galgen oder Prangern. Und selbst hier …‘

„ Wieder warf er mir einen seltsamen Blick zu, und ich sah, dass wir am Place de l'Hôtel -de-Ville angekommen waren. ‚Möchten Sie den Place de l'Hôtel - de-Ville überqueren?‘ Er ging weiter.

„‚ Natürlich werde ich es überqueren, wenn du das willst‘, sagte ich.

„‚Hast du es oft überquert?‘ er sagte.

„‚Tausende Male.‘

„‚Und ist nichts Ungewöhnliches passiert? Haben Sie keine seltsamen Gefühle erlebt? Haben Sie sich an nichts erinnert?‘

"'Gar nichts.'

„‚Gibt es Orte in Paris, die Sie nicht durchqueren konnten?‘

„Sein Blick war eindringlich. Er schien zu mir zu sprechen, mich zum Nachdenken aufzufordern. Dann erinnerte ich mich an mehrere unerklärliche Abneigungen gegen Orte, die ich empfunden hatte. Mehr als einmal, als ich mich auf dem Weg zur Odéon- Straße vor dem Institut befand, Ich war in die Mazarine Street eingebogen. Ich hatte sie kaum betreten, als ich schon nach rechts abgebogen und in eine andere Richtung gegangen war. Ich war mir dieser Routenänderungen vage bewusst und hatte sie auf Geistesabwesenheit zurückgeführt. Aber die Je mehr ich darüber nachdenke, desto weniger glaube ich, dass es irgendetwas in der Art war. Tatsächlich habe ich mich mehr als zwanzig Mal an diesem Punkt befunden und mehr als zwanzig Mal bin ich meinen Weg zurückgegangen. Nie, nie bin ich entlanggegangen der Teil der Mazarine-Straße, der am Institut beginnt und bis zur Ecke der Guénégaud- Straße und zum Fuß des Pont-Neuf führt.

Niemals! Zur gleichen Zeit, als ich auf dem Weg zu den Kais die Mazarine-Straße entlanggegangen bin, habe ich das auch getan Ich hielt an der Guénégaud- Straße an und ging voller Freude die Straße hinunter.

„Ich erzählte Adolphe das alles; und er sagte: ‚Gibt es noch andere Orte, vor denen du zurückschreckst?‘

„Dann fiel mir beim Nachdenken ein, dass ich weder den Pont-Neuf noch den Petit-Pont überquert hatte und dass an der Ecke der Vielle-du-Temple-Straße ein Haus mit vergitterten Fenstern steht, vor dem ich immer zurückgeschreckt bin.

„„Und warum schrecken Sie vor diesen Orten und vor diesem Haus in der Vielle-du-Temple-Straße zurück?‘ er sagte.

„Dann erinnerte ich mich genau daran, warum; und der Grund ist der natürlichste auf der Welt. Ich hatte gedacht, ich hätte keinen Grund; aber offensichtlich hatte ich einen, denn es lag an den Pflastersteinen.“
„„Wegen der Pflastersteine?‘ sagte er überrascht.
„„Ja: weil die Pflastersteine in diesen Straßen rot sind. Ich habe nichts gegen rote Dächer oder rote Backsteinmauern, aber rote Pflastersteine kann ich nicht ausstehen!‘
„„Und der Boden dieses Place de l'Hôtel -de-Ville? Ist er nicht rot?‘ sagte Adolphe und beugte sich mit der Miene eines Arztes über mich, der dem Herzschlag eines Patienten lauscht.
„„Glaubst du, ich bin farbenblind ?‘
„„Wissen Sie nicht, dass dies der Place de Grève war ?‘
„„'Zounds! Hier stand der Galgen – und der Pranger und die Plattform, auf der das Rad aufgestellt war! An den Tagen der Hinrichtung! Mit Blick auf den Eingang der Vannerie Street! Ich habe diesen Ort nie überquert, ohne es meinen Kameraden zu sagen , zum Burgunder, Fancy Man, Gastelard und Sheep's-head: „ *Wir müssen dem Rad aus dem Weg gehen.* “ „Und es hat ihnen sehr geholfen!“
„ *Du auch nicht!* ‘ erwiderte Adolphe. ‚Hier wurdest du hingerichtet! Hier wurdest du am Steuer gebrochen!‘
„Ich musste ihm ins Gesicht lachen.
„„Wer hat dir diesen Blödsinn erzählt?‘ sagte ich empört.
„„Alle Historiker sind sich einig …‘
„„Diese dummen Idioten! Ich weiß ganz genau, dass ich am Galgen von Montfaucon gestorben bin !‘ Ich sagte mit absoluter Sicherheit.
„„Du? Du bist am Galgen von Montfaucon gestorben ?‘ schrie Adolphe außer sich. „Du bist 1721 am Galgen von Montfaucon gestorben ? Aber es ist Jahre her, dass sie dort jemanden hingerichtet hatten!“

„Aber ich protestierte noch lauter als er, so dass wir zum Mittelpunkt einer kleinen Menschenmenge wurden.

Montfaucon gehängt wurde ! Am Galgen von Montfaucon ! Ich habe gesagt, dass ich dort gestorben bin!' Ich weinte.

„Als ich es rief, schien es mir, als hätte ich die vierzig Personen, die an unserer Auseinandersetzung interessiert zu sein schienen, als Zeugen für die Wahrheit meiner Worte aufgerufen, von denen sie tatsächlich nichts verstanden haben können, mit Ausnahme eines Herrn, der es offenbar mitbekommen hatte Das heißt, denn er sagte zu Adolphe mit äußerster Ruhe und äußerster Höflichkeit:

„„ *Sicher werden Sie diesem Herrn nicht beibringen, wie er gestorben ist!* '

„Adolphe gab zu, dass er am schlechtesten war, und wir gingen Arm in Arm zum Pont-Neuf."

KAPITEL XII

DAS HAUS DER SELTSAMEN WÖRTER

Unter all den Papieren, die ich in der Sandelholzkiste gefunden habe, von Theophrastus selbst, von M. Lecamus oder von Kommissar Mifroid , sind diejenigen, die sich auf den Tod von Cartouche beziehen, zweifellos die merkwürdigsten und interessantesten. Sie sind in der Tat von großem historischen Interesse, da sie der Geschichte widersprechen. Darüber hinaus widersprechen sie ihr mit solcher Eindringlichkeit und mit solch unwiderlegbaren Argumenten, dass man sich fragt, wie Männer von einem solchen Gewicht wie Barbier , der sich, da er zu dieser Zeit lebte, in der besten Position befand, sich nicht täuschen zu lassen, Opfer eines solchen Angriffs werden konnten sehr schlechte Komödie, und wie nachfolgende Generationen es versäumt haben, die Wahrheit zu ahnen.

grausamsten Form durchgemacht hatte, ohne einen einzigen Namen oder eine einzige Tatsache preiszugeben, – wie Cartouche, der nur sterben musste und nichts zu hoffen hatte, an die Place de Grève gebracht wurde hingerichtet werden, und dass er dort beschloss, zu gestehen; dass sie ihn ins Hôtel-de-Ville brachten und dass er seine Hauptkomplizen vor Gericht stellte; Danach wurde er am Lenkrad gebrochen.

Die Papiere von Theophrastus Longuet erklären den Betrug. Kartusche war nicht nur ein Objekt des Schreckens, sondern auch ein Objekt der Bewunderung. Sein Mut kannte keine Grenzen; und er hat es unter Folter bewiesen. Von dem Moment an, als der Schmerz des Stiefels ihn nicht mehr zum Sprechen brachte, war es moralisch unmöglich, dass er sprechen sollte. Warum hätte er sprechen sollen? Ihm blieb nur noch, das Wild zu sterben. Die angesehensten Damen des Hofes und der Stadt hatten Logen und Fenster gemietet, um seiner Hinrichtung beizuwohnen. Unter den dreihundertsechzig Personen, die verhaftet wurden, befanden sich Männer, die er wie Brüder liebte, und seine zärtlichsten und beständigsten Flammen. Einige von ihnen kamen aus der Provinz nach Paris, jede Gefahr verachtend, in der Hoffnung, dass das *Kind beim Prozess* den Trost haben würde, sie zum letzten Mal zu sehen. Der Bericht über den Prozess, in dem beschrieben wird, dass sich diese Frauen, nachdem er sie denunziert hatte, im Hôtel-de-Ville selbst in seine Arme geworfen haben, ist offensichtlicher Unsinn.

Ich werde hier nicht alle Proteste von Herrn Longuet gegen den unehrenhaften Tod, der Cartouche zugeschrieben wird, wiedergeben, aber die wenigen Zeilen, die diesem Kapitel vorangehen, scheinen mir zumindest *a priori zu beweisen* , dass er Recht hat.

Aber in diesem Moment wusste Herr Longuet nur , dass *er am Galgen von Montfaucon starb , aber dass er dort nicht gehängt wurde* .

Im Verlauf der Erörterung dieser ernsten Frage hatten Theophrast und sein Freund die Petit-Pont-Straße erreicht, ohne die Petit-Pont überquert zu haben. Theophrast blickte nicht einmal in Richtung Petit-Pont. Auf halbem Weg die Straße hinunter sagte Theophrastus, der halb in der Erinnerung, halb im Besitz war, zu seinem Freund: „Sehen Sie sich das Haus neben dem Hotel dort an, ‚The Market-Gardeners' Hotel." Fällt Ihnen daran etwas Bemerkenswertes auf?

Adolphe schaute auf der anderen Straßenseite auf das Hotel, ein kleines altes Haus, niedrig, schmal und schmutzig, auf dem „Hotel der Gärtner" neu gestrichen war. Es schien sich an einem großen Gebäude aus dem 18. Jahrhundert zu lehnen, auf das Theophrastus mit seinem grünen Regenschirm zeigte. Dieses Gebäude verfügte über einen gewölbten Balkon aus Schmiedeeisen, der solide, aber filigran gestaltet war.

„Ich sehe einen sehr schönen Balkon", sagte Adolphe.

"Was sonst?"

„Der über der Tür geschnitzte Köcher des Amors."

"Was sonst?"

"Nichts anderes."

„Erkennen Sie nicht die dicken Gitter vor den Fenstern?"

„ Natürlich tue ich das."

„Damals, mein lieber Adolphe, legten die Menschen größten Wert darauf, ihre Fenster zu vergittern; noch nie hat man in Paris so viele vergitterte Fenster gesehen wie im Jahr 1720. Und ich könnte schwören, dass diese Gitter hier am Tag danach repariert wurden Angelegenheiten der Petits-Augustins Street. Zuerst schmückten die Pariser alle ihre Erdgeschosse mit Gittern. Aber diese Vorsichtsmaßnahme bereitete uns überhaupt keine Probleme, da wir *Simon den Auvergnat hatten* .

Adolphe hielt es für angebracht, herauszufinden, wer Simon der Auvergnat, der in ihren Reden immer ohne nennenswerten Grund auftauchte, genau war.

„Er war ein sehr nützliches Objekt, er war *die Basis meiner Säule* ", sagte Theophrastus.

„Und was ist das – die Basis Ihrer Kolumne?"

„Du verstehst das nicht? Ich zeige es dir einfach. Angenommen, du bist Simon der Auvergnat", sagte Theophrastus mit fast jungenhaftem Eifer.

Adolphe war durchaus bereit, aber nicht lange. Theophrastus zog ihn über die Straße, stellte ihn an die Wand des Gärtnerhotels und zeigte ihm die Position, die er einnehmen sollte: die Beine auseinanderstellen und sich, den Kopf senkend und die verschränkten Arme hebend, an die Wand lehnen .

„Ich platziere Sie hier", sagte er, „wegen der kleinen Kante auf der linken Seite *erinnere ich mich, dass es sehr praktisch ist .*"

"Und als nächstes?" sagte Adolphe und lehnte sich in der erforderlichen Position an die Wand.

„Als nächstes, da Sie die Basis meiner Säule sind, besteige ich diese Basis…"

Bevor Herr Lecamus auch nur die Zeit hatte, sich auch nur eine Bewegung vorzustellen, war Theophrastus auf seine Schultern geklettert, auf den Sims gesprungen, mit einem Sprung von dort auf den Balkon des Nachbarhauses gesprungen und durch ein Fenster verschwunden Öffnen Sie das Fenster in den Raum, der sich darauf öffnete. Herr Lecamus starrte in benommener Bestürzung in die Luft und fragte sich, wo sein Freund Theophrastus verschwunden sein könnte, als die Straße von durchdringenden Schreien erklang. Eine verzweifelte Stimme heulte: „Hilfe! Diebe! Mörder!"

„Das hätte ich vielleicht erwartet!" rief M. Lecamus ; und er stürzte in das Haus, aus dem die Schreie kamen, während die Vorübergehenden stillstanden oder zur Stelle eilten. Mit der Schnelligkeit eines jungen Mannes sprang er die große Treppe hinauf und erreichte den ersten Stock in dem Moment, als sich eine Tür öffnete und Theophrastus mit dem Hut in der Hand erschien.

Er verneigte sich tief vor einer alten Dame mit klappernden Zähnen und gekrönt von Lockenpapieren und sagte:

„Meine liebe Madame, wenn ich auch nur einen Augenblick gedacht hätte, dass ich Ihnen einen solchen Schock versetzen würde, wenn ich durch das Fenster in Ihr Wohnzimmer eintrete, wäre ich ruhig auf der Straße geblieben. Ich bin, meine liebe Madame, auch kein Dieb oder ein Mörder, sondern ein ehrlicher Hersteller von Stempeln."

Adolphe packte ihn am Arm und versuchte, ihn die Treppe hinunterzuzerren.

Aber Theophrastus fuhr fort: „Es ist allein Adolphes Schuld, meine liebe Madame. Er wollte, dass ich ihm zeige, wie *Simon der Auvergnat als Basis meiner Kolumne fungierte .*"

Adolphe, der hinter Theophrastus stand, machte der Dame mit den Lockenpapieren ein Zeichen, dass sein Freund verrückt geworden sei. Daraufhin fiel die Dame ohnmächtig in die Arme ihrer Magd, die herbeigelaufen kam. Adolphe zerrte Theophrastus die Treppe hinunter, gerade als sich die Halle mit Menschen von der Straße füllte. Die Menge hielt sie für Mitretter; und sie entkamen ohne Schwierigkeiten aus dem Haus.

Auf der Straße sagte Theophrastus fröhlich: „Das Überraschendste an der ganzen Sache, mein lieber Adolphe, war, dass dieser Simon der Auvergnat uns mehr als zwei Jahre lang als Basis unserer Kolonne diente, ohne jemals etwas zu ahnen. Er dachte, er hätte geliehen." seine starken Schultern einer Schar junger Herren von Rang, die sich amüsierten!" [3]

[3] Das ist authentisch. Dies wurde im Prozess gegen Cartouches Komplizen bewiesen; und Simon der Auvergnat wurde freigesprochen.

Aber Adolphe hörte Theophrastus nicht zu. Mit einer Hand zog er ihn in Richtung Huchette Street und mit der anderen wischte er sich den Schweiß von der Stirn.

"Die Zeit ist gekommen!" er murmelte. "Die Zeit ist gekommen!"

„Wohin schleppst du mich?" sagte Theophrastus.

„Um einen meiner Freunde zu sehen", sagte Adolphe kurz und schleifte ihn weiter.

In der Huchette Street gelangten sie durch eine rote Veranda in ein sehr altes Haus. Adolphe schien seinen Aufenthaltsort zu kennen, denn er schleppte Theophrastus ein Dutzend abgenutzter Steinstufen hinauf und stieß eine schwere Tür auf. Sie befanden sich in einer großen Halle, beleuchtet von einer Lampe, die an Eisenketten von der Steindecke hing.

„Warte hier auf mich, ich werde nicht lange warten", sagte Adolphe und schloss die Tür.

Theophrastus setzte sich in einen großen Sessel und blickte sich um. Der Anblick der Mauern erfüllte ihn mit größter Verwunderung. Erstens gab es eine unglaubliche Menge an Wörtern, die in schwarzen Buchstaben gemalt waren. Sie schienen ohne Ordnung wie Fliegen über die Mauer zu kriechen.

Einige davon buchstabierte er für sich selbst: Thabethnah , Jakin , Bohaz , Theba, Pic de la Mirandole , Paracelsus, Jacque Molay , Nephesch -Ruach- Neschamah , Ezechiel , Aïsha , Puysegur , Cagliostro, Wronski , Fabre d'Olivet , Louis Lucas, Hiram, Elias, Plotinus, Origenes, Gutman, Swedenborg, Giorgius , Apollonius von Tyana , Cassidorus , Eliphas Levi, Cardan, Allan Kardec , Olympicodorus , Spinoza und viele andere; und, hundertmal wiederholt, das Wort IHOAH. Als er sich der anderen Wand zuwandte, sah er eine Sphinx und die Pyramiden, eine riesige Rose, in deren Mitte Christus seine Arme in einem Flammenkreis ausstreckte, und auf der Rose diese Worte: *Amphitheatrum sapientiæ æternæ Solius veræ* . Es war die Rose der Rosenkreuzer .

Darunter standen diese Worte:

„Welchen Nutzen haben Brandzeichen, Fackeln und Brillen für den, der seine Augen schließt, um nichts zu sehen?"

„Ich schließe meine Augen nicht", sagte sich Theophrastus, „und ich trage eine Brille, und doch werde ich gehängt, wenn ich weiß, wo ich bin!"

Sein Blick fiel auf diese Inschrift in goldenen Buchstaben:

„Von dem Moment an, in dem Sie eine Aktion, eine einzelne Aktion, ausgeführt haben, wenden Sie darauf all Ihre Intelligenz an, suchen Sie nach ihren hervorstechenden Punkten, untersuchen Sie sie im Licht, *überlassen Sie sich Hypothesen und gehen Sie ihnen, wenn es sein muss, entgegen* . "

Er sah Falken, Geier, Schakale, Männer mit Vogelköpfen, mehrere Skarabäen, einen Gott mit Eselskopf, dann ein Zepter , einen Esel und ein Auge.

Schließlich las er diese Worte in blauen Buchstaben:

„Je mehr die Seele in ihren Instinkten verwurzelt sein wird, desto mehr wird sie im Fleisch vergessen bleiben, desto weniger wird sie von ihrem unsterblichen Leben wissen und *desto länger wird sie in lebenden Kadavern gefangen bleiben* ."

Die lange Abwesenheit Adolphes ließ ihn immer ungeduldiger werden, und nach einer Weile erhob er sich, um die Vorhänge auseinanderzuziehen, durch die sein Freund verschwunden war. Als er gerade durch sie hindurchgehen wollte, stieß sein Kopf gegen zwei in der Luft hängende Füße, die mit dem Geräusch trockener Knochen klapperten. Er blickte auf: Es war ein Skelett.

Er betrachtete es mit aufrichtigem und sanftem Mitgefühl.

„Auf dem Friedhof Saint-Chaumont würden Sie sich viel wohler fühlen", sagte er und fuhr mit einem traurigen Lächeln fort.

Der Korridor, durch den er ging, hatte keine Fenster. Von einem Ende bis zum anderen wurde es von einem purpurnen Schein erhellt. Theophrastus konnte zunächst nicht erkennen, woher es kam. Dann bemerkte er, dass er darauf ging. Es kam aus den Kellern, durch die dicken Glasscheiben, mit denen der Korridor gepflastert war. Was machten diese purpurnen Flammen unten, in deren Schein er ging?

Er wusste nicht. Er fragte nicht einmal. Er fragte nicht einmal, warum er, Theophrastus, in diesem Glanz wandelte. Er hatte aufgehört zu fragen: „Warum bin ich in diesem Haus in der Huchette Street?" Er hatte aufgehört zu fragen, weil niemand antwortete.

Emmanuel, Substantiv, Samech, Hain... Sabaoth... Adonai...

Noch immer Namen auf den Steinmauern.

Der einzige Schmuck an diesen Wänden, um den herum Namen krochen, war eine endlose Reihe von Sternen in Menschenhöhe, die aus den beiden Dreiecken von Salomos Siegel bestanden. Zwischen jedem Stern oder Siegel stand in grünen Buchstaben das Wort NIRVANA.

Der Korridor verlief nicht geradlinig. Es hatte Kurven und Winkel. Bald darauf gelangte er an eine Stelle, an der zwei weitere Korridore im rechten Winkel darauf mündeten, und blieb vorsichtig stehen. Doch bald wurde er wieder ungeduldig und stürzte einen dieser Seitenkorridore hinunter. Drei Minuten später befand er sich, ohne zu wissen, wie es dazu kam, wieder an der Stelle, an der sich die Korridore kreuzten. Dann ging er den ersten Korridor zurück und ging zurück in die Halle. Aber er fand die Halle nicht.

Er war kurz davor, vor Kummer zu heulen, als Adolphe vor ihm erschien. Seine Augen waren rot, als hätte er geweint.

"Wo bin ich?" rief Theophrastus stürmisch.

„Sie sind im Haus des Magiers – im Haus von M. Eliphas de Saint- Elme de Taillebourg de la Nox !"

Kapitel XIII

Die Heilung, die verpasst wurde

Als Theophrastus erfuhr, dass er im Haus von M. Eliphas de Saint- Elme de Taillebourg de la Nox war , war er einigermaßen beruhigt, denn er hatte sowohl Marceline als auch Adolphe mit Ehrfurcht von ihm als einem führenden Mitglied des Pneumatikclubs sprechen hören. Theophrastus hatte zufällig vom Pneumatik-Club gehört; und er hatte dafür gesorgt, dass Marceline Mitglied wurde (er war damals zu beschäftigt, um selbst Mitglied zu werden), in der Annahme, dass es sich um den wichtigsten sozialen Club der prominentesten Leute der Gummiindustrie handelte. Aber natürlich weiß jeder, dass die Pneumatologie der Teil der Metaphysik ist, der sich mit der Seele befasst, auf griechisch *Pneuma* ; und die Pneumatiker sind diejenigen, die sich mit dieser Wissenschaft auskennen, die überhaupt nichts mit der elastischen und elastischen Substanz zu tun hat, die durch Einschneiden aus einem Baum gewonnen wird und die von den unwissenden Wilden, die sie entdeckten, Kautschuk genannt wurde. Marceline störte den vielbeschäftigten Theophrastus nicht mit ihrer Entdeckung, dass der Pneumatikclub ein Zweig des Spiritualismus und nicht der Gummiindustrie sei. Sie begnügte sich damit, Herrn Adolphe Lecamus einzuladen , ebenfalls mitzumachen; und beide wurden treue Bewunderer und Schüler des großen Experten des Okkultismus, M. Eliphas de Saint- Elme de Taillebourg de la Nox . Es ist kein Wunder, dass M. Lecamus , als er von Marceline von der schmerzhaften Angelegenheit mit den Ohren von Signor Petito erfuhr , dringend darauf drängte, sich sofort an diesen großen Experten zu wenden, um die richtigen Methoden für den Umgang mit einer wiedergeborenen Seele mit solch unglücklichen Vorgeschichten zu erlernen.

Adolphe blickte Theophrastus mit tiefem Mitleid in den Augen an, als hätte ihm das Gespräch mit dem Magier Grund zur Bestürzung gegeben.

„Kommen Sie mit, Marceline ist hier; und wir werden Ihnen eine gute Freundin vorstellen", sagte er düster .

Er ging voran durch den Korridor, öffnete eine Tür und führte Theophrastus in einen großen, dunklen Raum. Sofort wurden seine Augen von einem wunderbaren Licht angezogen, das auf das edelste, sanfteste und schönste Gesicht eines Mannes fiel, das er je gesehen hatte. Das Licht war wunderbar , denn diese markante Gestalt schien es nicht zu empfangen, sondern zu zerstreuen. Wenn es sich bewegte, bewegte sich das Licht mit; es war eine Figur und eine Fackel. Vor dieser Fackel kniete Marceline, ihre Hände wie zum Flehen gefaltet; und auf sie fielen einige Strahlen dieser anmutigen, fast göttlichen Gestalt.

Dann hörte Theophrastus eine freundliche Stimme, eine männliche Stimme, aber viel süßer als die Stimme einer Frau, die sagte: „Komm ohne Angst zu mir."

Theophrastus blickte immer noch verwundert auf die Art von astralem Licht, das von der Figur des Magiers ausging, das Licht, das es dem Maler James Tissot gelungen ist, in einem Stich von großer Schönheit aus einem Foto einer medialen Erscheinung, die ihm mitgeteilt wurde, zu reproduzieren Kongress der Spiritualisten von 1910 von Doktor Macnab. In dieser Zeichnung stehen neben der materialisierten Figur eines jungen Mädchens M. Eliphas de Saint- Elme de Taillebourg de la Nox und sein Licht.

Theophrastus blickte schweigend auf das strahlende Gesicht von M. Eliphas de la Nox (es wäre unfair für die Tinte des Druckers, ihm jedes Mal seinen vollständigen Namen zu nennen, wenn ich ihn erwähne). Da er dann plötzlich starkes Mitgefühl für dieses strahlende Wesen verspürte, in dessen Gegenwart er so plötzlich eingeführt worden war, obwohl er ihn in einem Zustand vorgefunden hatte, den er fast für teuflisch hielt, nahm er all seinen Mut zusammen und beschloss, die Bedeutung all dessen zu erfahren seltsame Dinge, die er gesehen hatte.

„Ich weiß nicht, wo ich bin", sagte er etwas klagend. „Aber seit ich meinen Freund Adolphe und meine Frau Marceline bei Ihnen sehe, fühle ich mich beruhigt. Ich würde sehr gerne Ihren Namen wissen."

„Mein Freund, ich heiße Eliphas de Saint- Elme de Taillebourg de la Nox ."

„Du heißt wirklich alle so?" sagte Theophrastus, der allmählich wieder zu sich kam.

Das strahlende Wesen senkte ernst den Kopf.

„Nun, daran ist schließlich nichts sehr Erstaunliches", sagte Theophrastus. „Mein Name, mein richtiger Name, mein tatsächlicher Familienname, ist Cartouche; und lange Zeit hat jeder geglaubt, es sei ein Spitzname."

„Ihr Name ist *nicht* Cartouche; es ist Theophrastus Longuet ", sagte M. Eliphas de la Nox mit sanfter Festigkeit.

„Das eine verhindert das andere nicht", sagte Theophrastus, der besser als jeder andere wusste, wovon er sprach, ganz logisch.

„Ich bitte um Verzeihung", sagte Herr Eliphas de la Nox mit der gleichen sanften Festigkeit. „Sie dürfen diese Geistesverwirrung nicht hegen. *Einst* war Ihr Name Cartouche, aber *jetzt* ist er Theophrastus Longuet . Verstehen Sie: *Sie sind* Theophrastus Longuet . Mein Freund, hören Sie mir aufmerksam zu, wie Sie einem Arzt zuhören würden wollte dich heilen. Denn du bist krank, mein Freund, sehr krank, genau weil du glaubst, du bist Kartusche, während du in Wirklichkeit Theophrastus Longuet bist . Ich appelliere an die ganze Einfachheit deiner Seele."

„Das ist in Ordnung", sagte Theophrastus. „Ich selbst mag einfache Dinge; daher missfällt mir die Art und Weise, wie man zu dir kommt, durch ein Labyrinth von Gängen, in denen Skelette hängen, sehr, sogar sehr, nicht. Was macht er übrigens in deinem Haus?" , dieses Skelett, anstatt sich ruhig auf dem Hügel Saint-Chaumont auszuruhen? *Ich erkannte ihn sofort.* Sie schleppten ihn am Tag meiner Hochzeit mit meiner lieben Frau Marie-Antoinette Néron zum Beinhaus am Galgen von Montfaucon wir hatten unser Hochzeitsfrühstück bei den Chopinettes . Beaulieu und Old Easy-Going waren bei uns. Zu dieser Zeit, mein lieber Herr Eliphas de Taillepot –"

„ Eliphas de Taillebourg ", korrigierte Adolphe in einem etwas schockierten Ton.

„Zu dieser Zeit – mein Freund Adolphe, der so ernst wie ein Esel ist, wird es Ihnen sagen – wurden am Galgen von Montfaucon keine Menschen mehr aufgehängt , sondern man pflegte, die Überreste von Menschen in das Beinhaus dieser Galgen zu werfen Sie hingen woanders. So kam es, dass dieser arme Gastelard , dessen Skelett ich gerade erkannte , zum Beinhaus geschleppt wurde, nachdem er am Place de Grève gehängt worden war . Gastelard , mein lieber M. St. Elmo's-Fire –"

„De Saint- Elme ", korrigierte ihn M. Lecamus erneut.

„Mein lieber Herr de Saint- Elme , Gastelard hatte nicht viel vor, ein armer Bettler voller Fantasie, der, nachdem er sich eines Tages als Stellvertreter des Königs verkleidet hatte, von einem Herrn sein Schwert verlangte und es ihm gleichzeitig zeigte ein Order of Committal. Der Herr glaubte, dass er ordnungsgemäß verhaftet wurde, und übergab ihm sein Schwert, dessen Griff aus Gold war und das schönste, was man je gesehen hat. Die Geschichte endete damit, dass Gastelard am Ende eines Seils hing. Aber ich' Ich werde gehängt, mein lieber Herr de l'Equinox –"

„De la Nox ", beharrte Adolphe.

„De la Nose, mein lieber Herr de la Nose, ich werde gehängt, wenn ich jemals damit gerechnet hätte, dass ich eines Tages sein Skelett in einem Haus in der Huchette Street finden würde!"

Der Magier, regungslos und schweigend, betrachtete Theophrastus und seine Rede mit einer Aufmerksamkeit, die nichts ablenken konnte.

„Ich habe nirgendwo so viel gelacht wie auf dem Saint-Chaumont-Hügel, zwischen der Chopinettes- Mühle und der Cock-Mühle", sagte Theophrastus mit der gleichen geschwätzigen Fröhlichkeit. „ Dort befand sich die Taverne Chopinettes ; sie war an die Stelle der Taverne getreten, die François Villon so liebte und wo jahrhundertelang alle Kumpels und Doxies von Paris an Festtagen zum Feiern zusammenkamen. Sie lag zwischen der Mühle Chopinettes , der Mühle Cock und … der Galgen von Montfaucon , wo ich meine Schätze begraben habe; und wenn Sie einen Plan vom alten Paris haben, mein lieber M. Elephant de Taillepot de St. Elmos Fire de la Nose — "

Theophrastus hatte den Namen seines Gastgebers noch nicht ganz beendet, als plötzlich die Dunkelheit floh; und der Raum und alles darin erstrahlte klar im strahlenden Tageslicht.

Er blickte sich mit offensichtlicher Befriedigung um, auf seine Frau, die ein Gebet murmelte, auf seinen Freund Adolphe, der den Tränen nahe war, auf die Bücherregale, die das Zimmer praktisch ummauerten, und auf Herrn Eliphas de la Nox . der ihn mit sanftem Mitgefühl anlächelte. Der Magier hatte sein übernatürliches Aussehen verloren; sein Mantel aus astralem Licht war verschwunden; und wenn seine Gesichtszüge immer noch ihre erhabene und unbeschreibliche Blässe hatten, so sah er dennoch wie ein Mann aus wie jeder andere.

„Das gefällt mir viel besser", sagte Theophrastus mit einem tiefen Seufzer der Erleichterung.

Der Magier hob seine Hand. „Nein: Ich werde Ihnen keine Karte des alten Paris zum Anschauen geben, obwohl ich Karten aus jedem Alter habe", sagte er. „Sie haben nichts mit dem alten Paris zu tun. Sie sind Theophrastus Longuet ; und wir sind im Jahr 1911."

„Das ist alles schön und gut. Aber es geht um meinen Schatz, Schätze, die mir gehören", sagte Theophrastus hartnäckig. „Und ich habe jedes Recht, auf einer Karte des alten Paris nach der Stelle zu suchen, an der ich früher meine Schätze vergraben habe, damit ich auf einer Karte des neuen Paris sehen kann, wo ich wieder auf die Jagd gehen muss. Es ist klar —"

Der Magier unterbrach ihn und sagte zu M. Lecamus : „Ich habe hier oft Karma-Krisen gesehen; aber es war nie mein Privileg, eine solche Kraft zu studieren."

„Oh, aber bisher hast du nichts gesehen — überhaupt nichts!" rief Theophrastus.

Der Magier dachte einen Moment nach; Dann führte er Theophrastus zu einer Karte des heutigen Paris, die an der Wand dieser großen Bibliothek hing, und zeigte ihm den genauen Ort, an dem Chopinettes Mühle, Cock Mill und der Galgen von Montfaucon gestanden hatten . Dann legte er seinen Finger in die Mitte des Dreiecks, das sie bildeten, und sagte: „Hier musst du jagen, mein Freund, um deine Schätze zu bergen. Aber dieses Viertel wurde immer wieder verändert, und ich bezweifle sehr, ob." Deine Schätze werden immer noch dort zu finden sein, wo du sie vergraben hast. Ich habe dir die Stelle auf einer modernen Karte gezeigt, um deinen Kopf von der Sache freizubekommen. Denn, mein Freund, *du musst deinen Kopf freimachen* . Du darfst nicht bei deinen Schätzen verweilen. Du darf nicht in der Vergangenheit leben. *Es ist ein Verbrechen.* Du musst in der Gegenwart leben, das heißt *für die Zukunft* . Mein Freund, du musst Cartouche vertreiben, denn Cartouche ist nicht mehr. Es ist Theophrastus Longuet *Wer ist* ."

Der Magier sprach diese Worte in einem Ton von höchst feierlicher Ernsthaftigkeit aus. Theophrastus lächelte ihn traurig an und sagte: „Ich bin Ihnen sehr dankbar für Ihr Interesse an mir; und ich werde Ihnen nicht verheimlichen, dass ich Sie äußerst sympathisch finde, trotz Ihrer Skelette und der seltsamen Worte, die Sie haben." Kriechen Sie um Ihre Wände herum. Nach all diesen Regalen voller Bücher zu urteilen, müssen Sie in der Tat sehr gebildet sein. Und Sie müssen sehr gutherzig sein, denn Sie haben mich sicherlich mit der größten Freundlichkeit behandelt; aber ich sage es Ihnen – und es tut mir Leid Ich muss es so sagen – dass Sie nichts für mich tun können. Denn leider, mein lieber Herr, denken Sie, dass ich krank bin; aber ich bin überhaupt nicht krank. Wenn ich krank wäre, habe ich keinen Zweifel daran, dass Sie Ich würde mich heilen, aber einen Mann, der nicht krank ist, heilt man nicht. Sie sagen mir, Sie müssen Cartouche vertreiben. Das ist großartig, das zu sagen, großartig; aber ich glaube es nicht, mein lieber Herr Elephant de Brandebourg de St. Elmo's Fire de la Box.

Aber der Magier nahm seine Hand und sagte mit unveränderter Freundlichkeit:

„Trotzdem muss Cartouche *vertrieben werden, denn wenn es uns nicht gelingt, ihn zu vertreiben* , müssen wir *ihn töten* ; und ich werde Ihnen, mein lieber Herr Longuet , die Tatsache nicht verheimlichen, dass das eine äußerst schwierige Aufgabe ist Betrieb."

„Als der Mann des Lichts", sagt Theophrastus in seinen Memoiren, „sich verpflichtete, mich von dieser Besessenheit durch Kartusche zu befreien, die leider keine Frage der Einbildung, sondern eine sehr reale Sache war, konnte ich über seine gewaltige Einbildung nur mitleiderregend lächeln." Aber als ich verstand, dass er vorschlug, ihn nur durch ein Wunder der Vernunft zu vertreiben, dachte ich, es wäre an der Zeit, den Magier in der Irrenanstalt von Charenton heiß zu bedienen.

„Aber als er mir die Angelegenheit ausführlicher erklärt hatte und ich begann, seine Theorie und Methode zu verstehen, war ich völlig mit ihm einverstanden und bereit, seinem Ziel zu dienen, Cartouche durch das einzige Wunder aus mir zu vertreiben Der Grund. Tatsächlich wurde mir am Ende der große Abgrund bewusst, der den Mann des Lichts von meinem Freund

Adolphe trennte, der riesige Abgrund, der den Mann der Vernunft immer vom gelehrten Affen trennen wird.

„Zuerst versicherte er mir, dass ich Kartusche gewesen sei. Er war sich dessen sicher So war es bei jedem. Natürlich war nicht jeder Cartouche. Aber jeder war vor seiner heutigen Existenz eine ganze Reihe anderer Menschen, unter denen sich durchaus Personen befanden, die genauso schlecht waren wie Cartouche .

„Sie verstehen den Mann des Lichts: Mein Fall war ein alltäglicher Fall. Jeder hat gelebt, bevor er gelebt hat, und wird wieder leben. Er sagte mir, dass es das ‚Gesetz des Karma‘ sei. *Man wird ständig geboren, man stirbt nie. Und wenn man stirbt, wird man wiedergeboren, und so weiter vom Anfang aller Anfänge!*

„Es versteht sich, dass sich die Persönlichkeit bei jeder Geburt von den vorhergehenden und nachfolgenden Persönlichkeiten unterscheidet, aber jede ist nur eine Modifikation des göttlichen und spirituellen Egos. Diese unterschiedlichen Persönlichkeiten sind gewissermaßen nur die Ringe in der unendlichen Kette des Lebens, die das ganze Leben ausmacht.“ die Zeitalter unserer unsterblichen Individualität.

„Und dann sagte mir der Mann des Lichts, wenn man diese unermessliche Wahrheit erfasst hat, sollte man sich nicht darüber wundern, dass einige der Ereignisse von *heute* an einige der Ereignisse von *vor langer Zeit erinnern* . Aber um nach dem zu leben Gesetz der Weisheit: Man sollte in der Gegenwart leben und niemals zurückblicken. Ich hatte zu sehr zurückgeschaut. Mein Geist, der von M. Lecamus schlecht geleitet wurde , war in den letzten Wochen ganz mit der *Vergangenheit beschäftigt gewesen* ; und zweifellos, wenn Wenn das so weitergegangen wäre, wäre ich bald in einen Zustand versetzt worden, der dem Wahnsinn gefährlich nahe kam. Ich sollte nicht mehr erstaunt darüber sein, vor zweihundert Jahren einen anderen Seelenzustand gehabt zu haben, als ich darüber erstaunt sein sollte, einen anderen Zustand gehabt zu haben der Seele vor zwanzig Jahren. Hatte der Theophrastus von heute irgendeine Verbindung mit dem Theophrastus von vor zwanzig Jahren? Sicher nicht. Der Theophrastus von heute ignorierte diesen jungen Mann, er missbilligte ihn sogar. Wäre das nicht so? Wirklich dumm, alle meine Fähigkeiten der Wiederbelebung des Theophrastus von vor zwanzig Jahren zu widmen? Der große Fehler, den ich begangen hatte, bestand also darin, nur für Cartouche zu leben, weil ich mich zufällig daran erinnerte, dass ich einmal Cartouche gewesen war.

„Ich sage Ihnen, dass ich die Worte von M. Elephant de la Box wirklich erfrischend fand. Sie haben mir sehr gut getan.“

„Er erzählte mir auch andere Dinge, an die ich mich erinnern werde, wenn ich tausend Jahre alt werde. Er sagte mir, dass die sogenannten ‚Berufe‘ bei den Menschen von heute nur latente Offenbarungen ihrer vergangenen Leben seien; das ist, was ist." „Facility" genannt, ist nur eine retrospektive Sympathie für Objekte, mit denen sie besser vertraut sind als mit allem anderen, weil sie sie vor diesem tatsächlichen Leben sorgfältiger studiert haben; und das ist die einzige Erklärung dafür.

„Darauf drückte er mich an seine Brust, wie ein Vater sein Kind umarmt; er hauchte mir seinen heilenden Atem in die Augen und auf die Stirn; und er fragte mich, ob ich jetzt von dieser Wahrheit überzeugt sei und erkannte , dass es notwendig sei, glücklich zu leben Bedenken Sie unseren Zustand der ständigen Veränderung und dass wir dadurch lernen sollten, in der Gegenwart zu leben und zu verstehen, dass die gesamte Zeit uns gehört.

„Ich weinte vor Freude, und meine liebe Frau weinte vor Freude, und Adolphe weinte vor Freude. Ich versicherte dem Mann des Lichts, dass ich es verstanden und geglaubt hatte, dass es mich nicht länger wunderte, dass ich Kartusche gewesen war, auch wenn es mich etwas betrübte." die Tatsache, sondern dass es schließlich so natürlich war, dass ich nie wieder einen Moment darüber nachdenken sollte. Ich rief:

„„Sei entspannt! Lasst uns alle entspannt sein! Lasst uns in *der Gegenwart leben!"
Kartusche wird vertrieben!*'

„Darauf fragte Marceline, wie spät es sei; und Adolphe antwortete, dass es elf Uhr sei. Ich zog meine Zwiebel heraus und sah, dass es halb zwölf war. Dann erklärte ich, da meine Uhr die perfekte Zeit anzeigte, dass es halb sei - nach elf.

„„Nein. Ich bitte um Verzeihung, aber es ist elf Uhr', sagte Adolphe.

„„Du kannst mir den Finger abschneiden, wenn es nicht halb elf ist!"" Ich weinte; denn ich war meiner Uhr sicher.

„Aber der Mann des Lichts schaute auf seine Uhr und versicherte mir, dass es erst elf Uhr sei. Mein Freund Adolphe hatte recht, und es tat mir leid — wegen meines Fingers. Ich bin ein ehrenhafter Mann und ein ehrlicher Fabrikant . Ich habe immer mein Wort gehalten; und keine meiner Rechnungen wurde jemals entehrt . Ich habe nicht gezögert. Hätte ich anders handeln können?

„„Sehr gut', sagte ich zu Adolphe. ,Ich schulde dir einen Finger.'

„„Und ich ergriff einen kleinen steinernen Tomahawk, der auf dem Schreibtisch des Mannes des Lichts lag und offensichtlich als Briefbeschwerer diente, hob ihn in die Luft und ließ ihn auf den kleinen Finger meiner linken Hand sinken, den ich Ich hatte das Recht, Adolphe den kleinen Finger meiner linken Hand zu geben; denn ich hatte nur zu ihm gesagt: „Du kannst mir den Finger abschneiden", ohne festzulegen, welchen

Finger; und ich Ich wählte den Finger, dessen Verlust mir am wenigsten Unannehmlichkeiten bereiten würde. Mein kleiner Finger wäre dann unweigerlich abgeschnitten worden, wenn der Mann des Lichts nicht mein Handgelenk mit einem Griff aus Stahl gepackt und festgehalten hätte.

„Er befahl mir, den Tomahawk abzulegen. Ich antwortete, dass ich den Tomahawk nicht ablegen würde, bis ich mir den Finger abgeschnitten hätte, der Adolphe gehörte."

„Adolphe rief aus, dass mein Finger für ihn nutzlos sei und ich ihn behalten könne. Marceline schloss sich ihren Bitten an und bat mich, meinen Finger zu behalten, da Adolphe ihn mir geschenkt hatte. Aber ich antwortete ihm, dass das der Fall sei Es gibt keinen Grund für ihn, mir zu dieser Jahreszeit Geschenke zu machen, und ich antwortete ihr, dass sie überhaupt keine Ahnung vom Geschäft habe.

„Dann wies M. Eliphraste de l'Equinox darauf hin, dass ich die Vertragsbedingungen nicht eingehalten habe: Ich hatte gesagt: ,Sie können mir den Finger abschneiden'; folglich war es das Privileg von Adolphe, mir den Finger abzuschneiden.

„Ich bewunderte diese exakte Logik, die ihn tatsächlich nie enttäuschte; und ich legte meinen Tomahawk nieder.

der Huchette Street niederzulegen ; denn sie warfen sich auf mich, und der Mann des Lichts schrie:

„„ Komm schon! Es ist zu spät! Das Einzige, was wir tun können, ist ihn zu töten! """

KAPITEL XIV

DIE OPERATION BEGINNT

M. Lecamus verdanken wir den Bericht über die Operation, die M. Eliphas de Saint- Elme de Taillebourg de la Nox für seine Pflicht hielt, an Theophrastus Longuet durchzuführen . Sein Bericht darüber, der offenbar im Auftrag von Theophrastus selbst für den Pneumatik-Club verfasst wurde, befindet sich unter den Papieren in der Sandelholzkiste. Es läuft:

„Die Szene der Grausamkeit, die damit geendet hätte, dass mein armer Freund Theophrastus den kleinen Finger seiner linken Hand verloren hätte, wenn nicht die Geistesgegenwart von Herrn Eliphas de la Nox gewesen wäre, bewies uns, dass die blutrünstige Fantasie von Cartouche dies absolut erfüllt hatte Gehirn dieses ehrlichen Mannes, meines besten und vertrauenswürdigsten Freundes. Es schien uns daher, dass das einzige Heilmittel für dieses schreckliche Übel *der Tod von Cartouche war* .

„M. de la Nox zögerte in der Tat nicht; er hatte es vergeblich mit der Vernunft versucht, obwohl wir einen Moment lang geglaubt hatten, sie sei siegreich: eine Operation war angezeigt. Madame Longuet protestierte ein paar Mal, so halbherzig, dass wir sie ignorierten Was Theophrast betrifft, so war es zwecklos, ihn nach seiner Meinung zu fragen. Außerdem hatte ihn Herr de la Nox bereits mit seinem Blick fixiert, und niemand hat jemals dem Blick von Herrn de la Nox widerstanden .

„Theophrastus atmete mehrere tiefe Seufzer aus und begann heftig zu zittern. Aber als Herr de la Nox schrie: ‚Ich befehle dir zu schlafen, Kartusche!‘ Er ließ sich in den Sessel hinter sich zurückfallen und rührte sich nicht. Sein Atem war so schwach, dass wir fast daran gezweifelt hätten, dass er noch lebte.

„Die Operation zum Tod von Cartouche sollte gerade beginnen. Ich wusste aus mehreren berühmten Fällen, dass es eine Operation von großer Schwierigkeit war, denn man riskiert immer, eine reinkarnierte Seele zu töten, das heißt zu töten Wenn wir den Teil der Individualität, der in einer früheren Existenz jemand gewesen ist, ins Nichts zurücksenden und uns mit einer Gewalt dorthin verfolgen, die uns daran hindert, in der Gegenwart zu leben, läuft man immer Gefahr, sage ich, *zusammen mit der reinkarnierten Seele den Körper zu töten was es reinkarniert* . Wir wollten versuchen, Kartusche zu töten, ohne Theophrastus zu töten, *aber wir könnten Theophrastus töten* . Daher unsere Angst.

„Es bedurfte der ganzen Autorität, der ganzen Wissenschaft und auch der absoluten Ruhe von M. de la Nox , um mich in der Extremsituation, in der wir uns befanden, einigermaßen zu beruhigen. Aber M. de la Nox hat das Mächtigste und Dominanteste." wird die Welt seit Jacques Molay kennen , der ihm die Oberleitung des eigentlichen und geheimen Templerordens übertragen hat.

„ Ich erinnerte mich auch an die kategorischen Darlegungen seiner letzten Abhandlung über psychische Chirurgie und an die genaue Präzision seiner Anweisungen in seiner Monographie über das *Astralskalpell* . Mein Vertrauen in M. de la Nox und die kriminelle Exzentrizität des armen Theophrastus die Ohren des elenden Signor Petito waren die ersten Opfer gewesen und erfüllten mich mit Furcht vor unheilbaren Katastrophen, veranlassten mich, die Operation des Todes von Cartouche trotz ihrer Gefahr für den besten Weg unter diesen schmerzhaften Umständen zu halten.

„Wir trugen den schlafenden Theophrastus in den Keller, in das psychische Labor des Magiers, das Tag und Nacht von großen zischenden Flammen eines purpurnen Gases erleuchtet wird, dessen Natur ich nicht kenne.

„Wir legten Theophrastus auf ein Feldbett, und mehr als eine Viertelstunde lang blickte M. de la Nox ihn in wunderbarer Stille an. Wir schwiegen. Endlich war eine bewundernswerte Melodie zu hören. Es war die Stimme von Herr de la Nox betet. Aus welch engelhafter Musik, aus welchen himmlischen Schwingungen, aus welchen Silben himmlischer Herrlichkeit und triumphaler Liebe wurde dieses Gebet komponiert! Wer soll es jemals wiederholen? Wer soll es jemals neu komponieren? Wissen Sie das? Musiker, unvergleichlicher Meister des Klangs, der, sobald sie vorüber sind, die Elemente dieser duftenden Brise des Frühlings neu komponieren wird, die zum ersten Mal unter den ersten Blättern ihr zitterndes Lied der Hoffnung und des ewigen Lebens singt Schwelle der wiederkehrenden Jahreszeiten?

„Ich weiß nur, dass dieses Gebet ungefähr so begann:

„Am Anfang warst du Stille, ewiger Äon , Quelle der Äonen !" Still, wie du warst, war Eunoia, und ihr betrachtete einander in einer unaussprechlichen Umarmung, Æon , Quelle der Æons , Eunoia, Quelle der Liebe, fruchtbarer Keim, aus dem der Abgrund Leben hervorbringen sollte! Am Anfang warst du die Stille, Quelle der Äonen !'...

„Als das Gebet zu Ende war, ergriff Herr de la Nox die Hand von Theophrastus und befahl ihm. Aber da sich die Lippen von Herrn de la Nox nicht bewegten, da er befahl, ohne zu sprechen, und Theophrastus durch den einzigen Dolmetscher befragte Von seinem dominanten Willen erfuhr ich erst aus den Antworten des schlafenden Theophrastus, was seine Befehle und Fragen gewesen waren.

„Theophrastus begann ohne erkennbare Anstrengung oder Leiden:

„'Ja; ich verstehe... Ja; ich bin...

'"......................

„„Ich bin Theophrastus Longuet ...'

'"......................

„'In einer Wohnung in der Gerando Street ...'

„M. de la Nox drehte sich zu uns um und sagte mit leiser Stimme: ,Die Operation läuft nicht gut. Ich habe Kartusche eingeschläfert; und es ist Theophrastus, der antwortet. Er schläft in der Gegenwart. Es wäre gefährlich.' „Schroff sein. Ich werde ihn eine Weile in *der Gegenwart herumlaufen lassen.* "

„Theophrastus begann erneut zu sprechen:

„„Ich bin in der Gerando Street, in der Wohnung über meiner. Ich sehe einen ohrenlosen Mann auf einem Bett liegen. Ihm gegenüber steht eine Frau – eine dunkle Frau – jung und hübsch – ihr Name ist Regina ...'

'"......................

„'Die hübsche junge Frau ... deren Name Regina ist ... spricht zu dem ohrenlosen Mann ... Sie sagt:

„So sicher mein Name Regina ist, du wirst mich nicht mehr sehen und den ,Karneval von Venedig' nie wieder hören, wenn du in achtundvierzig Stunden nicht einen Weg gefunden hast, es zu schaffen ein Einkommen, das groß genug ist, um mich angemessen zu ernähren. Als ich Sie heiratete, Signor Petito , haben Sie mich schändlich über die Höhe Ihres Vermögens und den Charakter Ihrer Intelligenz getäuscht. Eine schöne Sache, Ihr Glück , Signor Petito ! Wir sind mit der Miete zwei Viertel im Rückstand; und wenn wir nicht unsere Möbel verlieren wollen, müssen wir den Mond erschießen. Und was Ihre Intelligenz betrifft! Nun, wenn eine Frau so jung und hübsch ist wie ich, möchte sie einen Ehemann mit genügend Intelligenz, um das Geld aufzubringen, um die Rechnung ihrer Schneiderin zu bezahlen. Soll ich zu meiner Mutter zurückkehren, oder wirst du es tun?"

„'Der ohrenlose Mann spricht... Er sagt:

„Oh, sei still, Regina, du machst mir nur Kopfschmerzen." Kannst du mich nicht in Ruhe lassen, um das Versteck der Schätze zu entdecken, die der dumme Narr unten nicht aus der Erde holen kann?"

„„Der dumme Narr', sagte der schlafende Theophrastus, ,ist Kartusche!'

„„Ich habe auf dieses Wort gewartet', sagte Herr de la Nox schnell. ,Jetzt kann ich ihn dazu bringen, *die Gegenwart zu verlassen!* Beten Sie, Madame! Beten Sie, mein Freund! Die Stunde ist gekommen! *Ich werde die Vorsehung in Versuchung führen!'*

„Dann hob er seine Hand über die Stirn meines schlafenden Freundes und sagte mit einer befehlenden Stimme, der man sich unmöglich, ganz und gar nicht widersetzen konnte: ‚Cartouche, was hast du am 1. April 1721 um zehn Uhr nachts gemacht?' ?'

„‚Um zehn Uhr nachts am 1. April 1721', sagte der schlafende Theophrastus ohne einen Moment zu zögern, ‚klopfe ich zweimal heftig an die Tür der Königin-Margot-Taverne … Nach dem Streit hätte ich das nie tun sollen Ich glaubte, ich hätte so leicht zur Ferronnerie- Straße gelangen können … Aber ich habe es für das Pferd der französischen Garde getan, oder besser gesagt, es ist in der Nähe der Pumpe in Notre-Dame gestürzt … Ich habe meine Verfolger aus der Spur geworfen … . Im Queen Margot finde ich Patapon , Saint James's Gate und Black-Mug … Pretty-Milkmaid ist bei ihnen … Ich erzähle ihnen die Geschichte bei einer Flasche Ratafia … Ich habe ihnen vertraut und ich erzähle es ihnen dass ich Old Easy-Going und vielleicht auch Marie-Antoinette selbst verdächtige, der Polizei etwas zugeflüstert zu haben … Sie protestierten alle … Aber ich schreie lauter als sie; und sie sind still … Ich sage ihnen, dass ich Ich habe mir vorgenommen, treu mit allen umzugehen, die mir Anlass geben, sie zu verdächtigen. Ich gerate in heftige Wut … Hübsches Milchmädchen sagt, dass es kein Zusammenleben mehr mit mir gibt … Es ist wahr, dass es das nicht mehr gibt irgendjemand lebt bei mir… Aber ist es meine Schuld?… Jeder verrät mich. Ich kann nicht zwei Nächte hintereinander am selben Ort schlafen … Wo sind die Tage, an denen ich ganz Paris auf meiner Seite hatte? Der Tag meiner Hochzeit mit Marie-Antoinette? An dem Tag, als wir in der Taverne Little Seal in der Faubourg-Saint-Antoine-Straße im Chor sangen:

„Saufen, trinken und saufen , bis Gabriels Trumpf am Tag des Jüngsten Gerichts ist!“

Wir aßen an diesem Tag Rebhuhn – das war mehr als der König – und tranken Champagner. Meine schöne Marie-Antoinette liebte mich sehr. Mein Onkel und meine Tante Tanton waren dort. Und all dieses Glück gab es erst letzten Mai, am fünfzehnten Mai letzten Jahres!… Und jetzt!… Wo ist Onkel Tanton jetzt? Im Châtelet eingesperrt… Und sein Sohn?… Ich musste ihn letzten Monat töten, um zu verhindern, dass er mich denunziert!… Ich war schnell dabei… Eine Pistolenkugel in Montparnasse und die Leiche in einem Graben; und ich war mir seines Schweigens sicher … Aber wie viele muss man noch töten? Ich musste Pippin, den Bogenschützen, und Huron, den Stellvertreter des Königs, töten, die eines Abends in vollem Einsatz hinter mir her waren, und fünf Bogenschützen, die ich außerdem massakriert habe, arme Bettler! in der Mazarine Street... *Ich sehe noch immer ihre fünf Leichen* ... Und doch bin ich überhaupt nicht böse!... Ich möchte niemandem wehtun... Ich bitte nur um eines, um Erlaubnis Paris stillschweigend zu überwachen, um die Sicherheit aller zu gewährleisten ... Mein oberster Stadtrat selbst murrt. Er verzeiht mir nicht, dass ich Jacques Lefebvre hingerichtet habe ... Natürlich gibt es kein Leben mehr mit mir; aber nur, weil ich leben möchte!

„'Nach diesem kleinen Gespräch verlasse ich sie ... Ich schaue aus der Tür des Queen Margot: Die Ferronnerie Street ist leer. Ich beeile mich; und in der Nähe des Friedhofs der Unschuldigen treffe ich Madeline ... Aber ich tue es nicht Sag ihr, wohin ich gehe... Tatsächlich werde ich die Nacht in meinem Loch in der Amelot Street [4] verbringen wie ein elender Dieb!... Es regnet in Strömen."

[4] Als sie 1823 den großen Abwasserkanal unter der Amelot Street säuberten, fanden sie in der Nähe seiner Hauptmündung eine Nische, eine Höhle von etwa neun Fuß im Quadrat, die sie im offiziellen Bericht immer noch „Kartuschenkammer" nannten Räuber mussten oft darin übernachten. Dies ist weit von der Legende entfernt, die Cartouche als in bester Gesellschaft lebend und kurz vor seiner Heirat mit der Tochter eines reichen Adligen darstellt, als er verhaftet wurde.

M. Adolphe Lecamus erklärt, dass er uns die genauen Worte gegeben hat, die Theophrastus in seinem hypnotischen Schlaf über die Lippen kam, dass er uns jedoch nicht die Modulation dieser Sätze, ihre seltsamen Töne, ihre plötzlichen Stopps, ihre ... hastige Anfänge und oft traurige Enden. Er unternimmt keinen Versuch, die Physiognomie von Theophrastus zu beschreiben. Manchmal drückte es Wut aus, manchmal Verachtung, manchmal extravagante Kühnheit, manchmal Terror. Manchmal, so erklärt er, *sei Theophrastus in bestimmten bewegenden Momenten genau wie das Porträt der Kartusche gewesen* .

Herr de la Nox wollte Cartouche langsam in die Stunde seines Todes führen. Er fürchtete den Schock, ihn plötzlich noch einmal durchleben zu lassen. Deshalb hatte er ihn zum 1. April 1721 zurückgebracht.

Die folgenden Minuten waren für uns äußerst schmerzhaft, da der elende Kartusche noch einmal die Qual dieser letzten Monate inmitten des ständigen Verrats seiner Leutnants und der unglaublichen, hartnäckigen Feindseligkeit der Polizei durchlebte.

Die Erzählung von M. Lecamus präsentiert, so schmerzhaft sie auch ist, keine neue Tatsache. Es bestätigt lediglich die Geschichte. Es bringt in der Tat nichts, wenn man in das Labor von M. Eliphas de la Nox geht , um etwas über die aufsehenerregende Verhaftung und Inhaftierung im Grand-Châtelet zu erfahren. Wir finden im Register der Anordnungen des Königs:

„16. Mai 1721, Befehl des Königs, einen Cartouche zu beschlagnahmen und zu verhaften, der Sire Huron, Leutnant der kurzen Robe, und einen Tanton ermordet hat ; außerdem Cartouche Cadet, genannt Louison ; der Chevalier, genannt Cracksman; und Fortier, wegen Mitschuld an den Morden Mouchy genannt .

Am Rand neben dem Namen Cartouche steht das einzelne Wort „ Broken "
.

Diese Verhaftung war viel einfacher anzuordnen als durchzuführen. Erst am 14. Oktober 1721 trug der Verrat seine Früchte, und wir können den Bericht von Jean de Coustade lesen , Zahlmeister der Kompanie von Chabannes , 47 Jahre alt, 27 Dienstjahre.

Herr de Coustade nahm vierzig Männer und vier Unteroffiziere mit, deren Zuverlässigkeit er von Duchâtelet (Leutnant von Cartouche, der ihn verriet, selbst Unteroffizier der französischen Garde; sie hatten ihm eine Begnadigung versprochen) in Zivilkleidung versicherte , mit versteckten Waffen, und umstellten das Haus, in dem Duchâtelet ihm mitgeteilt hatte, dass Cartouche lag. Es war kurz nach neun Uhr abends, als sie im Pistol Inn ankamen, das Germain Savard und seine Frau in Courtille in der Nähe von High Borne (Trois- Bornes Street) führten .

Savard rauchte vor seiner Haustür seine Pfeife; und Duchâtelet sagte zu ihm: „Ist da oben jemand?"

„Nein", sagte Savard.

„Sind die vier Damen hier?"

"Bis Sie gehen!" sagte Savard, der auf diese Worte wartete.

Er trat beiseite; und die ganze Truppe stürmte nach oben, um Cartouche anzugreifen.

„Als wir das Zimmer oben betraten", schreibt M. Jean de Coustade in seinem Bericht, „trafen wir Balagny und Limousin, die vor dem Feuer Wein tranken. Gaillard lag im Bett, und Cartouche saß auf der Bettkante und reparierte sein Bett." Wir stürzten uns auf ihn. Der Schlag kam so unerwartet, dass er keine Zeit hatte, Widerstand zu leisten. Wir fesselten ihn mit dicken Seilen, brachten ihn zuerst zum Haus des Kriegsministers und dann zu Fuß an das Grand-Châtelet, sobald der Befehl erteilt wurde.

Tatsächlich war die Angelegenheit keineswegs so einfach, wie Herr de Coustade erzählt , obwohl sie endete, wie er sagt. Trotz seiner geringen Statur war Cartouche von außergewöhnlicher Stärke; und erst nach einem erbitterten Kampf überwältigten sie ihn und fesselten ihn an eine Säule.

Nachdem alle Vorsichtsmaßnahmen getroffen worden waren, wurde er schließlich in eine Kutsche gesetzt. Er trug nur sein Hemd; denn er hatte keine Zeit gehabt, die Hosen anzuziehen, die er gerade flickte. Da sie ihn heftig bedrängten, sagte er: „Vorsicht, Jungs, ihr zerwühlt meine Kleidung!"

Er hatte seine gewohnte Ruhe bewahrt; und er gratulierte dem Leutnant, der ihn verraten hatte, zu der schönen Kleidung, die er an diesem Tag trug. Tatsächlich war Duchâtelet wegen des Todes der Herzogin Marguerite d'Orleans , die vierzehn Tage zuvor gestorben war, in einem sehr schönen neuen schwarzen Anzug herausgekommen. Unterwegs, als die Kutsche einen unglücklichen Wanderer nur knapp verfehlte, sprach Cartouche noch einmal die Worte, die ihm so sehr gefielen: „ *Wir müssen dem Rad aus dem Weg gehen!* "

Vom Haus des Kriegsministers aus ging er zu Fuß in Begleitung einer großen Eskorte. Die Hälfte der Pariser stürmte aus ihren Häusern, um ihn vorbeigehen zu sehen, und rief: „Das ist Cartouche!" ohne den festen Glauben, dass es so war. Sie waren so oft getäuscht worden. Aber sie erkannten, dass es wahr war, als ein Offizier der Eskorte den Gefangenen mit seinem Stock schlug, und der Gefangene sich leise umdrehte und ihm mit dem linken Fuß einen Tritt gegen den Kiefer versetzte, der ihn Hals über Kopf in die Gosse schleuderte. Die Menge applaudierte, denn sie hat eine große Zuneigung zu Räubern – wenn sie entführt werden.

Im Grand-Châtelet-Gefängnis wurde Cartouche von der ganzen höflichen Welt besucht. Der Regent gab sich alle Mühe, sein persönliches Bedauern über dieses traurige Ereignis zum Ausdruck zu bringen. „Aber", sagte er, „meine hoheitlichen Pflichten legen mir diese unangenehme Pflicht auf." Die Damen des Gerichts wetteiferten in ihrer Aufmerksamkeit für den Gefangenen. Sie verweigerten ihm nichts. Er trank drei Pints Wein am Tag.

Er war noch nie so sehr in Mode gewesen. Sofort entstand ein Theaterstück mit dem Titel „Kartusche". Legrand, der Autor, und Quinault, der die Hauptrolle spielte, kamen, um ihn um Informationen über Einzelheiten der Produktion zu bitten. Als Cartouche sich schließlich ausreichend amüsiert hatte, richtete er seine Aufmerksamkeit auf die Flucht. Trotz der unaufhörlichen Überwachung, die sie auf ihn richteten, war er kurz vor dem Erfolg, als er aus seiner Zelle herauskam und sich mit einem aus dem Stroh seiner Matratze gedrehten Seil in einen Laden begab, als sie Er erwischte ihn, als er den letzten Riegel einer Tür zog, die ihn von der Straße trennte. Sie stellten fest, dass das Grand-Châtelet für einen Mann mit solchem Einfallsreichtum nicht sicher genug war; und er wurde heimlich in Ketten zur Conciergerie getragen und in der sichersten Ecke des Montgomery Tower eingesperrt. [5]

[5] Dieser Turm steht nicht mehr.

KAPITEL XV

DIE OPERATION ENDET

Eliphas de la Nox war fest davon überzeugt, sein Untertanen langsam in den Tod zu führen, und führte Theophrastus langsam durch die Gefangenschaft, den Prozess und die Verurteilung von Cartouche. Aber ich lasse diesen Teil der Erzählung von M. Lecamus weg , da die Historiker diese Inhaftierung und diesen Prozess ausführlich beschrieben haben. Ich greife es an dem Punkt auf, an dem Cartouche auf dem Weg zur Folterkammer war, damit man ihm die Namen seiner Komplizen entlocken könne.

„Und jetzt", sagt M. Lecamus in seiner Erzählung, „näherten wir uns dem entscheidenden Punkt der Operation: *Kartusche zu töten, ohne Theophrastus zu töten* . Einfache Worte, aber die schwierigste Operation in der psychischen Chirurgie. Wirklich M. de la Nox Er hatte recht gehabt, als er sagte, dass er dabei sei, die Vorsehung in Versuchung zu führen. Tatsächlich hatte er die schrecklichste Verantwortung auf sich genommen, nämlich das Risiko, Theophrastus zu töten, ohne Kartusche zu töten, und folglich diesen Unhold in menschlicher Gestalt in einem unglücklichen Zeitgenossen wieder inkarnieren zu lassen.

„Aber dann war es M. Eliphas de Saint- Elme de Taillebourg de la Nox , der die Verantwortung übernommen hatte, der größte lebende Experte für psychische Chirurgie, dessen Feinheit sein Astralskalpell den Eingeweihten auf der ganzen Welt, sogar bis ins ferne Thibet, bekannt ist Er verstand es, den Geist still und gelassen *um seinen eigenen Tod herum zu bewegen* und ihn so auf den letzten Moment vorzubereiten. *Er ließ seinen Toten bis zu dem Moment leben, in dem er seinen Toten sterben ließ!*

„Er hatte Theophrastus-Kartusche zu der Stunde gebracht, als seine Gefängniswärter ihn aus seiner Zelle holten, um ihn in die Folterkammer zu führen. Seine nächste Frage war:

„„Und wo bist du jetzt, Kartusche?'

„„Ich gehe eine kleine Treppe am Ende der Strohallee hinunter … Sie öffnen ein Gitter … Ich befinde mich in der Dunkelheit der Keller … Diese Keller machen mir Angst … Ich kenne sie gut … . Ach ja: Ich war in den Tagen von Philippe-le-Bel in diesen Kellern eingesperrt!'

„M. de la Nox erhob seine Stimme in einem schrecklich befehlenden Ton und sagte:

„„Kartusche! Du *bist* Kartusche! Du bist auf Befehl des *Regenten in diesen Kellern!* '

„Dann murmelte er: ‚Philippe-le-Bel! Wo um Himmels Willen gehen wir jetzt hin? Wir dürfen uns nicht verirren. Wir dürfen nicht! Wo bist du jetzt, Cartouche?‘

„‚Ich gehe tiefer in die Nacht der Keller, ich bin von Wachen umgeben – vielen Wachen. Es ist zu dunkel, um zu sehen, wie viele … Ah! Ich sehe am Ende dort, ganz am Ende, einen Strahl, der Ich weiß es gut. *Es ist ein quadratischer Strahl, den die Sonne dort seit Beginn der Geschichte Frankreichs vergessen hat!* … Meine Wachen sind keine französischen Wachen, sie misstrauen allen französischen Wachen. Meine Wachen werden vom Militärleutnant von kommandiert das Châtelet.'

„Es gab eine Pause, als M. de la Nox Cartouche seinen schmerzhaften Weg fortsetzen ließ; dann sagte er: ‚Und wo sind Sie jetzt, Cartouche?‘

„‚Ich bin in der Folterkammer … Um mich herum sind Männer in langen Gewändern … Ihre Gesichter sind maskiert … Sie fesseln mich an den Stuhl der Frage … Es sind dicke Seile … Nun ja , sie brauchen sie dick für mich … Aber wenn sie glauben, sie würden etwas aus mir herausholen, dann liegen sie falsch – völlig falsch!‘

„Das Gesicht von Theophrastus zeigte einen Ausdruck hartnäckigen Stolzes, fast wild. Langsam wurde seine Intensität schwächer, während wir warteten und ihn beobachteten; dann verwandelte es sich plötzlich in einen Ausdruck des Schmerzes, und er stieß einen ohrenbetäubenden Schrei aus.

„M. de la Nox und ich machten uns auf den Rückweg; Marceline stieß einen Schrei aus.

„Offensichtlich hatte Herr de la Nox diesen Schrei nicht erwartet, denn er sagte in einem überraschten Tonfall: ‚Warum haben Sie so geschrien, Kartusche?‘

„‚Ich schreie, weil es so schrecklich ist, *meine Komplizen nicht anzeigen zu können!* Ihre Namen liegen mir auf der Zunge, aber sie kommen nicht heraus! Können sie das nicht sehen, wenn ich sie nicht denunziere? Es liegt daran, dass ich meine Zungenspitze nicht bewegen kann. Warum hat Cartouche seine Zungenspitze nicht bewegt? Ich kann es nicht; und das ist höchst ungerecht!'

„M. de la Nox schwieg eine Weile. Es gab keinen Grund, warum er unsere Gefühle mit den Schmerzen dieses Raufbolds aus der alten Welt quälen sollte. Es war schlimm genug, das gequälte Gesicht von Theophrastus zu sehen. Nach einer Weile wurde es ruhiger noch einmal; und Herr de la Nox sagte:

„‚Und was machst du jetzt, Kartusche?‘

„,Sie lassen mich in Ruhe', sagte Theophrastus. ,Nur der Arzt und der Chirurg fühlen meinen Puls … Sie gratulieren sich selbst dazu, dass sie sich für die Folter des Stiefels entschieden haben, weil sie am wenigsten lebensgefährlich ist, und zwar am wenigsten unfallgefährdet."

„Mir fiel auf, dass er mit seiner normalen Stimme sprach, die durch den Schmerz, den er erlitten hatte, nicht geschwächt war. Es schien, als ob er ihn nur im Moment seiner tatsächlichen Zufügung spürte, als würde er den Schmerz danach nicht spüren."

„Es folgte eine weitere lange Pause; dann stieß Theophrastus plötzlich einen weiteren ohrenbetäubenden Schrei aus.

„,Was ist jetzt los, Kartusche?' sagte Herr de la Nox besorgt.

„,Es ist meine Zungenspitze!' schrie Theophrastus wütend.' Können diese dummen Narren nicht sehen, dass die Namen auf meiner Zunge liegen und sich nicht lösen lassen? Warum nehmen die Idioten sie nicht davon? Ist es meine Schuld, dass Cartouche sich nicht gespalten hat?"

„,Aber Kartusche schwieg: Warum schreist du?' sagte Herr de la Nox .

„, Sie foltern Kartusche; aber es ist Theophrastus Longuet , der schreit! '

„M. de la Nox schien von dieser Reaktion wie vom Donner gerührt zu sein. Er drehte sich um und sagte mit zitternder Stimme zu uns: ,Dann – dann ist *er es* , der leidet.'

„Es war die Wahrheit; man konnte nicht daran zweifeln, wenn man den Kummer auf dem verzerrten Gesicht von Theophrastus sah. Es war Kartusche, der gefoltert wurde, und Theophrastus, der litt. Das bewies die *Identität* der Seele, *aber es bewies auch, dass der Schmerz dies nicht getan hatte."* nach *zweihundert Jahren nicht mehr wirksam* . Das war es, was Herrn de la Nox bestürzte . Es war das erste Mal, dass er einen Fall dieser Art während seiner Operationen mit dem Astralskalpell beobachtete. Der Schmerz der Kartusche kam zum Ausdruck Zwei Jahrhunderte lang; dieser Schrei der Angst, der nicht über seine hartnäckigen Lippen gekommen war, *hatte zweihundert Jahre darauf gewartet, aus den Lungen von Theophrastus Longuet zu brechen !*

„M. Eliphas de la Nox vergrub seinen Kopf, seinen leuchtenden Kopf, in seinen Händen und betete inbrünstig: ,Am Anfang warst du die Stille! Æon ewig! Quelle der Æons !... '

„Am Ende des Gebets fühlte er den Puls des Theophrastus und lauschte aufmerksam dem Schlag seines Herzens. Dann sagte er:

„'M. Longuet ist eindeutig ein Mann von kräftiger Konstitution und absolut gesund. Tatsächlich gibt es von diesem Standpunkt aus kaum etwas zu befürchten. *Er wird Cartouche begraben.* Ich denke, wir sollten die Operation durchführen.'

„Ich sagte, dass ich seiner Meinung sei. Marceline zögerte ein wenig und forderte ihn dann auf, fortzufahren.

„„Und was machen sie jetzt, Kartusche?' sagte Herr de la Nox .

„„Sie stellen mir ständig diese nutzlosen Fragen; aber ich kann sie nicht beantworten', sagte Theophrastus ungeduldig. ,Und ich frage mich ständig, was dieser Mann in der rechten Ecke der Zelle tut. Er hat mir den Rücken zugewandt.' ; und ich höre das *Klirren von Eisen* ... Der Henker nimmt es im Moment locker. Er lehnt an der Wand und gähnt ... Auf dem Tisch steht eine Lampe, die zwei Männer beleuchtet, die immer weiter schreiben . Was sie schreiben, kann ich mir nicht vorstellen, denn ich habe nichts gesagt – ich kann nicht. Es ist der Mann in der Ecke, der mich verwirrt. An der Wand leuchtet ein rotes Licht, als wäre er zwischen mir und einem Kohlenbecken. Ich frage mich, was das für Eisen sind, mit denen er herumspielt.'

„„Es müssen die glühenden Eisen sein. Sie haben sie benutzt', sagte Herr de la Nox ; und er schauderte.

„Wir schwiegen; und plötzlich ertönten eine Reihe schrecklicher, ohrenbetäubender Schreie von Theophrastus. M. de la Nox blickte uns mit einem sehr blassen und besorgten Gesicht an und erklärte, dass er das noch nie erlebt oder auch nur vermutet hätte Er hatte keinen Zweifel daran , dass dies auf die Tatsache zurückzuführen sein musste, dass er noch nie zuvor Seelen operiert hatte, die nach einer Zeitspanne von weniger als fünfhundert Jahren wiedergeboren wurden; dass selbst diese sehr selten waren; und die meisten von ihnen Seine Klientel bestand aus Seelen, die mindestens zweitausend Jahre alt waren. Ich hatte den Eindruck, dass er etwas überfordert war, und das überraschte mich unbeschreiblich.

" Wieder schrie Theophrastus; dann schrie Marceline plötzlich:

„„Schau! Schau, seine Haare!'

„Der überraschendste Anblick bot sich unseren Augen: *Das Haar des Theophrastus wurde weiß!*"

„Das Weiß breitete sich darüber so sanft aus, wie sich der Rand der steigenden Flut über den Sand ausbreitet, aber langsamer. In fünf Minuten waren alle seine Haare weiß geworden, bis auf eine Locke auf seiner Stirn."

„Wir schwiegen, und ich wischte mir den Schweiß aus dem Gesicht. M. de la Nox keuchte, Marceline schluchzte. Irgendwie war dieses langsame Weißwerden der Haare schmerzhafter, eindrucksvoller und schrecklicher als diese durchdringenden, ohrenbetäubenden Schreie.

„Herr de la Nox schien fast am Ende seiner Weisheit zu sein. Zweimal sah ich, wie er seine Lippen öffnete, um Theophrastus zu befragen; zweimal schloss er sie wortlos. Dann bückte er sich plötzlich und lauschte dem Herzschlag von Theophrastus. Er stand auf mit erleichterter Miene richtete er sich wieder auf und sagte:

„‚Was machst du jetzt, Kartusche?‘

„‚Totgestellt. Nach den glühenden Eisen und dem kochenden Wasser , das sie mir in die Ohren gegossen haben, habe ich so getan, als wäre ich tot. Sie haben mich verlassen … Ich schiebe das Papier, das ich heute Morgen in meiner Zelle geschrieben habe, mit einem Holzsplitter zusammen, und mein Blut, in den Spalt in der Wand über meinem Kopf. Es zeigt, wo ich meine Schätze versteckt habe.'

„Er schwieg wieder; und wieder sah ich, wie das Gesicht von Herrn de la Nox angespannter wurde, als er erneut sein ganzes Wesen auf seine astrale Arbeit konzentrierte. Ich wünschte, ich hätte einen Höhepunkt der psychischen Entwicklung erreicht, der es mir ermöglicht hätte Folgen Sie den wunderbaren, wundersamen Bewegungen seines Astralskalpells.

„Es muss fast eine Dreiviertelstunde später gewesen sein, als er tief seufzte und sagte: ‚Unsere Arbeit ist fast zu Ende. Wo bist du jetzt, Kartusche?‘

„‚Ich weiß nicht genau, was passiert ist‘, sagte Theophrastus. ‚Ich habe das Dokument versteckt und seitdem niemanden mehr gesehen. Wenn ich meine Augen öffne – es ist eher eine Anstrengung –, erkenne ich nicht den Ort, an den es geht Sie haben mich gebracht … Ich bin sicherlich nicht in der Folterkammer, noch in meiner Zelle im Montgomery Tower … Da fällt ein schwaches blaues Licht durch die Gitterstäbe vor mir … Der Mond ist Ich komme, um mich zu besuchen … Das Mondlicht ist zwei oder drei der Stufen herabgestiegen, die vom Gitter hinaufführen … Ich versuche, mich zu bewegen … Ich kann nicht … Ich bin ein Baumstamm. Mein Wille nicht mehr befiehlt meinen Muskeln oder Gliedmaßen … Es ist, als ob alle Beziehungen zwischen meinem Willen und meinem Körper aufgehört hätten … Mein Gehirn ist nur noch Herr über mein Sehen und Verstehen. Es ist nicht mehr Herr über meine Handlungen … Meine armen Gliedmaßen! Ich spüre, wie sie um mich herum *verstreut sind* … Ich muss den Punkt des Leidens erreicht haben, an dem man nicht mehr leidet … Aber wo bin ich? … Das Mondlicht steigt zwei weitere Stufen hinab … Und noch einmal zwei weitere Stufen. .. Ah! Was leuchtet da auf? … Ein Auge – ein großes Auge … Das Mondlicht bewegt sich … Ein Schädel … Das Mondlicht bewegt sich … Eine knochige Hand! … Ich verstehe! Ich verstehe! Sie haben mich in ein Massengrab geworfen!... Das Mondlicht bewegt sich... Über meinem Körper liegen zwei Beine eines toten Mannes!... Jetzt erkenne ich diese Schritte!... Und dieses Knirschen!... Ich bin im Beinhaus von Montfaucon !... *Ich habe Angst!*

„„Als ich die Straße der Toten hinaufging, um bei den Chopinetten zu zechen , schaute ich oft durch dieses Gitter. Ich schaute neugierig hindurch, weil ich sah, dass ich eines Tages im Beinhaus liegen würde. Aber ich habe es nie getan Mir fällt ein, dass, wenn ein Körper dort lag, *er von der anderen Seite des Gitters herausschauen konnte!* Und jetzt schaut mein Körper hindurch! Sie haben mich in das Beinhaus geworfen, weil sie glaubten, ich sei tot! Ich bin lebendig begraben mit den Körpern gehängter Männer! Mein elendes Schicksal übertrifft alles, was die Fantasie der Menschen erfinden könnte!

„'Die traurigsten Gedanken überfallen mich. Ich frage mich, durch welchen Trick des Schicksals ich in eine solche Notlage geraten bin. Ich muss gestehen, dass das Schicksal in dieser Angelegenheit keine Rolle gespielt hat. Es war mein Stolz, nichts als mein verfluchter Stolz. Ich hätte stillschweigend König aller Räuber bleiben können, *wenn jemand mit mir gelebt hätte* . Die hübsche Milchmagd hatte recht, als sie bei der Königin Margot sagte, *dass es mit mir kein Leben mehr gäbe* . Ich würde kein Wort mehr von ihr hören irgendjemand; und als ich meinen Großen Rat einberufen habe, habe ich überhaupt keine Notiz von den Beschlüssen genommen, die er gefasst hat. Ich hatte Freude daran, den Despoten zu spielen, und endete mit dieser Manie, jeden, den ich verdächtigte, in kleine Stücke zu zerstückeln. Meine Leutnants rannten davon Es birgt größere Risiken, mir zu dienen, als wenn man mir nicht gehorcht. Sie haben mich verraten, und das war ganz logisch. *Oh, jetzt, wo ich im Beinhaus bin, ist es Zeit für diese Überlegungen!*

„„Ich lebe in diesem Beinhaus, lebendig unter den Toten; und zum ersten Mal in meinem Leben *Ich fürchte mich* .'

„Theophrastus schwieg eine Minute lang, und wir sahen einander mit gehetzten Augen an. Dann nahm er seine Geschichte im selben traurigen, klagenden Ton wieder auf.

„'Es ist seltsam – sehr seltsam. Jetzt, wo ich an der Grenze zwischen Leben und Tod stehe, nehmen meine Sinne Dinge wahr, die sie nicht wahrnehmen konnten, als ich gesund war. Meine Ohren hören nichts mehr – das kochende Wasser hat mein Gehör zerstört – *noch nicht Sie hören es* . Es gibt einen Schritt, einen schleichenden Schritt auf den Stufen, die zum Gitter hinabführen ... Plötzlich hört der Mond auf, das Beinhaus zu beleuchten ... Dann sehe ich zwischen mir und dem Mond auf den Stufen des Beinhauses -Haus, ein Mann! ein lebender Mann!... Vielleicht bin ich gerettet! Ich wollte laut vor Freude weinen; und vielleicht hätte ich laut weinen sollen, wenn der Schrecken dessen, was ich *fühle* , was ich *weiß* , nicht besiegelt wäre Meine Lippen. Ich habe das *Gefühl* , ich *weiß* , dass dieser Mann gekommen ist, um mir meine Hand zu rauben ... Ich habe es deutlich *in seinem Gehirn gelesen* . Eine Hofdame hat ihn geschickt, um den Zauber zu holen – den Zauber, um die Hand ihres Mannes zu behalten Liebe – die Hand eines Mörders – die Hand der Kartusche!

„' *Ich habe es in seinem Gehirn so deutlich gelesen, als ob ich es geschrieben lese* ... Er zündet eine Laterne an ... Er hat das Gitter aufgeschlossen und ist in das Beinhaus eingetreten ... Er hat meinen Körper gefunden und bückt sich darüber ... Er hat meine linke Hand in seine linke Hand genommen, und sein Messer glänzt im Licht der Laterne ... Er schneidet durch mein Handgelenk ... Ich spüre die Klinge in meinem Handgelenk nicht; ich verstehe es... Ah! Ich fange an, das Messer zu spüren!... Oh! Mein Handgelenk! Mein Handgelenk!... Es ist fast abgetrennt... Ah! Ah! Ah!... Es ist abgetrennt!

„„Was ist das? Letztes Wunder des letzten Lebens in meinem Handgelenk, *als es abgetrennt wurde* , ergriff meine Hand die Hand des Mannes, der heult!... Ha! Ha! er kann es nicht loswerden!... Es hat ihn gepackt!. .. Wie es ihn packt!... Er zerrt mit seiner rechten Hand daran!... Er kann es nicht rühren!... Ach, es ist nicht leicht, sich aus dem *letzten Griff eines Toten zu befreien!* ... Er ist aus dem Beinhaus und heult! ... Er springt die Stufen hinauf und heult! ... Während er geht, winkt er heulend wie ein Verrückter im Mondlicht mit *meiner ergreifenden Hand!* '

„Die Stimme des Theophrastus erstarb leise, und ich hörte die Zähne des Herrn de la Nox klappern. Dann flüsterte er:

„„Wo bist du jetzt, Kartusche?'

„„Ich betrete die strahlende Dunkelheit des Todes!'

Kapitel XVI

: Die Nachteile der psychischen Chirurgie

„Sobald Theophrastus die Worte ausgesprochen hatte: ‚Ich betrete die strahlende Dunkelheit des Todes‘, hob M. Eliphas de Saint- Elme de Taillebourg de la Nox mit einer prächtigen Geste seine rechte Hand über seinen Kopf und beugte sich dann über das Gesicht meines Freundes, hauchte auf seine Augenlider und sagte:

„‚Theophrastus Longuet , wach!‘

„Theophrast erwachte nicht. Seine Augenlider blieben geschlossen, und seine Stille schien uns stiller als je zuvor. Und jetzt, da er nicht mehr sprach, jetzt, da seine Lippen so fest geschlossen waren wie seine Augenlider, kam es uns plötzlich vor, als wäre er von einem Schlag getroffen schreckliche Angst, dass er Kartusche in die strahlende Dunkelheit des Todes gefolgt war.

„Seine leichenhafte Blässe, sein plötzlich weiß gewordenes Haar zeigten uns, dass er furchtbar alt war, alt mit dem Alter, das er plötzlich in den Tiefen des Grabes erworben hatte.

„Theophrastus Longuet , wach!"

„M. de la Nox hauchte immer wieder auf seine Augenlider; immer wieder bewegte er seine Arme in prächtigen Gesten; immer wieder rief er:

„‚Theophrastus Longuet , wach! Wach auf! Theophrastus Longuet , wach!‘

„Theophrastus erwachte nicht; und unser Herz sank und sank; genau in dem Moment, in dem wir die Hoffnung aufgegeben hatten, dass er jemals erwachen würde, stieß er ein entsetzliches Stöhnen aus, öffnete die Augen und sagte leise:

„‚Guten Morgen. Cartouche ist tot‘,

„M. de la Nox schnappte nach Luft und sagte: ‚Gott sei Dank, die Operation war erfolgreich!‘

„Dann begann er erneut zu beten: ‚Am Anfang warst du die Stille! Äon ewig! Quelle der Äonen !... ‘ Marceline und ich schüttelten Theophrastus die Hände und lachten hysterisch. Mit gutem Gewissen war die Operation gelungen schwerwiegend; aber nun, da es erfolgreich war, gratulierten wir Theophrastus herzlich. Wir gratulierten ihm, dass er um den Preis einer Flasche Haarfärbemittel seiner schrecklichen Notlage entronnen war. Es war nicht viel, um *den Tod von Cartouche zu bezahlen* .

Huchette Street herauszukommen . Es kam uns vor, als wären wir schon seit mehr als zweihundert Jahren darin.

„„Komm mit, Liebling! Komm mit!' sagte Marceline.

„„Sprich lauter', sagte Theophrastus, ,ich weiß nicht, was mit meinen Ohren los ist. Ich scheine sehr taub zu sein; und dann kann ich mich nicht bewegen.'

„„Du musst ein wenig benommen sein, Liebes', sagte Marceline. ,Und wenn man bedenkt, wie lange du auf diesem Feldbett gelegen hast, ohne dich zu rühren, ist das kein Grund zur Verwunderung. Aber bemühe dich und komm mit. '

„„Sprich lauter, das sage ich dir!' sagte Theophrastus ungeduldig. „Ich kann meine Arme bewegen, aber ich kann meine Beine nicht bewegen. Ich möchte sie bewegen, aber sie bewegen sich nicht; und dann sticht es in meinen Füßen."

„„Es ist ein Kribbeln, Liebes. Beuge deine Zehen schnell zurück. Ich möchte nach Hause. Wir haben seit heute Morgen nichts mehr gegessen und ich habe furchtbaren Hunger', sagte Marceline.

„„Ich weiß nicht, ob ich Zehen habe', sagte Theophrastus traurig.

„„Komm schon. Es ist Zeit, dass wir gehen', sagte ich.

„„Zweifellos; aber du musst mich tragen, denn meine Beine sind in einem solchen Zustand …'

„M. de la Nox stieß ein tiefes Stöhnen aus. Er hatte die Socken von Theophrastus zurückgeschlagen und seine Knöchel gesehen. Sie waren geschwollen und vernarbt und bluteten. In einer halben Minute hatten wir die Beine seiner Hose und Hosen mit einem Paar aufgeschlitzt Was für ein schrecklicher Anblick bot sich unseren Augen! *Die Beine von Theophrastus waren die Beine eines Mannes, der die Folter des Stiefels erlitten hatte!*

„M. de la Nox stöhnte erneut und sagte mit tränengefüllten Augen: ,Unglaublich! Unglaublich! Wer hätte gedacht, dass der Schmerz nach zweihundert Jahren noch so *wirksam sein würde?*'

„„Dieses Phänomen ist analog zu den Stigmata der Heiligen', sagte ich und erkannte plötzlich seine wissenschaftlich-psychische Bedeutung."

„Aber Marceline brach in Tränen aus und warf sich auf den unglücklichen Theophrastus.

„Ich schüttelte Destiny die Faust und eilte hinaus, um ein Taxi zu holen.

„Als ich zurückkam, weinte Marceline immer noch; Theophrastus untersuchte immer noch mit äußerster Neugier seine Beine und fragte, warum er sie nicht bewegen konnte und wie es dazu kam, dass sie sich in diesem außergewöhnlichen Zustand befanden.

„M. Eliphas de Saint- Elme de Taillebourg de la Nox antwortete nicht; er kniete, das Gesicht in den Händen vergraben, und schluchzte in völliger Verzweiflung.

„Er sagte, oder besser gesagt, schluchzte mit beklagenswerter Stimme: ‚Mein Geliebter! Mein Geliebter! Ich glaubte, dass ich dein Sohn war, o mein Geliebter! Ich nahm meinen Schatten für dein Licht! O mein Geliebter! Du hast meinen Stolz gedemütigt; Ich bin nur ein kleiner Teil der Nacht, am Grund des dunklen Abgrunds, ich, der Mann des Lichts. Und die Nacht will nicht *!* Und ich habe gewollt, ich: die Nacht! Ich bin nur ein dunkler Sohn der Stille, Æon , Quelle der Æons ! Und ich wollte *sprechen!* Ah, Leben! Leben! Das Leben kennen! Das Leben besitzen! Dem Leben gleichkommen! ... Versuchung! Schwindel des ewigen Abgrunds! Geheimnis des Ternären! Drei ! Ja; die drei Welten sind *eins!* Und die Welt ist drei! Es war die Wahrheit in Tyros , in Memphis! In Babylon! Eins! Zwei! Drei! Aktiv, Passiv und Reaktiv! Eins und Eins ergibt zwei! Zwei ist neutral ! Aber! Aber! Aber, O Mein Geliebter! Eins und Zwei ergeben Zwölf. Eins ist Gott! Zwei ist Materie! Stell Materie neben Gott! Pythagoras hat es gesagt, und du hast Zwölf. Das bedeutet Vereinigung!... Das bedeutet? Das heißt? Wer hat es denn hier unten gewagt, die Worte auszusprechen: *Das bedeutet?* '

„Dann schluchzte er herzzerreißend, während Theophrastus auf seinem Feldbett sagte:

„„Ich würde sehr gern da rauskommen.‘‘‘

KAPITEL XVII

THEOPHRASTUS BEGINNT, SICH FÜR DIE DINGE ZU INTERESSIEREN

Der unglückliche Theophrastus erholte sich mehr als sechs Wochen von seiner Astraloperation. M. Lecamus beschreibt seine Krankheit etwas langatmig. Nach und nach begann er, seine Beine wieder beweglich zu machen; aber es schien unwahrscheinlich, dass sich sein Gehör jemals ganz von dem kochenden Wasser erholen würde, das Cartouche vor zweihundert Jahren taub gemacht hatte; hin und wieder war er für einige Augenblicke stocktaub. Während dieser ganzen Zeit machte er keine Anspielungen auf die Vergangenheit; Ich spreche nicht von dieser elenden Vergangenheit, die in den Köpfen von uns allen durch die wenigen Jahre begrenzt ist, die seit unserer letzten irdischen Geburt vergangen sind; er machte keine Anspielungen auf *seine Vergangenheit im 18. Jahrhundert* . Diese Tatsache versicherte Marceline, M. Lecamus und M. Eliphas de Saint- Elme de Taillebourg de la Nox , der häufig am Krankenbett zu Besuch war, dass Cartouche tatsächlich tot war; und M. de la Nox dankte oft Æon , der Quelle von Æons , für dieses freudige Ereignis.

Als seine Beine geheilt waren, dachte Theophrastus ernsthaft darüber nach, sich wieder dem Geschäft zuzuwenden. Er war im Alter von einundvierzig Jahren in den Ruhestand gegangen, weil er einen überlegenen Gummistempel erfunden hatte, der die Stempel konkurrierender Hersteller vom Markt verdrängt hatte. Sein Kopf war voll von einer weiteren Innovation, die die gesamte Stempelindustrie revolutionieren würde. Es könnte kein stärkeres Symptom einer vollständigen Heilung geben, keinen stärkeren Beweis dafür, dass die Operation seinen Geist nicht geschwächt hatte. Und als er wieder anfing, sich fortzubewegen, sagte Frau. Longuet stellte fest, dass er so *natürlich* geworden war , dass sie und mit ihr M. Lecamus glaubten, dass ihr Unglück das Schicksal endlich erschöpft hatte.

Theophrastus würde seine Schwarze Feder nie wieder haben: Sie war für den Rest der Zeit ausgerottet worden.

Auf Anweisung von M. Eliphas de Saint- Elme de Taillebourg de la Nox behielten sie jedoch ein wachsames Auge auf ihn. Es war seine Gewohnheit, früh aufzustehen und nach dem Frühstück mit einer Tasse Schokolade und Buttertoast einen Spaziergang auf dem Außenboulevard zu machen. Er versuchte es mit seinen Beinen. Er begann in ihnen ihre ursprüngliche Elastizität zu entdecken.

Er schaute in die Geschäfte; Er beobachtete mit dem Interesse eines Parisers das bewegte Panorama der Straßen. M. Lecamus , der ihm folgte, bemerkte nichts Ungewöhnliches an seinen Handlungen; und in seinen Berichten an Herrn de la Nox betonte er nur eine einzige, wirklich unwichtige Tatsache, nämlich einen etwas längeren Halt vor einem Metzgerstand. Wenn dieses Anhalten nicht zur täglichen Gewohnheit geworden wäre, hätte selbst Adolphe, so aufmerksam er auch war, nicht darauf geachtet. Theophrastus, die Hände auf dem Rücken, spielte mit seinem grünen Regenschirm und blickte zufrieden auf das rote Fleisch. Er unterhielt sich oft mit dem Metzger, einer großen, breitschultrigen, fröhlichen Seele, die immer für einen einfachen Witz bereit war. Eines Tages stellte Adolphe fest, dass Theophrastus seinen Aufenthalt ungebührlich verlängerte. Er ging zum Stand und fand ihn zusammen mit dem Metzger damit beschäftigt, das frische Fleisch mit Papierrüschen zu schmücken. Es war eine harmlose Beschäftigung; und so dachte Herr de la Nox , denn am Rand von Adolphes Bericht steht eine Notiz von ihm: „Er kann das rote Fleisch am Metzgerstand betrachten. Es ist genauso gut, ihn manchmal ‚Rot sehen‘ zu lassen.“ . Es ist das Ende der psychischen Krise und schadet niemandem.“

Nun war dieser Metzger, M. Houdry , in seinem Bezirk für die Weiße und Zartheit seines Kalbfleisches berühmt. Seine Kunden fragten sich oft, wo die Kälber von M. Houdry gefüttert wurden. Es war ein Geheimnis, das ihm sein Vermögen einbrachte. Im Laufe der Zeit gewann Theophrastus sein Herz und wurde in sein Vertrauen aufgenommen. Das Geheimnis seines Erfolgs lag nicht in der Tatsache, dass seine Kälber speziell gefüttert wurden, sondern in der Tatsache, dass er sie selbst tötete und in seiner Tötungsmethode: Er schnitt ihnen mit einem einzigen Hieb eines großen Entermessers die Köpfe ab .

Als ihre Intimität zunahm, wurde Theophrastus als Zeuge der Operation zugelassen; und er verbrachte viele glückliche Stunden im Schlachthaus des Metzgers und sah zu, wie er die Kälber tötete und zerschnitt, die ihm Reichtum und Ruhm brachten.

Theophrastus war an dem gesamten Prozess außerordentlich interessiert. Mit Begeisterung lernte er die Namen der verschiedenen Instrumente und durfte nun bei den einfacheren Teilen des Prozesses helfen. Es war ein Privileg. Er empfand noch mehr als nur Herrn Houdrys Verachtung für die Methoden gewöhnlicher Metzger.

Aber jeden Tag, wenn er den Stand verließ , machte er den gleichen kleinen Witz. Er sagte:

„Sie töten jeden Tag ein Kalb. Sie müssen vorsichtig sein, mein lieber Herr Houdry , sonst werden Sie feststellen, dass die Kälber davon erfahren.“

Eines Tages sagte er: „Sehen Sie sich die Augen des Kalbes an, Herr Houdry ! Schauen Sie sich seine Augen an!“

„Nun, was ist mit ihnen?" sagte Herr Houdry .

„Schau, wie sie dich ansehen!"

„Aber sie sind tot", sagte M. Houdry etwas verwirrt.

„Und du hast keine Angst vor den Augen eines toten Kalbes, die dich ansehen?" sagte Theophrastus. „Ich gratuliere dir zu deinem Mut!"

M. Houdry fuhr mit seiner Arbeit fort und dachte, dass sein Schüler sicherlich einige seltsame Neigungen hatte.

Als er begann, sich mit den Ohren des Kalbes zu beschäftigen, rief Theophrastus mit engelhafter Freude: „Die Ohren? Ich verstehe alles über Ohren! Überlass sie mir!" Und er kaufte den Kopf des Kalbes.

Herr Houdry wollte es zu sich nach Hause schicken lassen, aber Theophrastus ließ es nicht aus seinen Händen. Er legte es vorsichtig in den unteren Teil seines grünen Regenschirms.

Als er den Schlachthof verließ, sagte er: „Au revoir, Herr Houdry , ich nehme den Kopf meines Kalbes mit; aber die Augen habe ich Ihnen gelassen. Ich möchte nicht, dass die Augen eines Kalbes angeschaut werden." Ich sah mich, als diese Augen Sie gerade ansahen. Die Augen eines toten Kalbes – eine eklige Sache – sehr eklig. Sie lachen, M. Houdry ? Nun, nun, das ist Ihre Sache … Ich gratuliere Ihnen zu Ihrem Mut. Aber all das Genauso wird es damit enden, dass die Kälber davon erfahren!"

Er kehrte nach Hause zurück; und als er Marceline und Adolphe seinen Kalbskopf in seinem grünen Regenschirm zeigte, lächelten sie einander an.

„Er fängt an, Freude an den Dingen zu haben", sagte Marceline.

„Ein unschuldiges Vergnügen", sagte Adolphe nachsichtig.

Kapitel XVIII

: Die Abendzeitung

Es war die Angewohnheit der drei Freunde, abends nach dem Abendessen eine Partie Domino zu spielen. M. Lecamus , ein Normanne, hatte Freude daran, bodenständige Begriffe zu verwenden. Wenn er die Doppelsechs hinlegte, schrie er: „Jetzt kommt der Doppelnigger!" Wenn er eine Fünf hinlegte, schrie er: „Der Welpe! Der beißt !" Wenn er eine Eins hinlegte, schrie er: „Die Made! Köder!" Die Drei entlockten ihm diesen Satz: „Wenn du den Mumm hast, lass den Schweineschwanz nieder!" Er nannte die beiden „Der Bettler!" Die unglücklichen Vier wurden mit dem Spitznamen „Der Welpe!" beschimpft. und er konnte keinen Blank aus der Hand legen, ohne zu verkünden: „Die Wäscherin!"

Marceline hatte über diese Ausrufe größte Freude und war immer bereit, Domino zu spielen. Theophrastus verlor im Allgemeinen; und es war eine Freude, ihn verlieren zu sehen, denn bei diesem Spiel hatte er die unangenehmste Natur der Welt gezeigt. Wann immer er verlor, schmollte er.

Eines Abends hatte Theophrast wie üblich verloren; und mit einem wütenden Stirnrunzeln hatte er aufgehört zu spielen und sich in eine Abendzeitung vertieft. Er mochte die politischen Notizen sehr und seine Meinung war begrenzt. Sie wurden im Norden durch „Der Despotismus der Tyrannen" und im Süden durch „Die sozialistische Utopie" begrenzt. Zwischen der sozialistischen Utopie und dem Despotismus der Tyrannen verstehe er alles, erklärte er, außer dass man die Armee angreifen müsse. Er sagte oft: „Die Armee darf nicht berührt werden!" Er war eine würdige Seele.

An diesem Abend las er die Politischen Notizen, ohne sie wie üblich laut zu kommentieren, weil er schmollte. Und dann fiel ihm diese Schlagzeile ins Auge:

      Kartusche ist nicht tot.

Er konnte sich ein Lächeln nicht verkneifen, so absurd kam ihm diese Hypothese vor. Dann ließ er seinen Blick über die ersten Zeilen des Artikels schweifen und ließ das Wort „ Seltsam!... " und dann das Wort „Seltsam…" und dann das Wort „Erstaunlich…" entweichen, aber ohne Einzelheiten Darstellung von Emotionen. Dann entschied er, dass es an der Zeit sei, mit dem Schmollen aufzuhören und sagte:

„Sie haben diesen Artikel mit dem Titel: ‚Kartusche ist nicht tot' noch nicht gelesen, Adolphe. Es ist ein seltsamer und erstaunlicher Artikel."

Marceline und Adolphe zuckten heftig zusammen und sahen sich bestürzt
an. Theophrastus las:

„Ist Cartouche also nicht tot? Seit einigen Tagen ist die Polizei trotz des
größten Geheimnisses, in das wir je eingedrungen sind, ausschließlich mit
einer Reihe seltsamer Verbrechen beschäftigt, deren seltsamste Seite sie vor
der Öffentlichkeit geheim halten musste . Diese Verbrechen und *die Art und
Weise, wie ihr Urheber der Polizei in dem Moment entkommt, in dem sie glauben, ihn
erwischt zu haben* , erinnern Punkt für Punkt an *die Methoden des berühmten
Cartouche* . Wenn es sich nicht um eine so verwerfliche Affäre handeln würde
wie einer Reihe von Verbrechen, man konnte sogar die Kunst bewundern,
mit der das Modell nachgeahmt wird. Wie ein Beamter der Polizeipräfektur,
dessen Namen wir nicht nennen, da er auf Geheimhaltung bestand, gestern
zu uns sagte: „Er ist der absolute Hammer." Kartusche!' So sehr, dass die
Detektive den mysteriösen Räuber, auf dessen Spur sie sich manchmal
wiederfinden, nicht mehr als etwas anderes als Kartusche bezeichnen!
Darüber hinaus haben es die Behörden getan, mit großer Geheimhaltung,
aber mit beträchtlicher Intelligenz – ausnahmsweise fällt es uns nicht schwer,
das zuzugeben Dreien von ihnen legte eine von den Bibliothekaren der
Nationalbibliothek herausgegebene Geschichte von Cartouche in die Hände.
Sie haben ganz subtil beschlossen, dass die Geschichte von Cartouche für sie
nützlich sein sollte, nicht nur in der vorliegenden Angelegenheit, die darin
besteht Sie verhindern heute die kriminellen Exzentrizitäten des neuen
Cartouche und verhaften den neuen Cartouche selbst, aber auch, dass seine
Geschichte Teil der allgemeinen Unterweisung aller Detektive sein sollte.
Tatsächlich ist uns das Gerücht zu Ohren gekommen, dass M. Lepine , der
Polizeipräfekt, hat angeordnet, dass mehrere Abendkurse in der Präfektur
der authentischen Geschichte des berühmten Räubers gewidmet werden."

"Was halten Sie davon?" sagte Theophrastus mit einer Miene liebenswürdiger
Nachsicht. „Es ist eine ganz normale Farce. Die Journalisten sind seltsame
Bettler, die versuchen, uns mit all diesem Müll vollzustopfen."

Weder Adolphe noch Marceline lächelten. Mit etwas zittriger Stimme
forderte Marceline ihn auf, weiterzulesen.

„Das erste Verbrechen der neuen Kartusche, zumindest das Verbrechen, mit
dem sich die Polizei zunächst beschäftigen sollte, weist nicht den Aspekt des
Grauens auf, den wir bei einigen anderen finden. Es ist ein romantisches
Verbrechen. Sagen wir mal." sofort, dass alle Verbrechen, von denen wir
Kenntnis haben und die der neuen Kartusche zugeschrieben werden, in den
letzten zwei Wochen und *immer zwischen elf Uhr abends und vier Uhr morgens*
begangen wurden .

Madame Longuet fuhr auf, ihr Gesicht war weiß wie ein Laken. Seit der
Astraloperation hatte Theophrastus allein im Schlafzimmer geschlafen,

während sie in einem kleinen Bett im Arbeitszimmer geschlafen hatte. M. Lecamus packte sie am Handgelenk und zog sie schnell zurück in ihren Sitz. Seine Augen forderten sie zum Schweigen auf.

Theophrastus hielt in seiner Lektüre inne und sagte: „Was um alles in der Welt meinen sie mit ihrer neuen Kartusche? *Ich selbst kenne nur die alte!* ... Nun, lasst uns etwas über das romantische Verbrechen hören ...“

Er las weiter und wurde mit jeder Zeile ruhiger und ruhiger:

„Eine Dame, jung und charmant und sehr bekannt in Paris, wo ihr Salon von all denen gefüllt ist, die sich elegant mit Spiritualismus beschäftigen – die Angelegenheit ist schließlich etwas kompromittierend, deshalb veröffentlichen wir ihren Namen nicht – war da Sie befand sich gegen ein Uhr morgens mitten auf ihrer Toilette und bereitete sich darauf vor, nach einer etwas anstrengenden Besprechung mit den berühmtesten Pneumatikern ihre wohlverdiente Ruhe zu genießen, als plötzlich ihr Fenster, das auf einen Balkon führt, aufgerissen wurde heftig, und ein Mann von kaum mehr als mittlerer Größe, noch jung und äußerst kräftig (dieses Detail steht im Polizeibericht), aber mit völlig weißen Haaren, sprang in den Raum. In seiner Hand hielt er ein glänzendes, nickel- vergoldeter Revolver.

„‚Haben Sie keine Angst, Madame‘, sagte er zu der verängstigten Dame. ‚Ich werde Ihnen nichts tun. Betrachten Sie mich als Ihren bescheidensten Diener. Mein Name ist Louis-Dominique Cartouche; und mein einziger Ehrgeiz ist es, mit Ihnen zu Abend zu essen Sie. Bei der Drossel von Madame Phalaris! Ich habe eine teuflische Wendung an mir!‘ Und er lachte.

„Frau de B.... (wir nennen sie Frau de B....) dachte, sie hätte es mit einem Verrückten zu tun. Aber es war nur ein Mann, der entschlossen war, mit ihr zu Abend zu essen, denn, sagte er, er war schon seit langem von ihrer Anmut und ihrem Charme fasziniert. Doch dieser Mann war weitaus gefährlicher als ein Verrückter. Denn *wegen seines vernickelten Revolvers* musste man ihm weichen

.

„‚Sie werden nach Ihren Dienern klingeln und ihnen befehlen, ein ausgezeichnetes Abendessen zu bringen‘, sagte der Mann kühl. ‚Geben Sie ihnen keine Erklärung, die mir Ärger bereiten könnte. Wenn Sie das tun, sind Sie eine tote Frau. '

„Mme. de B.... ist eine mutige Dame. Sie ergriff sofort die Gelegenheit, klingelte nach ihrer Zofe, befahl, das Abendessen in ihr Boudoir zu bringen, und eine Viertelstunde später trafen sie und der Mann mit dem ... Die weißen Haare standen sich am Tisch gegenüber, *die besten Freunde der Welt* . Wir brauchen kaum zu sagen, dass der Mann mit den weißen Haaren sich nicht beeilte, dieses köstliche Essen zu sich zu nehmen, und es war nach zwei Uhr, als er vom Balkon herunterstieg . Es war vielleicht nicht unnatürlich, dass die schöne Frau de B.... die Polizei nicht über das Abenteuer informiert hatte. Es war die Notwendigkeit, die sie zu dem Geständnis zwang; denn einige Tage später besuchte sie ein Polizeikommissar. und teilte ihr mit, dass der Ring mit einem prächtigen Diamanten, den sie am dritten Finger ihrer rechten Hand trug, Eigentum von Mlle. Emilienne de Besançon sei ; dass diese Dame ihn am Tag zuvor auf einem Wohltätigkeitsbasar an ihrem Finger gesehen habe; dass Frau de B... zweifellos nicht wusste, wessen Eigentum es war; zweifellos war es ihr gegeben worden. Frau. de B.... war unbeschreiblich überrascht und verärgert. Sie erzählte die Geschichte vom Balkon, dem Unbekannten und dem Abendessen; und sagte, dass er ihr beim Abschied den Ring aufgezwungen habe und sagte, dass er ihn von einer Dame bekommen habe, die er sehr gern gehabt habe, Frau. de Phalaris, *der aber schon vor langer Zeit gestorben war* . Es war unmöglich, Frau zu verdächtigen. de B.... Sie lieferte einen Beweis: den glänzenden, vernickelten Revolver, den der Unbekannte auf einem kleinen Tisch im Boudoir zurückgelassen hatte. Gleichzeitig bat sie den Polizeikommissar, ihr hundert Flaschen Champagner der besten Marken wegzunehmen, die ihr der Unbekannte am Tag nach dieser außergewöhnlichen Nacht geschickt hatte, unter dem Vorwand, das Abendessen sei ausgezeichnet gewesen, der Champagner jedoch allein hatte etwas zu wünschen übrig gelassen. Sie befürchtete, dass der Champagner ebenso wie der Ring gestohlen worden sein könnte.

„Dieses Abenteuer, das geringste von denen, die wir zu erzählen haben, ist eine getreue Wiedergabe einer Affäre, die in der Nacht des 13. Juli 1721 im Haus von Mme. la Maréchale de Boufflers stattfand . Auch diese Dame war dort ihre Toilette. Der junge Mann kam auf den Balkon; er hatte keinen glänzenden, vernickelten Revolver in der Hand, aber er trug sechs englische Pistolen im Gürtel. Nachdem er sich als Louis-Dominique Cartouche vorgestellt hatte, verlangte er ein Abendessen. Und Die Witwe von Louis-François, Herzog von Boufflers , Peer und Marschall von Frankreich, der Held von Lille und Malplaquet , speiste mit Cartouche und beeilte sich nicht mit dem Abendessen.

„Cartouche beschwerte sich nur über den Champagner; und am nächsten Morgen erhielt Frau de Boufflers hundert Flaschen. Er hatte sie von seinem Butler Patapon aus den Kellern eines großen Finanziers holen lassen .

„Ein paar Tage später stoppte eine der Banden von Cartouche eine Kutsche auf der Straße. Cartouche schaute durch das Fenster hinein und musterte die Gesichter. Es war Mme. la Maréchale de Boufflers .

„Er wandte sich an seine Männer und sagte mit klingender Stimme: ‚Lassen Sie Mme. la Maréchale de Boufflers heute Abend und immer frei passieren.‘

„Er verneigte sich tief vor Madame la Maréchale , nachdem er ihr einen prächtigen Diamanten an den Finger gesteckt hatte, den er zuvor Madame de Phalaris gestohlen hatte. Madame de Phalaris sah ihn nie wieder!“

„Und jetzt kommen wir zum Verbrechen in der Bac Street.“

KAPITEL XIX

DIE GESCHICHTE DES KALBS

Marceline war aufgestanden und in ihr Schlafzimmer gegangen, um ihre Gefühle zu verbergen und sich zu vergewissern, ob der vernickelte Revolver noch in seiner Schublade lag. Als sie ins Esszimmer zurückkam, fragte Theophrastus sie, was mit ihr los sei. Marceline antwortete, dass der Revolver nicht mehr in seiner Schublade sei. Theophrastus bat sie, sich zu beruhigen, und erklärte in einem Ton, der keinen Widerspruch zuließ, dass der Revolver, da er nicht in seiner Schublade sei, woanders sein müsse und dass es überhaupt keine Bedeutung habe.

„Wir werden diesen Zeitungsmann jetzt zu dem Verbrechen in der Bac Street begleiten", fuhr er fort. „Seine Kommentare zur Geschichte von Mme. de B...., die natürlich Mme. de Bithyinie sein muss , die Dame Ihres Pneumatikclubs, die eine so innige Freundin von M. de la Box ist, zeigen, dass er ein ... ist Gut informierter Mann. Ich freue mich zu sehen, dass er nicht diesen Idioten von Historikern folgt, die versuchen, aus meinem Abendessen mit Mme. la Maréchale de Boufflers einen Skandal zu machen und dabei vergessen, dass sie 1721 mehr als sechzig Jahre alt war. Das ist es Ein Fehler, den ich wiedergutmachen möchte. Mein Ruf könnte darunter leiden. Sie war eine witzige und entzückende Rednerin, aber ich hätte niemals im Traum daran gedacht, mit einer sechzigjährigen Frau Liebe zu machen!"

Während er dies sagte, hob Theophrastus den Zeigefinger seiner rechten Hand und schwenkte ihn mit einer gebieterischen Geste in der Luft; und es waren weder Marceline noch Adolphe, die es gewagt hätten, ihm zu widersprechen.

Er nahm wieder die Abendzeitung zur Hand.

„Die Geschichte des Bac-Street-Verbrechens ist einfacher und schneller im Gange", las er. „Einige Tage nach dem Abenteuer von Frau de B.... erhielt der Polizeipräfekt die folgende Nachricht: ‚Wenn Sie den Mut haben, kommen Sie und suchen Sie mich. Ich bin immer bei Bernard, im Café in der Bac Street. ' Es war mit „Kartusche" signiert. Der Präfekt spitzte die Ohren und schmiedete seine Pläne. Am selben Abend um Viertel vor zwölf stürmten ein halbes Dutzend Polizisten in das Café in der Bac Street. Sie wurden sofort von einem außergewöhnlich starken, noch jungen Mann mit einem Stuhl niedergeschlagen , aber mit ganz weißem Haar. Drei Männer lagen ausgestreckt auf dem Boden, und die anderen drei hatten kaum Zeit, die drei Körper ihrer verwundeten Kameraden auf die Straße zu schleppen, um sie vor dem lebendigen Verbrennen für den Mann mit dem Weiß zu bewahren Haare steckten das erste Stockwerk in Brand. Dann flüchtete er über die Dächer und sprang von einem Dach zum anderen über einen kleinen Hof, der zwar schmal war, aber eine Art Brunnen bildete, der mehr als fünfzig Fuß tief war, tief genug, um ihn zu zerbrechen Hals zehnmal.

„Das gefällt mir", sagte Theophrastus, brach ab und lächelte freundlich. „Drei Männer auf dem Boden! *Vor ein paar Jahrhunderten* hatte ich in der Bac Street nicht annähernd so viel Glück ; denn ich ließ dort neun meiner Leutnants zurück, die trotz des Massakers der Polizei verhaftet wurden. Ich dachte, alles wäre verloren; bis auf einen darf niemals an der Vorsehung verzweifeln."

Er nahm die Zeitung wieder auf, inmitten des entsetzten Schweigens von M. Lecamus und Marceline, und las weiter:

„Die neue Kartusche" („Was sind das für Idioten, ihn ständig ‚die neue Kartusche' zu nennen!") war auch bei seinen Spielen in der Guénégaud-Straße. Darin befindet sich ein schmaler Durchgang, der von einem Brett überquert wird. Vor ein paar Tagen Unter dieser Planke wurde die Leiche eines Studenten der Polytechnischen Schule, M. de Bardinoldi , gefunden, dessen Geheimnis die Presse so verwirrt hat. Was die Polizei niemandem anvertraut hat, ist die Tatsache, dass sie an der Jacke befestigt war Auf dem Brief des Studenten befand sich eine kleine Karte, auf der mit Bleistift geschrieben stand: „Wir werden uns in der anderen Welt wiedersehen, Herr de Traneuse ." Es besteht kein Zweifel, dass dies ein Verbrechen der neuen Kartusche für die alte war" („Man muss so dumm sein wie ein Journalist", rief Theophrastus, „anzunehmen, dass es zwei Kartuschen gibt!") „ für die alte hat tatsächlich an genau dieser Stelle einen Ingenieuroffizier namens M. de Traneuse ermordet . Cartouche tötete ihn mit einem Schlag auf den Hinterkopf mit seinem Stock; und dem Studenten wurde der Hinterkopf durch einen Schlag mit einem stumpfen Gegenstand gebrochen ."

Theophrastus hörte auf zu lesen und gab einige Kommentare ab.

„Heutzutage sagt man ‚stumpfer Gegenstand'. Stumpfer Gegenstand! Es klingt gut! Stumpfer Gegenstand gefällt mir... Du ziehst eine Tasse", sagte er zu Marceline und Adolphe. „Und ihr haltet euch aneinander fest, als würdet ihr eine Katastrophe erwarten. Es ist albern, wegen ein paar Scherzen die Haare zu verlieren. Ich nutze die Gelegenheit, mein lieber Adolphe, um euch die Freude zu erklären, die es mir bereitet, Guénégaud zu besuchen Straße. Diese Angelegenheit von Herrn de Traneuse war der Ursprung eines der besten Streiche, die ich jemals den Polizisten von Herrn d'Argenson gespielt habe. Nach der Hinrichtung von Herrn de Traneuse , der sich erlaubt hatte, einige äußerst unangenehme Bemerkungen darüber zu machen Ich wurde von zwei Patrouillen der Wache verfolgt, die mich umzingelten und Widerstand unmöglich machten. Aber sie wussten nicht, dass ich Cartouche war, und begnügten sich damit, mich nach Fort- L'Eveque zu führen , dem am wenigsten strengen Gefängnis in Paris, Dort sperrten sie Schuldner, Unruhestifter und Leute ein, die Geldstrafen nicht bezahlt hatten. Erst am 10. Januar erfuhren sie, dass sie Cartouche gefangen genommen hatten; aber am Abend des 9. Januar war Cartouche entkommen und nahm die seine Führung wieder auf Polizei. Es war Zeit, denn in den Straßen von Paris war alles auf den Kopf gestellt. Meine liebe Marceline, und auch du, Adolphe, du siehst aus, als würdest du zu einer Beerdigung gehen. Und doch mangelt es diesem Artikel nicht an *einem gewissen Salz* . Zuerst dachte ich, es wäre ein Schreiberwitz, aber ich sehe, dass es ziemlich ernst ist. Es heißt wirklich: Glauben Sie mir. Und warte auf die Geschichte vom Kalb! Wir sind nur noch bei der Angelegenheit Petits- Augustins Street angelangt ... Hören Sie zu.

Theophrast hob erneut die Abendzeitung hervor, rückte seine goldgeränderte Brille auf die Nase und fuhr fort:

„Das Unglaublichste an dieser außergewöhnlichen Geschichte ist, dass die Polizei in der letzten Woche mehrmals kurz davor stand, den modernen Cartouche zu fangen, und dass er wie *der andere immer durch den Schornstein entkommen ist* . Das lehrt uns die Geschichte. " Das war die Praxis des echten Cartouche. Am 11. Juni 1721 hatte er den Plan geschmiedet, Desmarets House in der Petits- Augustins Street auszurauben. Es war einer seiner Männer, der Ratlet , der ihm den Putsch vorgeschlagen hatte. Aber die Polizei hatte ein Auge auf Cartouche und den Ratlet geworfen ; und kaum waren sie im Desmarets- Haus, stürmten die Bogenschützen zur Stelle und das Haus wurde umstellt. Cartouche ließ die Türen der Räume stillschweigend verschließen und die Lichter ausmachen. Er Er zog sich aus, kletterte den Schornstein hinauf und stieg durch einen anderen Schornstein in die Küche hinab, wo er einen Küchenjungen fand. Er tötete den Küchenjungen, zog sich seine Kleider an und ging aus dem Haus, wobei er mit seinen Pistolen zwei Bogenschützen niederschoss, die fragten ihn, wo Kartusche war. Nun, was werden Sie sagen, wenn wir Ihnen sagen, dass unsere Kartusche gestern, nachdem sie zu einem Konditor im Augustins- Viertel verfolgt wurde, durch den Schornstein entkam, nachdem sie seine eigene Kleidung übergezogen hatte, die er zweifellos sauber halten wollte, die Decke - Alles vom Konditor, der auf dem Dach gefunden wurde? Der Konditor wurde halb gekocht in seinem eigenen Ofen gefunden. Aber bevor Cartouche ihn hineingesteckt hatte, hatte er die Vorsichtsmaßnahme getroffen und ihn zuvor ermordet.

Hier brach Theophrastus erneut seine Lektüre ab.

"Vorher!" er weinte. "Zuvor! Diese Journalisten sind wunderbar !... Ich hatte ihn *zuvor* ermordet!... Aber warum bist du in die Ecke gegangen? Mache ich dir Angst? Komm, komm, meine liebe Marceline; komm, Adolphe: ein bisschen Coolness. Du wirst es für die Geschichte vom Kalb brauchen!“

„Niemals", sagt Theophrastus in seinen Memoiren, die seit dieser Epoche von tiefer Melancholie geprägt sind, „noch nie zuvor hatten weder meine Frau noch Herr Lecamus beim Lesen eines bloßen Zeitungsartikels einen solchen Gesichtsausdruck gezeigt. Aber wenn wir uns erlauben Fürchten Sie sich vor allem, was die Zeitungen uns erzählen, wir sollten *für immer auf der Folterbank sitzen* . Die Journalisten beschreiben die Ereignisse des Tages mit einer besonders erstaunlichen Vorstellungskraft, wenn es um Kriminalität geht. Sie müssen ihr tägliches Blut haben. Das ist in der Tat lächerlich . Ein Messerstich kostet sie mehr oder weniger nichts, und sie lassen mich nur mit den Schultern zucken. Die Messerstiche dieser Herren stören meine Verdauung nicht im Geringsten, und ich wiederhole, ich zucke mit den Schultern.

„Als ich zu der Stelle in dem Artikel kam, an der Cartouche den Bäckermann in den Ofen schob, stöhnte meine Frau so heftig, als wäre dieser Bäckermann ihr Bruder gewesen; sie verließ ihren Stuhl und wich nach und nach nach links zurück M. Lecamus befand sich in einer ebenso lächerlichen Lage. Er hatte sich in die rechte Ecke des Esszimmers zurückgezogen, die dem Flur am nächsten lag. Sie starrten mich an, als ob Sie starrten auf ein Phänomen auf einem Jahrmarkt, einen Esser lebender Kaninchen oder etwas in der Art. Ich war unzufrieden; ich verheimlichte ihnen nicht meine Meinung, dass solch kindisches Verhalten zweier vernünftiger Wesen unwürdig sei; und mit einiger Strenge ich flehte sie an, an ihre Plätze an meiner Seite zurückzukehren. Aber sie taten es nicht. Dann begann ich mit der Geschichte von „Die Rache des Kalbs".

"Ich lese:

„'M. Houdry ist Metzger am äußeren Boulevard. Seine Spezialität ist Kalbfleisch; und Leute kommen aus allen Teilen des Bezirks, um es zu kaufen. Sein Ruf beruht auf einer so außergewöhnlichen Tatsache, dass wir es nicht glauben würden, wenn nicht für die wiederholten Erklärungen des Kommissars der Polizei, Herrn Mifroid , der die erste Untersuchung über die Umstände des Verbrechens durchgeführt hat. Es ist wohlbekannt, dass die Pariser Metzger ihr Fleisch von öffentlichen Schlachthöfen beziehen und es ihnen verboten ist, Schlachtungen durchzuführen. Häuser für sich. Aber jeden Tag tötete M. Houdry zu Hause ein Kalb!'

„„Das ist völlig richtig', sagte ich. ,M. Houdry hat es mir mehrmals erklärt, und ich war ziemlich überrascht über das Vertrauen, das er mir entgegenbrachte, als er mir von seinem mysteriösen Schlachthaus erzählte. Warum hätte er es mir verraten sollen?' Eine Tatsache, die nur seiner Frau, seinem Assistenten, einem Findelkind, das er zur Familie zählte, und seinem Schwager bekannt war, der jede Nacht das Kalb brachte? Warum? Man kann es nicht sagen. Vielleicht war es so stärker als er! Du weißt genau, dass *man seinem Schicksal nie entkommt* . Ich sagte immer zu ihm: „Pass auf dich auf!" Am Ende werden die Kälber davon erfahren."

„Ich fuhr mit meiner Lektüre fort:

„„Dieses Kalb wurde ihm jede Nacht *schweigend* von seinem Schwager gebracht; und da der kleine Hinterhof, in dem sich sein Schlachthaus befindet, auf ein Ödland dahinter blickt, hat niemand jemals ein lebendes Kalb gesehen im Haus von M. Houdry . M. Houdry legte so großen Wert darauf, seine Kälber selbst zu töten, weil sein Kalbfleisch seine Exzellenz seiner Tötungsart verdankte.

„„Tatsächlich', brach ich ab, um zu sagen, ‚er schnitt ihnen mit einem Schlag und einem großen Entermesser die Köpfe ab.'

„„Gestern früh schloss sich M. Houdry wie üblich mit seinem Kalb in seinem Schlachthaus ein. Sein Gehilfe half ihm, das Kalb anzubinden. In der Regel brauchte M. Houdry für die Zubereitung seines Kalbfleischs zwischen 25 und 30 Minuten für den Stall. Fünfunddreißig Minuten vergingen, und die Flügeltüren des Schlachthauses ließen sich nicht öffnen. Manchmal rief Herr Houdry seinen Assistenten, um ihm zu helfen, die Arbeit zu beenden. An diesem Morgen rief er ihn nicht an. Vierzig Minuten vergingen. Dann Frau Houdry , die Frau des Metzgers, kam zur Hintertür und sagte zum Assistenten: „Was macht Ihr Herr heute Morgen?" Er ist schon lange über seine Arbeit hinaus.

""Ja; viel länger als sonst", sagte der Assistent.

„Dann rief sie: „ Houdry ! " Houdry !" Es kam keine Antwort, und sie ging über den Hinterhof und öffnete die Türen des Schlachthauses. Sofort rannte das Kalb heraus und begann anmutig um sie herum zu tanzen. (Lieber! Schatz! Ich fange an, mich zu fürchten ein großes Unglück!) Sie blickte das Kalb mit einiger Überraschung an, denn zu dieser Stunde hätte es Kalb sein sollen. Dann öffnete sie die Tür weiter und rief nach ihrem Mann. Er antwortete nicht; sie drehte sich zu seinem Assistenten um und sagte: :

„"Dein Meister ist nicht hier. Sind Sie sicher, dass er nicht ausgegangen ist?

„Ganz sicher, Mama. Ich war die ganze Zeit im Hinterhof. Ich gehe davon aus, dass er sich hinter der Tür versteckt, um herauszuspringen und dir einen Schrecken einzujagen, Mama. Sie wissen, was für ein Witzbold der Meister ist. Aber trotzdem *sollte er das Kalb besser verstecken* . Wenn es jemand sieht, gerät er in Schwierigkeiten.

Als er dies sagte , sprang er auf den Kopf des Kalbes und streifte ihm ein Halfter darüber.

""" Houdry ! „Houdry !" schrie seine Frau. „Du versteckst dich, um mich zu erschrecken! Sei nicht albern!"

„„Es gab keine Antwort; und sie ging in den Schlachthof. Dann schrie sie; sie hatte Herrn Houdry gefunden . Er versteckte sich überhaupt nicht.

„„ *Er wurde in ordentlichen Kalbsbraten auf dem Tisch ausgelegt.* ‘

„„Ich habe es ihm gesagt‘, sagte ich. ‚Ich habe es ihm mehr als einmal gesagt. Meine Vorahnungen werden immer wahr. Ich habe mit einem großen Unglück gerechnet ! Pass auf: Dass man nicht so viele Kälber tötet, ohne dass die Kälber davon erfahren. Aber er hat mich immer ausgelacht. Doch die Theorie des Zufalls konfrontiert uns immer. Sie konfrontierte ihn. Er nahm keine Notiz davon. Er nahm nein Mir fiel nichts auf: weder die Art, wie das Kalb ihn ansah, noch die Theorie des Zufalls. Aber ich sagte zu ihm: „Mein lieber Herr Houdry , wenn ein Metzger in Paris mehr als tausend Kälber töten kann, wenn das so ist.“ Es ist gesetzlich verboten, es wird bestimmt ein Kalb gefunden, das den Metzger tötet!“

„„Frau Houdry schrie und fiel in Ohnmacht. Der Metzgerjunge schrie ebenfalls und fiel in Ohnmacht – er war ein Findelkind. Ein paar Minuten später wurde das Drama entdeckt. Man kann sich die Emotionen in der Nachbarschaft vorstellen …‘ (Es gab einen Grund dafür . Armer M. Houdry : Er war ein guter Kerl. Und jetzt müssen sie das Kalb probieren. Das Kalb wird auf der Anklagebank ein großer Erfolg sein. Es ist ein seltsames, fantastisches, unerbittliches und mutiges Kalb!)

„Der Journalist war nicht der Meinung, dass das Kalb den Metzger zerteilt hatte. Und wieder einmal rief er den Namen Cartouche herbei. (Armer alter Cartouche!) Noch einmal zuckte ich mit den Schultern. Dann hob ich meinen Blick über die Spitze Nachdem ich die Zeitung gelesen hatte, suchte ich in den beiden Ecken des Salons nach den beiden törichten Geschöpfen, die sich so kindisch zu ihnen zurückgezogen hatten – meiner Frau und M. Lecamus . Ich suchte vergebens. Sie waren verschwunden. Ich rief ihnen laut zu. Sie antwortete nicht. Ich durchsuchte die Wohnung, ohne sie zu finden. Dann versuchte ich, die Tür zum Treppenabsatz zu öffnen, aber sie ließ sich nicht öffnen. Sie hatten mich eingesperrt.

„Das störte mich überhaupt nicht. Wenn ich eingesperrt bin, gehe ich durch die Schornsteine hinaus, wenn sie groß genug sind; wenn sie zu klein sind, gehe ich durch das Fenster hinaus. Aber mein Kamin im Wohnzimmer ist ein monumentaler Schornstein ; es gibt keinen anderen wie diesen in der Gerando Street; und ich kletterte mit der gleichen Leichtigkeit hinauf, mit der ich an dem Morgen, an dem das Kalb diesen hervorragenden, aber unglücklichen Mann zerschnitt, den Schornstein von M. Houdry

hinuntergeklettert war ! Ich bald kam in einer sehr kalten und regnerischen
Nacht auf das Dach, was mich mit tiefer Traurigkeit erfüllte.

KAPITEL XX

Das seltsame Verhalten eines Schnellzuges

Diese tiefe Trauer sollte die Zukunft von Theophrast ernsthaft beeinträchtigen. Als er über die Dächer der Gerando- Straße ging , steigerte sich die Intensität zu einer so lähmenden Intensität, dass er sich plötzlich auf den Rand eines Daches setzte, seine Beine über die Straße baumeln ließ, und in die bittersten Gedanken versank. Die Folge dieser unklugen Handlung war, dass er sich eine schwere Erkältung zuzog.

Während er dasaß und nachdachte, kam er langsam zu sich selbst, seinem modernen Selbst. Während der Lektüre des Artikels, der die Verbrechen der neuen Kartusche schilderte, hatte er eine bis zur Gefühllosigkeit grenzende Nachlässigkeit an den Tag gelegt. Nun lastete das Verantwortungsbewusstsein, insbesondere in der Sache mit der Zerlegung des Metzgers Houdry , immer stärker auf ihm. Die Erinnerung an viele Mitternachtsausflüge über den Schornstein, den er gerade erklommen hatte, kam ihm in den Sinn; und mehrere blutige Verbrechen füllten seine blinzelnden Augen mit den zu späten Tränen einer wirkungslosen Reue.

Trotz all des Leids, das er erlitten hatte, trotz aller leidenschaftlichen Gebete von M. de la Nox an Æon , die Quelle von Æons , *war Cartouche also nicht tot; Die Schwarze Feder spross immer wieder neu* . Genau in dieser Nacht war er, wie in so vielen anderen Kriminächten, mit seinem vertrauten Geist und seiner schwarzen Feder auf den Dächern von Paris. Er weinte. Er verfluchte diese geheimnisvolle und unwiderstehliche Macht, die ihm seit jeher den Tod befahl. Er verfluchte die Geste, die tötet. Er dachte an seine Frau und seinen Freund. Mit bitterem Bedauern erinnerte er sich an die glücklichen Stunden, die er mit diesen lieben Menschen verbracht hatte. Er vergab ihnen ihren Schrecken und ihre Flucht. Er beschloss, ihre friedlichen Stunden von nun an nie wieder mit seinen roten Launen zu stören.

„Lasst uns verschwinden!" sagte er. „Lasst uns unsere Schande und unsere ursprüngliche *Neigung* mitten in der Wüste verstecken! Sie werden mich vergessen! , diskutiert, wägt ab, folgert und zieht Schlussfolgerungen in der *Gegenwart* . Es ist nicht mehr Kartusche, die spricht. Heute Abend ist es Theophrastus, der will! Theophrastus, der zu Kartusche ruft: „Lasst uns fliegen! Lasst uns fliegen! Da ich Marceline liebe." , lass uns fliegen! Da ich Adolphe liebe, lass uns fliegen! Eines Tages werden sie ohne dich glücklich sein; mit dir gibt es kein Glück mehr!... Lebe wohl! Lebe wohl, Marceline, geliebte Frau! Lebe wohl, Adolphe, lieber Freund und Tröster!... Lebe wohl! Theophrastus sagt dir Lebewohl!"

Er weinte und weinte. Dann sagte er laut:

„Komm mit, Kartusche."

Er stürzte sich in die Nacht, sprang von Dachrinne zu Dachrinne, kroch von Dach zu Dach und glitt mit der Leichtigkeit, dem Gleichgewicht und der Sicherheit eines Schlafwandlers von den Dächern der Mauern.

Und wer ist nun dieser Mann, der mit gesenktem Kopf und gebücktem Rücken, die Hände in den Taschen, wie der Stiefsohn des Fortuna durch den bitteren Wind und den Regen wandert, der auf dem trostlosen Weg fällt? Er bewegt sich entlang der Straße, die neben der Eisenbahnlinie verläuft, einer Straße, die trostlos gerade ist, gesäumt von trostlosen kleinen, verkrüppelten Bäumen, den trostlosen Verzierungen der Departementsstraße, der Straße, die neben der Eisenbahnlinie verläuft. Woher kommt dieser Mann, oder besser gesagt dieser Schatten eines Mannes, dieser traurige Schatten eines Mannes, mit den Händen in den Taschen? Zu seiner Rechten und zu seiner Linken erstreckt sich die Ebene, ohne Wellen, ohne die Wölbung eines Hügels, ohne die Mulde eines Flusses – grau und düster unter dem grauen und düsteren Himmel.

Hin und wieder fahren auf der so quälend geraden Strecke Züge vorbei, Bummelzüge, Schnellzüge, Güterzüge. Während sie an der Eisenbahn vorbeifahren, schnarcht sie; dann ist es still, und man hört, vom Wind getragen, das Klingeln der kleinen elektrischen Glocke im kleinen Bahnhof davor. Aber welcher kleine Bahnhof? Da ist einer vorne; Da ist einer dahinter. Sie sind drei Meilen voneinander entfernt; und zwischen ihnen verläuft die doppelte Schienenlinie kerzengerade. Zwischen den beiden Bahnhöfen gibt es keine Viadukte, keinen Tunnel, keine Brücke, nicht einmal einen Bahnübergang. Aufgrund des seltsamen Verhaltens des Schnellzuges verweile ich auf diesen Einzelheiten.

Dieser traurige Schatten eines Mannes ist Theophrastus. Er hat beschlossen, zu fliegen, egal wohin , von seiner Frau – dem armen, lieben, unglücklichen, heldenhaften Kerl! Nachdem er eine Nacht über den Dächern von Paris verbracht hatte, ohne zu wissen, wohin er seine Schritte lenken sollte, und die er dennoch nicht aufhalten wollte, ging er in einen Bahnhof – welchen Bahnhof? Werden wir es jemals erfahren? – Und ohne Fahrkarte stieg er in einen Zug, und ohne Fahrkarte stieg er irgendwo aus und kam aus einem anderen Bahnhof heraus. Es kann sein, dass ihm bei dieser Umgehung der Pflichten des Passagiers seine schwarze Feder von Nutzen war.

Seht ihn dann auf der Straße... Am Eingang eines Dorfes... Auf der Straße, die neben der Eisenbahnlinie verläuft.

Wen sieht er auf der Schwelle eines Häuschens am Dorfeingang? ... Die Signora Petito selbst!

Es war das erste Mal, dass die Signora Petito Herrn Longuet sah, seit er ihrem Mann die Ohren gestutzt hatte. Sie geriet in Wut. Sie rannte zum Gartentor hinunter; und ihr Zorn fand nicht nur in Beschimpfungen, sondern auch in den unvorsichtigsten Enthüllungen Luft. Hätte Signor Petito gehört, was seine wütende Regina sagte, hätte er sie für ihre unglaubliche Torheit geohrfeigt. Nachdem sie Theophrastus wegen seiner Barbarei gegenüber Signor Petito beschimpft hatte, erzählte sie ihm mit rachsüchtigem Triumph, dass ihr Mann die Schätze der Chopinettes gefunden hatte und dass diese Schätze die reichsten der Welt seien, Schätze, die weit mehr wert seien als ein paar Ähren, oder? so groß wie die Ohren von Signor Petito. „Das sind Quits!"

Im Verlauf dieses Ausbruchs warf Theophrastus mit großer Mühe ein paar Worte ein; aber es störte ihn überhaupt nicht. Tatsächlich war er der Wut von Signora Petito dankbar, dass sie ihm so wichtige Informationen gegeben hatte. Er sagte grimmig:

„ Ich werde meine Schätze finden, denn ich werde Signor Petito finden. "

Die Signora Petito brach in satanisches Lachen aus und rief:

„Signor Petito ist im Zug!"

„In welchem Zug?"

„ In dem Zug, der unter deiner Nase vorbeifahren wird. "

„Welcher Zug wird vor meiner Nase vorbeifahren?"

„Der Zug, der meinen Mann über die Grenze bringt! Steigen Sie ein, M. Longuet! Steigen Sie ein, wenn Sie mit Signor Petito sprechen wollen. Aber Sie sollten sich besser beeilen, denn er fährt in weniger als einer Stunde vorbei, und An keinem dieser kleinen Bahnhöfe kann man dafür ein Ticket kaufen. *Da hört es nicht auf!* "

Sie lachte ein noch satanischeres Lachen, so satanisch, dass Theophrastus sich nach den Momenten sehnte, in denen er taub war. Er lüftete seinen Hut und ging schnell die Straße entlang, die neben der Eisenbahnlinie verläuft. Als er allein war, zwischen den kleinen Bäumen und den Telegrafenmasten, sagte er zu sich selbst:

Petito persönlich um Neuigkeiten über meine Schätze bitten ... Aber wie zum Teufel soll ich das tun? Er ist in dem Zug, *der unter meiner Nase vorbeifahren wird.*"

An dieser Stelle ist es notwendig, eine Karte anzugeben:

Es ist unnötig, die Namen der Stationen anzugeben, da die Demonstration praktisch geometrisch ist und für die Geometrie Buchstaben besser geeignet sind.

Gehen wir zum Bahnhof A. Der Stellwerkswärter des Bahnhofs A hört das *Klingeln!* der Glocke, die ankündigt, dass der von ihm erwartete Express die Station B passiert hat und sich auf dem Abschnitt des Blocksystems befindet, der an der Station A beginnt und an der Station B endet. Der Express fährt von B nach A. Er befindet sich auf der Strecke B A. Das ist klar. Das Signal bei A kündigt den Zug an, indem es seinen kleinen roten Arm mit einem Ting senkt *!*

Der Stellwerkswärter am Bahnhof A wartet auf den Zug und wartet auf den Zug und wartet auf den Zug! Es sollte da sein. Es ist ein Zug, der sechzig Meilen pro Stunde fährt, und wenn es Verspätung hat, fährt er siebzig oder achtzig Meilen pro Stunde. Die Entfernung zwischen Station A und Station B beträgt höchstens drei Meilen und eine Furlong. Dreieinhalb Minuten ist die längste Zeit, die ein Expresszug für die Strecke braucht. Der Stellwerkswärter, der zu Tode erschrocken ist, weil er den Zug nicht gesehen hat, ruft dem Bahnhofsvorsteher zu, dass der Zug hätte durchfahren sollen! Der Bahnhofsvorsteher stürmt zum Telegrafen und telegrafiert Station B: „Zug signalisiert, nicht angekommen!" Station B antwortet: „Joker!" Station A: „Es ist ernst. Was sollen wir tun? Schreckliche Angst." Station B: „Jericho benachrichtigen!" Station A: „Es muss einen Unfall gegeben haben! Wir eilen die Strecke entlang! Kommen Sie uns entgegen!" Station B: „Was kann passiert sein? Wir kommen."

Dann eilen der Bahnhofsvorsteher, die Gepäckträger und die Fahrkartenverkäufer der Bahnhöfe A und B die Strecke entlang, das Personal von Bahnhof A geht in Richtung Bahnhof B, das Personal von Bahnhof B geht in Richtung Bahnhof A. Sie eilen weiter, in der volles Tageslicht, mitten in einer vollkommen flachen Ebene, einer Ebene ohne Fluss, ohne Bergrücken und ohne Mulde. Sie eilen die Strecke entlang und treffen sich zwischen A und B ... Aber sie treffen nicht auf den Zug!

Der Bahnhofsvorsteher der Station A (ich sage insbesondere der Station A), der an einer Herzerkrankung litt, fiel tot um.

KAPITEL XXI

Der ohrenlose Mann mit dem Kopf aus dem Fenster

Lassen Sie uns dieses geometrische Problem in den einfachsten Worten formulieren: Ein Schnellzug muss die Strecke zwischen zwei kleinen, fünf Kilometer voneinander entfernten Bahnhöfen zurücklegen. Es wird beim zweiten bekannt gegeben, wenn es am ersten vorbeikommt; und doch warten sie beim zweiten vergeblich darauf. Sie eilen von beiden Stationen die Strecke entlang, um das Wrack zu finden. aber sie finden nicht einmal den Zug, einen Schnellzug, in dem sich vielleicht hundert Passagiere befinden.

Dass der Bahnhofsvorsteher von A unter dem Schock dieses unerhörten, verwirrenden, verblüffenden, absurden, teuflischen und doch so einfachen (wie wir später erfahren werden) Verschwindens des Zuges tot umgefallen sein sollte, ist nicht sehr wahrscheinlich fragte sich. Der Vorfall erschütterte sie alle. Dem Bahnhofsvorsteher von B ging es nicht viel besser als seinem Kollegen. Alle Anwesenden stießen unzusammenhängende Schreie aus. Sie riefen ständig den Zug an, als ob der Zug hätte antworten können! Sie haben es nicht gehört, und auf dieser flachen Ebene haben sie es nicht gesehen! Der Fahrkartenverkäufer der Station A kniete neben der Leiche seines Chefs nieder und sagte plötzlich: „Ich bin mir ganz sicher, dass er tot ist!" Der Rest versammelte sich um den Körper des Toten; und dann rissen sie zwei der kleinen Bäume vom Straßenrand, der neben der Eisenbahnlinie verläuft, aus und legten ihn darauf. Sie trugen die Leiche auf dieser groben Bahre und kehrten in Richtung Station A zurück. Wir müssen bedenken, dass der Express an Station B vorbeigefahren war und niemand gesehen hatte, wie er Station A erreichte.

Aber sie hatten die Station A noch nicht erreicht, als sie auf der Strecke, *auf der sie gerade gekommen waren* , einen Eisenbahnwaggon bemerkten, oder vielmehr einen Eisenbahnwaggon und einen Wachwagen! Sie begrüßten den Anblick auf ihre aufgeregte französische Art mit dem Geheul von Verrückten. Woher kommt dieses Ende eines Zuges? Und was war aus dem Anfang des Zuges geworden, also aus der Lokomotive, dem Tender, dem Speisewagen und den drei Flurwagen?

Schauen Sie sich den Plan an. C markiert den Punkt auf der Strecke, an dem sich die Mitarbeiter der Bahnhöfe A und B trafen, als sie nach dem Zug suchten. Es ist auch der Punkt, an dem der Bahnhofsvorsteher von A tot umfiel. Die beiden Stäbe brachten dann gemeinsam den toten Bahnhofsvorsteher nach A zurück, als sie am Punkt D, einem Punkt, an dem sie einige Minuten zuvor vorbeigekommen waren und an dem sie nichts gesehen hatten, einen Eisenbahnwaggon fanden und ein Wachwagen.

Diese Leute begrüßten diesen Anblick mit den Schreien von Verrückten; und dann bemerkten sie einen seltsam aussehenden Kopf, der aus einem der Fenster des Eisenbahnwaggons schaute. Es wackelte. Dieser Kopf hatte keine Ohren; und der ohrenlose Mann *hatte seinen Kopf aus dem Kutschenfenster*. Sie riefen ihm zu. Als sie ihn erblickten, fragten sie ihn sofort, was passiert sei. Aber der Mann antwortete nicht. Das Seltsame war, dass sein Kopf von links nach rechts wackelte, als würde er vom Wind bewegt, der gerade mit einiger Kraft wehte. Es war ein Kopf mit krausem Haar. Es war nach unten gebogen; und die Krawatte mit hohem Kragen, die an diesem grauen Tag sehr weiß war, war offen und wehte im Wind.

Als sie schließlich ganz nahe kamen (sie bewegten sich langsam, weil sie den Bahnhofsvorsteher trugen), sahen sie deutlich die schockierende Realität. Der Mann hatte nicht nur seinen Kopf aus dem Fenster geworfen, er war auch noch im Fenster eingeklemmt. Der Unglückliche muss während der Fahrt das Fenster geöffnet und den Kopf hinausgestreckt haben; und das Fenster muss heftig hochgerissen worden sein und ihm den Kopf halb abgetrennt haben! Als die beiden Stäbe dies sahen, heulten sie erneut; Dann setzten sie die Leiche des Bahnhofsvorstehers ab, liefen um den Wachwagen herum, *in dem sich niemand befand*, *und als sie eine Tür auf der anderen Seite des Wagens öffneten, stellten sie fest, dass dieser bis auf den Mann*, *dessen Kopf er* hatte, leer war *wurde im Fenster eingeklemmt* und sein Körper wurde im Inneren der *Kutsche aller Kleidungsstücke beraubt*.

Die Nachricht von diesen fantastischen Schrecken verbreitete sich sofort im ganzen Bezirk. Den Rest des Tages drängte sich eine riesige Menschenmenge auf den Bahnsteigen des Bahnhofs A. Die obersten Beamten der Linie kamen aus Paris. Sie konnten sich an diesem und den folgenden Tagen nicht nur den Tod des Mannes erklären, der mit dem Kopf aus dem Waggonfenster geschaut hatte, sondern sie konnten auch weder den Zug noch die Passagiere finden. Von nichts als dieser seltsamen Angelegenheit sprachen sie bei der Beerdigung des Bahnhofsvorstehers von A, die in ganz Europa und Amerika mit großer Feierlichkeit gefeiert wurde.

Kapitel 22,

in dem die Katastrophe, die im Begriff ist, erklärt zu werden, noch unerklärlicher wird

Bisher habe ich nur den einfachsten Plan der Linie gegeben, um den Grund der Angelegenheit so klar wie möglich zu machen . Dieser Plan ist nicht ganz vollständig, denn obwohl es nur diese eine Linie gab, die die Stationen A und B verband, gab es eine kurze Nebenlinie, H I, die zu einer Sandgrube führte, die eine Glasfabrik versorgt hatte. Aber da die Glasfabrik gescheitert war, wurde die Sandgrube nicht mehr betrieben; und die Nebenlinie wurde praktisch aufgegeben. Hier ist der komplette Plan:

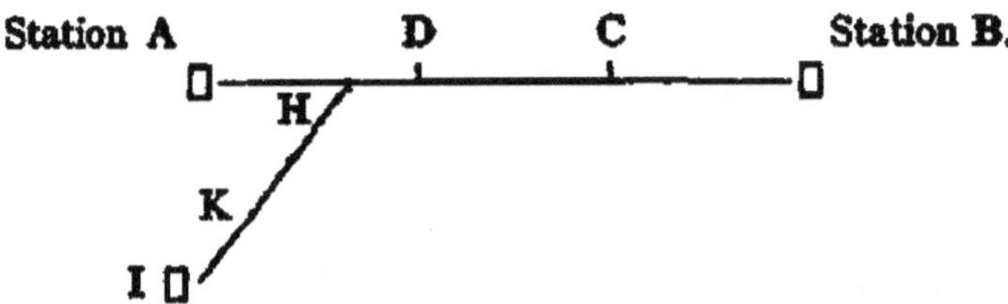

Man wird natürlich annehmen, dass dieser Seitenweg, der zur Sandgrube führt, die Erklärung, die ganz einfache Erklärung für das Verschwinden des Express liefern wird. Aber wenn die Sache so einfach gewesen wäre, wie die Seitenlinie es zu machen scheint, hätte ich sie auf der ersten Karte kaum weggelassen. Ich hätte sofort sagen können: „Es ist ganz klar, dass der Express aufgrund einer Reihe von Umständen, die noch zu klären sind, statt der Linie B A weiter zu folgen, auf der Seitenlinie H I abgebogen sein muss, und." vergrub sich in der riesigen Masse aus losem Sand an der Sandgrube I. Mit einer Geschwindigkeit von über sechzig Meilen pro Stunde dahinrasend, stürzte es offensichtlich in die Sandmasse, die es bedeckte; und das ist der dumme, aber tatsächliche Grund seines Verschwindens.

Aber ganz zu schweigen von der Tatsache, dass dies nicht die Anwesenheit des Wachwagens und des Eisenbahnwaggons am Punkt D erklärt, aus deren Fenster Signor Petito seinen Kopf gesteckt hatte, diese Erklärung konnte nicht fehlgeschlagen sein der wachsamen Intelligenz der Ingenieure des Unternehmens einfallen. Darüber hinaus gab es Weichen und eine Weiche am Punkt H; dieser Schalter war vorschriftsmäßig mit einem Vorhängeschloss versehen; und der Schlüssel war weggenommen worden.

Ich legte tatsächlich keinen Wert darauf, dass *das Vorhängeschloss verschlossen war* ; denn es schien mir ziemlich wahrscheinlich, dass der Schlüssel im Vorhängeschloss gelassen worden war, *was tatsächlich der Fall war* , und dass Theophrastus, der gute Gründe hatte, den Zug anzuhalten, um sich Signor

Petito anzuschließen , von der Anwesenheit von profitiert hatte Diese Taste, um die Punkte zu verschieben. Es genügte, den Hebel des Schalters umzulegen; und das würde erklären, warum der Zug vom Stellwerkswärter bei A nicht gesehen wurde, da er, anstatt entlang der Linie B A weiterzufahren, nach H I in Richtung Sandgrube abgebogen war. Ich habe mir das alles gesagt; und wenn es etwas erklärt hätte, hätte ich es sofort dargelegt, und anstatt zwei Karten anzugeben, hätte ich nur die letztere mit der Seitenlinie H I darauf angeben sollen.

Dass ich das nicht getan habe, liegt daran, dass die Randbemerkung H I nichts erklärt. Auch ich glaubte zunächst, dass es uns das Verschwinden des Schnellzugs verdeutlichen würde, aber in Wirklichkeit *verkompliziert es die Katastrophe, anstatt sie zu erklären* ; denn hier ist die Geschichte, die wahre Geschichte; und auch das erklärt weiterhin überhaupt nichts.

Als Theophrastus die Straße entlang spazierte, die neben der Eisenbahnlinie verläuft, hatte er die kleine Seitenlinie bemerkt und gesehen, dass der Schlüssel im Vorhängeschloss der Weiche stecken geblieben war. Diese Tatsache, die für ihn vor seinem kurzen, aber stürmischen Gespräch mit Signora Petito keine Bedeutung gehabt hatte , erlangte eine enorme Bedeutung, als er beschloss, sich um jeden Preis Signor Petito anzuschließen , der sich in dem Zug befand, *der unter seinem Zug vorbeifahren sollte Nase* . M. Longuet sagte sich: „Ich kann nicht auf die übliche Weise in den Schnellzug einsteigen, der zwischen den beiden Bahnhöfen A und B hin und her rast. Aber es gibt einen kleinen Nebenzug H I, der Schlüssel steckt im Vorhängeschloss des Schalters; das habe ich." Es genügt, den Hebel zu betätigen, und der Schnellzug rast nach H I. Da es heller Tag ist, wird der Lokführer sehen, was passiert ist, er wird den Zug anhalten, und ich werde die Pause ausnutzen, um in ihn einzusteigen.

Nichts könnte einfacher sein ; und Theophrastus tat es. Er zog den Hebel des Schalters um, ging die Seitenlinie hinauf und wartete auf den Express.

Theophrastus, versteckt hinter einem Baum, damit ihn keiner der Beamten des Schnellzuges sehen konnte, erwartete dessen Ankunft am Punkt K, also etwas mehr als auf halber Höhe der Seitenlinie, also *hier Seite der Sandgrube I* . Er wartete auf den Express aus H, *den Blick auf die Gleise gerichtet* . Wenn der von H kommende Zug, wie alle vermutet haben, seit ich die Sandgrube erwähnte, sich bei I im Sand vergraben hatte, muss Theophrastus, der sich in K, zwischen H und I, befand, es gesehen haben. Aber Theophrastus wartete auf den Zug und wartete auf den Zug und wartete auf den Zug. Er wartete darauf, wie der Signalwärter an Station A darauf gewartet hatte; und er sah den Schnellzug ebenso wenig wie der Signalwärter bei A und die übrigen Beamten der Linie.

Der Schnellzug war für M. Longuet verschwunden , wie er für den Rest der Welt verschwunden war.

So sehr, dass M. Longuet , des Wartens überdrüssig, bis nach H hinunterging, um zu sehen, was los war. Dort sah er den Stab von A, der auf der Suche nach dem Express auf B zueilte. Er fragte sich traurig, was aus dem Express geworden sein könnte; Als er auf die Frage keine Antwort fand, ging er die H I hinauf, und als er in K ankam, das er gerade verlassen hatte, fand er den leeren Wachwagen und den Eisenbahnwaggon, bei denen die beiden Stäbe einige Minuten später vorgefunden hatten D!

Noch einmal schwor er bei der Drossel von Madame. Phalaris, und vergrub seine Stirn in seinen Händen und fragte sich, wie dieser Wachwagen und diese Kutsche dorthin gekommen waren, da der Express selbst noch nicht gekommen war. *Es war nicht gekommen, da er, Theophrastus, die Spur nicht verlassen hatte.*

Plötzlich sah er den Kopf eines Mannes aus dem Fenster des Eisenbahnwaggons wackeln; und da dieser Kopf keine Ohren hatte, erkannte er Signor Petito .

Er sprang in den Eisenbahnwaggon, *und ohne sich die Mühe zu machen, das Fenster herunterzulassen und den Kopf* des unglücklichen Handschriftexperten loszulassen, zog er ihm seine Kleider aus und begann, sie anzuziehen. Theophrastus, der wusste, dass er von der Polizei verfolgt wurde und in dem die Scharfsinnigkeit der Kartusche wieder zum Leben erwachte, verkleidete sich. Als er angezogen war, machte er ein Bündel seiner eigenen Kleider und stieg aus der Kutsche. Er durchsuchte Signor Petitos Taschen, holte seine Brieftasche heraus, setzte sich auf die Böschung und vertiefte sich in das Studium der darin enthaltenen Papiere, auf der Suche nach den Spuren seiner Schätze. Aber Signor Petito hatte das Geheimnis der Schätze der Chopinetten bis ins Grab getragen ; Nie wieder wurde über die Gall, den Cock, die Chopinettes oder die Schätze gesprochen: mit dem Ergebnis, dass Signora Petito , die wenige Minuten später vom außergewöhnlichen Tod ihres Mannes erfuhr, sofort verrückt wurde und in eine Irrenanstalt eingesperrt wurde Asyl für sechs Monate.

Aber wir beschäftigen uns nur mit dem Unglück des Theophrastus, das alle anderen menschlichen Unglücke so weit übertrifft, und es ist so schwer zu glauben, dass wir alle Hilfe benötigen, die uns die Wissenschaft geben kann, um es gänzlich glaubhaft zu machen. Ich kann nicht glauben, dass der Verstand meiner Leser so niedrig oder ihre Vorstellungskraft so dürftig ist, dass die Angelegenheit der Schätze für sie von echtem Interesse sein könnte, wenn sie mit diesem Phänomen konfrontiert werden, das von so überragendem Interesse ist, die Seele von Theophrastus.

Petito nichts Interessantes fand , seufzte er tief. Er hob den Kopf; und siehe
da! *der Wachwagen und der Eisenbahnwaggon von Signor Petito waren verschwunden!*

KAPITEL XXIII

Der wohlklingende Maurer

Obwohl Theophrastus mit gutem Grund beschlossen hatte, sich nie wieder über irgendetwas in Erstaunen zu versetzen, war er dennoch erstaunt über das Verschwinden des Eisenbahnwaggons, während der ohrenlose Kopf des Signor Petito im Wind wedelte. Mit melancholischer Miene ging er die kleine Seitenlinie entlang und fragte sich, ob ihn das Verschwinden der Kutsche mehr überraschen sollte als ihr plötzliches Auftauchen. Tatsächlich beunruhigte ihn die Unterdrückung des Expresszugs zutiefst.

Es scheint mir, dass ich, der ich die Geheimnisse der Sandelholzkiste kenne, kein Recht habe, die Erklärung dieser Unterdrückung vor der Stunde zu geben, in der Theophrastus es selbst erfuhr, aus einer ganz alltäglichen Beobachtung, die der Kommissar der Polizei, M. Mifroid, machte , ein ernsthafter Schüler der Logik seit seinen frühesten Jahren, wurde ihm in den Katakomben von Paris vorgestellt. Gleichzeitig kann man mit Recht sagen, dass alle Punkte des Problems bereits im Besitz des Lesers sind, der es ohne weitere Verzögerung selbst lösen kann, sofern er dies nicht bereits getan hat. Dann ging Theophrastus in einem Zustand der Erschöpfung die Seitenlinie entlang, kam an der Gabelung an, untersuchte den Schalter, schob den Hebel zurück, den er umgelegt hatte, verriegelte das Vorhängeschloss und nahm den Schlüssel ein für alle Mal weg die man ein paar Tage zuvor so achtlos darin gelassen hatte. Er führte diese Aktion aus, weil er das Gefühl hatte, dass es nur richtig war; und er brachte den Schalter wieder an seinen Platz, weil er fühlte, dass sein Verstand ein weiteres Verschwinden des Schnellzugs nicht ertragen konnte.

Immer noch melancholisch erreichte er den verlassenen Bahnhof A. Das gesamte übrige Personal war auf der Suche nach dem Schnellzug abwesend; nur der Bahnwärter hielt Ausschau. Theophrastus befragte den Signalwärter, der nur sagen konnte, als er auf den roten Arm des Signals zeigte:

„ Der Express ist signalisiert , aber er kommt nicht! “

„Wurde es wirklich von der letzten Station signalisiert ?“ sagte Theophrastus.

„Ja, Herr, der Bahnhofsvorsteher und das gesamte Personal der letzten Station haben gesehen, wie der Express durchfuhr. Sie haben es uns telegrafiert. Außerdem, Herr, schauen Sie sich meinen kleinen roten Arm an! Schauen Sie sich meinen kleinen roten Arm an! Und es Es ist völlig unmöglich, dass es zwischen der letzten Station und dieser ein Wrack gegeben hat. Es gibt keine Brücke, mein Herr, kein Viadukt, keine Kunstwerke. Außerdem bin ich gerade auf die Spitze dieser Leiter geklettert, gegen den großen Panzer dort . Von dort aus kann man die gesamte Strecke bis zur anderen Station überblicken. Ich sah unsere Leute am Ende der Strecke gestikulieren, aber den Schnellzug habe ich nicht gesehen!"

„Seltsam – sehr seltsam", sagte Theophrastus traurig.

„Seltsam ist nicht das richtige Wort dafür! Schau dir meinen kleinen roten Arm an!"

"Unerklärlich!" sagte Theophrastus düster.

„Das Unerklärlichste auf der Welt!" rief der Signalmann.

„Das stimmt nicht: Es gibt etwas, das noch unerklärlicher ist als ein Expresszug, der mit seiner Lokomotive und seinen Passagieren verschwindet, ohne dass jemand sagen kann, was aus ihm geworden ist", sagte Theophrastus in demselben düsteren Ton.

„Was zum Teufel ist das?" sagte der Signalwärter und öffnete seine erstaunten Augen weiter als je zuvor.

„Na, ein Eisenbahnwaggon ohne Motor, der plötzlich auftaucht, ohne dass man erkennen kann, woher er kommt."

"Was?" rief der Signalmann.

„Und das so plötzlich verschwand, wie es erschien ... Sie haben nicht zufällig einen Eisenbahnwaggon hier vorbeifahren sehen, bei dem ein Mann aus dem Fenster schaute?"

„Sie lachen mich aus, Sir!" sagte der Signalmann mit einiger Hitze. „ *Sie übertreiben!* Nur weil Sie die Geschichte vom Express, der signalisiert wurde und nicht kommt, nicht glauben! Aber schauen Sie, Herr, schauen Sie! Schauen Sie sich meinen kleinen roten Arm an!"

M. Longuet antwortete: „Wenn Sie den Express nicht gesehen haben, habe ich es auch nicht mehr gesehen!"

Er zuckte bitter mit den Schultern und verließ den Bahnhof. Ihm war eine Idee gekommen: Sein Unglück war so groß und so unheilbar, dass er beschlossen hatte, zu sterben ... für andere.

Mit etwas Geschick ist die Sache machbar, ja sogar einfach. Da er die Kleidung von Signor Petito trägt , hindert ihn nichts daran, seine eigene Kleidung am Ufer des ersten Flusses, zu dem er kommt, zurückzulassen. Dieses einfache Verfahren stellt einen formellen Selbstmordakt dar. Seht, wie Marceline und Adolphe wieder in Frieden leben!

An welchem Flussufer legte Herr Longuet seine Kleider ab? Wie kam er wieder nach Paris? Dies sind Angelegenheiten von so geringer Bedeutung, dass er sie in seinen Memoiren nicht erwähnt. Es gibt nur eines, was wirklich wichtig ist: *die Erklärung für das Verschwinden des Express* .

Im trüben Novembersonnenuntergang war ein Arbeiter damit beschäftigt, ein Loch in der Fahrbahn eines Pariser Platzes im antiken Quarter d'Enfer zuzumauern . Während er es füllte, sang er die *Internationale* , die Hymne der fortgeschrittenen Labour- Parteien auf der ganzen Welt.

Dieser Arbeiter, ein Maurer, war mit seinen Kameraden damit beschäftigt, bei der ständigen Besetzung moderner Gemeinden mitzuhelfen und die Straßen instand zu setzen; und die Straße war oben.

Die städtischen Ingenieure hatten einen neuen Abwasserkanal durch das Quarter d'Enfer gebaut und dabei geduldig außer Acht gelassen, dass sich unter diesem Viertel die Katakomben mit ihren unzähligen Tunneln erstreckten. Es war nur natürlich, dass der Boden des Endes der Baugrube, in dem sie den neuen Abwasserkanal verlegten, herausgefallen war und dass sie gezwungen waren, die Rohre auf halbierte Eisenbahnschwellen zu legen. Sie waren jedoch am Ende ihrer Aufgabe: Das Loch am Boden der Ausgrabung, das bis zu einem Durchgang der Katakomben reichte, war fast zugemauert; und die verbleibende Öffnung konnte nicht viel mehr als einen Meter breit sein. Während der Maurer es zumauerte, sang er die *Internationale*

.

Mifroid ein paar Meter weiter am Platzrand vor der Theke eines Ladens, in dem elektrische Lampen verkauft wurden, und kaufte ein halbes Dutzend davon für seine Männer. Von jeder Lampe wurde garantiert, dass sie achtundvierzig Stunden lang brennt, obwohl sie nicht viel größer als Zigarrenetuis war. Seine Lampen waren eingepackt; und er hatte gerade seine Finger durch die Schlaufe der Packungsschnur gesteckt, als er ein Stück weiter unten an der Theke einen Mann bemerkte, noch jung, aber mit ganz weißen Haaren, der mehrere Exemplare dieser elektrischen Lampen in seine Tasche steckte, ohne dafür zu bezahlen ihnen. Sie wären für einen Dieb zweifellos genauso nützlich wie für einen Polizisten. M. Mifroid sprang mit seinem gewohnten Mut auf den Mann zu und rief: „Es ist Kartusche!"

Er hatte ihn daran erkannt , dass seit der Rache des Kalbes jeder Polizeikommissar in Paris ein Porträt der neuen Kartusche in der Tasche trug. Sie schuldeten sie Frau. Longuet selbst und M. Lecamus , die vor dem Artikel in der Abendzeitung zur nächsten Polizeistation geflohen waren, da sie sich im Interesse der Menschlichkeit verpflichtet fühlten, die Polizei etwas verspätet über den zweihundertjährigen Geisteszustand von zu informieren Theophrastus.

Daher erkannte ihn Mifroid , der außerdem den Vorteil hatte, Theophrastus in seinem Haus flüchtig kennengelernt zu haben, sofort.

Theophrastus, der seit einigen Nächten die Absichten der Polizei kannte, sagte sich, als er Herrn Mifroid sah und seinen Schrei hörte: „Es ist Zeit, dass ich weg bin!"

Er rannte aus dem Laden; und der Polizeikommissar rannte hinter ihm her.

Um auf unseren Maurer zurückzukommen: Er sang die ganze Zeit die *Internationale* . Er war allein, weil seine Kameraden um die Ecke gegangen waren, um sich zu erfrischen. Er war im Refrain des Liedes; und es war das neunundsiebzigste Mal seit zwei Uhr nachmittags, dass er es sang. Er hob seinen Kopf zum Himmel und brüllte:

„ Cellalutte finale Groupppons -nous etddemain ..."

Als er den Kopf dem Himmel zuwandte, sah er nicht zwei kopfüber fliegende Schatten, die einer nach dem anderen durch das Loch fielen; Ihre Schreie gingen in der Lautstärke der Geräusche unter, die aus seinen Lungen strömten. Es waren die Schatten von Theophrastus und Mifroid, die ihn durch die Dämmerung verfolgten. In ihrer nachlässigen Eile fielen sie glatt durch die Straße, die hoch war. Der Maurer drehte den Kopf ein wenig nach rechts und brüllte begeistert:

„ L'lnterrrnationaaaaleu Sera le genrrhummain !... "

Und er hat das Loch zugemauert. Mit dem Singen der *Internationale* hatte er den symbolischen Akt vollzogen, einen Polizisten und einen Dieb zu beerdigen.

KAPITEL XXIV

DIE LÖSUNG IN DEN KATAKOMBEN

„Wenn man in den Tiefen der Katakomben zu sich selbst kommt", sagt Kommissar Mifroid in dem bewundernswerten Bericht über die Angelegenheit, den er verfasst hat, „ist der erste Gedanke, der einem in den Sinn kommt, ein furchterregender: die Angst, altmodisch zu sein." Damit meine ich eine plötzliche Angst davor, dass man all das lächerliche Verhalten wiederholen könnte, dessen Autoren von Liebesromanen und Melodramen ihre unglücklichen Helden immer wieder schuldig machen, wenn sie in Höhlen, Grotten, Ausgrabungen, Höhlen oder Gräbern eingemauert sind.

„Im Moment meines Sturzes ließ mich meine Geistesgegenwart nicht im Stich, obwohl ich so schnell den Raum zurücklegte, der mich vom Boden der Katakomben trennte. Ich war mir bewusst, dass ich in diese tausend Jahre alten hineinfiel U-Bahnen, die ihre unzähligen und kapriziösen Windungen unter der Erde von Paris verflechten. Das nächste, was ich wahrnahm, war ein leichtes und schmerzhaftes Taubheitsgefühl, das auf meine Genesung von der Bewusstlosigkeit folgte, in die ich durch den unvermeidlichen Schock gestürzt worden war. Ich war dann in den Katakomben. Ich sagte mir sofort: „Vor allem darf ich nicht altmodisch sein."

„Es wäre zum Beispiel altmodisch gewesen, Verzweiflungsschreie auszustoßen, an die Vorsehung zu appellieren oder mit der Stirn gegen die Wand des Durchgangs zu stoßen. Es wäre altmodisch gewesen, es unten in meiner Tasche zu finden." Ich nehme eine Tafel Schokolade und teile sie sofort in acht Stücke, was für acht Tage lang eine gesicherte Ernährung bedeutet hätte. Es wäre ebenso altmodisch gewesen, einen Kerzenstummel in meiner Tasche zu finden – einem Ort, an dem kein vernünftiger Mensch jemals aufbewahrt wird Kerzenenden – und fünf oder sechs Streichhölzer, und so entsteht die erschütternde Frage, ob man die Kerze brennen lassen soll, sobald sie angezündet ist, oder sie ausblasen und um den Preis eines weiteren Streichholzes wieder anzünden soll, ein Problem, das oft mit der Kerze in Konflikt gerät Zusammenfassungen ganzer Familien, die Liebesromane lesen.

„Ich hatte nichts in meiner Tasche. Davon überzeugte ich mich mit größter Befriedigung, und in der Dunkelheit der Katakomben schlug ich auf meine Taschen und wiederholte: ‚Nichts! Nichts! Nichts!'

„Im selben Moment kam mir der Gedanke, dass es für einen Mann in meiner Situation durchaus zeitgemäß wäre, ohne weitere Verzögerung die undurchsichtige Dunkelheit, die so schwer auf meinen Augen lastete und sie ermüdete, mit einem plötzlichen und strahlenden Strom zu erhellen Stern.

Hatte ich nicht, bevor ich in dieses Loch fiel, ein halbes Dutzend elektrische Lampen der neuesten Bauart gekauft? Das Paket muss mich bei meinem Sturz begleitet haben. Ohne mich zu rühren, tastete ich herum und legte meine Hand darauf. Zum großen Glück Die Lampen waren intakt; ich nahm eine davon und drückte den Knopf. Die Ausgrabung war von einem märchenhaften Schein erleuchtet; und ich konnte nicht umhin, dem unglücklichen Unglücklichen zuzulächeln, der, eingesperrt in irgendeiner Höhle, unweigerlich mit angehaltenem Atem dahinkriecht. hinter einer elenden kleinen Flamme, die er bald hastig ausbläst.

„Ich stand auf und untersuchte die Decke. Ich hatte gewusst, dass die Straßen hoch waren und dass die Arbeiten fast abgeschlossen waren. Umso überraschter war ich daher nicht, als ich durch das Loch, durch das ich gefallen war, nach oben schaute Kein Funke Tageslicht, und mir wurde klar , dass es ziemlich zugemauert war. Jetzt trennten mich mehrere Meter Erde von den Lebewesen, ohne dass ich die geringste Möglichkeit gehabt hätte, sie zu durchbohren, selbst wenn die Decke nicht viel zu hoch gewesen wäre Ich überzeugte mich davon, ohne mich zu ärgern, und als ich meinen Elektrostrahl auf den Boden richtete, bemerkte ich einen Körper.

„Es war der Körper von M. Theophrastus Longuet , der Körper der neuen Kartusche. Ich untersuchte ihn und stellte fest, dass er keine Anzeichen einer ernsthaften Verletzung aufwies. Der Mann musste betäubt sein, so wie ich selbst gewesen war; und zweifellos würde er es bald tun.“ erholen. Ich erinnerte mich daran, dass M. Lecamus mich eines Tages auf den Champs-Élysées seinem Freund vorgestellt hatte; und hier stand ich ihm gegenüber, einem der verlassensten aller Attentäter.

„Gerade als mir das durch den Kopf ging, stieß M. Longuet einen tiefen Seufzer aus und streckte die Arme aus. Er klagte über Schmerzen an seinem Körper, wünschte mir einen guten Abend und fragte mich, wo wir seien. Ich sagte es ihm. Er tat es Er schien von der Information nicht völlig bestürzt zu sein, aber er zog ein Taschenbuch aus der Tasche, zeichnete einige Linien nach, die wie ein Plan aussahen, zeigte sie mir und sagte:

„‚Mein lieber Herr Mifroid , wir befinden uns in den Tiefen der Katakomben. Es ist ein außergewöhnliches Ereignis; und wie wir herauskommen sollen, weiß ich nicht. Aber die Angelegenheit, die mich in diesem Moment beschäftigt, ist wirklich viel interessanter, Glauben Sie mir, als in die Katakomben zu fallen. Ich bitte Sie, einen Blick auf diesen kleinen Plan zu werfen.'

„Er reichte mir das Blatt aus seiner Brieftasche, auf dem ich Folgendes sah:

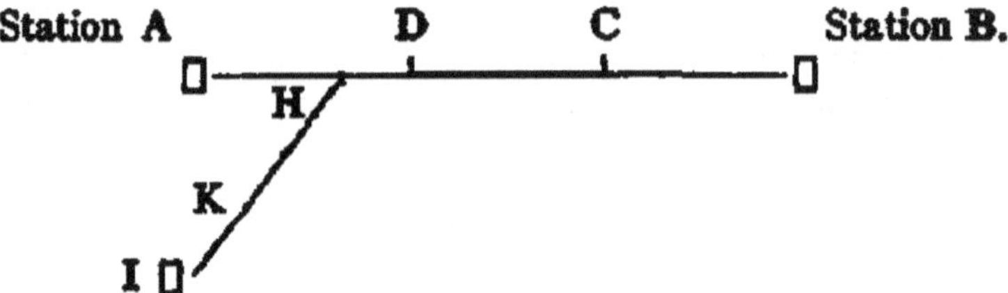

„Er hat zweimal geniest.

„,Oh, du hast eine Erkältung‘, sagte ich und nahm die Zeitung.

„,Ja, ich hatte eine schlimme Erkältung, seit ich in einer regnerischen Nacht einen ziemlich langen Spaziergang über die Dächer der Gerando Street gemacht habe‘, sagte er.

„Ich habe ihm geraten, es nicht zu vernachlässigen. Ich muss sagen, dass mir dieses ruhige und natürliche Gespräch zwischen zwei Männern in den Tiefen der Katakomben, wenige Minuten nachdem sie sich von einem so unerwarteten Sturz erholt hatten, unendliche Freude bereitete. Nachdem ich die Zeilen überlegt hatte Als ich die Zeitung las, fragte ich sie nach einer Erklärung, und M. Longuet erzählte mir die Geschichte vom Verschwinden eines Schnellzuges und vom Wiederauftauchen eines Eisenbahnwaggons, die bei weitem die phantastischste war, die ich je gehört hatte. Dieser Mann hatte sie wollte einen Schnellzug zwischen A und B verschwinden lassen, indem er ihn auf einer Seitenlinie H I hinauf schickte, indem *er die Weichen verschob, und hatte bei K darauf gewartet* . Aber der Zug war weder bei A noch bei K aufgetaucht, das heißt , entweder ihm oder irgendjemandem anderen. Als nächstes war ihm in K ein Eisenbahnwaggon erschienen, und plötzlich war dieser Eisenbahnwaggon selbst verschwunden. Ich hätte gut glauben können, dass dieser Mann angesichts seiner Vergangenheit (der Vergangenheit von Cartouche!) und die Geschichte, die er mir jetzt erzählte, wäre verrückt, wenn er sich nicht so logisch ausgedrückt und mir die genauesten materiellen Einzelheiten über die Punkte, den Wechsel und alle Tatsachen des Falles gegeben hätte.

„Außerdem ist es eine allgemeine Erfahrung, dass ein Verrückter immer alles versteht. Aber dieser Mann wollte es verstehen. Ich flehte ihn an, die Geschichte zu wiederholen. Er sagte nichts. Zweimal wiederholte ich die Bitte und er sagte immer noch nichts die Geduld zu verlieren, als er, als er begriff, dass ich ihn etwas gefragt hatte, mir sagte, dass er ab und zu für ein paar Minuten taub sei.

„Da er sein Gehör wiedererlangt hatte, wandten wir uns wieder dem Problem mit dem Express zu. Er versicherte mir, dass er lieber zehnmal in den Tiefen der Katakomben sterben würde, als einmal aus ihnen herauszukommen, ohne zu wissen, was aus diesem Express geworden war. „Ich „Ich möchte nicht", fügte er hinzu, „das Kostbarste auf der Welt verlieren: meine Vernunft."

„„Und wann ist das passiert?' sagte ich. „Denn tatsächlich habe ich nichts vom Verschwinden eines Schnellzugs gehört; und es sollte allgemein bekannt sein."

„„Es muss inzwischen bekannt sein', sagte er in einem sehr melancholischen Ton. ,Es geschah erst ein paar Stunden vor unserem Sturz in die Katakomben.'

„Ich habe das Papier noch einmal fünf Minuten lang durchgesehen. Ich habe tief nachgedacht, nach einigen ergänzenden Details gefragt und dann in Gelächter ausgebrochen: Obwohl es sich in Wahrheit nicht um eine lächerliche Angelegenheit handelte, denn die Katastrophe war wirklich entsetzlich. Was mich zum Lachen brachte, war die scheinbare Schwierigkeit des Problems und die Freude, es in fünf Minuten gelöst zu haben.

„„Du hältst dich für einen vernünftigen Menschen', rief ich, ,weil du Vernunft hast! Aber du bist genau wie neunundneunzig Menschen von hundert, du weißt nicht, wie du sie nutzen sollst. Du redest von Die Vernunft; *aber welchen Nutzen hat die Vernunft in einem Gehirn, das nicht weiß, mit welchem Ende es sie ergreifen soll?* Es ist ein wunderbares Instrument in den Händen einer Puppe! Wenden Sie Ihren Kopf nicht auf diese mürrische Weise ab, Herr Longuet . Ich sage Ihnen: *Sie wissen nicht, zu welchem Ende Sie Ihre Vernunft ergreifen sollen!* Kommen Sie, Herr Longuet : Lassen Sie uns mit diesem Papier in unseren Händen vernunft sein.'

„Er hat es versucht, der Trottel! Er sagte: ,Es waren fünf Männer bei A und fünf Männer bei B. Die fünf Männer bei B sahen den Zug vorbeifahren; die fünf Männer bei A sahen ihn nicht. Ich – ich war bei K ; und ich bin sicher, dass es bei K nicht durchgegangen ist... folglich...'

„Folglich? ... Folglich gibt es keinen Express mehr? Folglich *ist* Ihr Express verschwunden – geschmolzen – weggeflogen ? . Longuet : Wenn du Vernunft hast, weißt du nicht, wie man sie benutzt. Erlaube mir, dir zu sagen, *dass du deine Vernunft am falschen Ende ergriffen hast!* Das falsche Ende ist das, was damit beginnt, dass du sagst: „Wir haben es nicht getan." siehe den Express", und endet mit den Worten: „Dann gibt es keinen Express mehr!" Aber ich werde *Ihnen zeigen, wie Sie Ihre Vernunft am rechten Ende ergreifen können* . Es ist folgendes: Die Wahrheit ist, dass der Express existiert, und dass er zwischen den Punkten B existiert, wo er gesehen wurde, dass er vorbeikam, und A, wo Es wurde nicht gesehen, dass es vorbeikam, und ich, wo es nicht passieren konnte. Da wir uns in einer Ebene befinden, liegt Ihr Schnellzug zwischen A, B und I. Das ist sicher ..."

"'Aber!'

„'Still! Sei still! Und da wir uns in einer Ebene befinden und in dieser Ebene eine riesige Masse losen Sandes liegt, ist der einzige Ort, an dem der Zug hätte verschwinden können, diese Sandmasse: *Das ist die ewige Wahrheit !'*...

„'Ich schwöre, das ist nicht der Fall! Ich war in K und habe auf den Express gewartet; und ich habe die Linie H I nicht verlassen.'

„'Bei den unsterblichen Meisterwerken der italienischen Renaissance befehle ich Ihnen, das rechte Ende Ihrer Vernunft, die ich in Ihre Hand gelegt habe, nicht loszulassen. Wir diskutieren in diesem Moment darüber, was ist ; wir sind noch nicht bei dem *Wie* . Es." liegt an der Tatsache, dass Sie mit dem *Wie begonnen haben* , dass Sie nicht in der Lage waren, das zu erreichen, was *ist* . *Der Express befindet sich in I, da er nirgendwo anders sein kann.* Ich bin sicher, dass die fünf Männer ihn nicht an B vorbei hätten sehen können. wie sie behaupten, es sei denn, es wäre passiert. Ich bin ebenso sicher, dass fünf Männer es bei A nicht hätten sehen können, wenn es A passiert hätte; und da die Linie A B untersucht wurde und festgestellt wurde, dass sie den Express nicht enthielt, muss es so sein dass es auf der Linie H I abbog. Da sind wir also mit dem Zug auf der Linie H I.

„'Aber ich war auch da', rief Theophrastus, ,und ich schwöre dir, *dass es nicht da war!'*

rechte Ende Ihrer Vernunft! Sie *waren bei K* ; Zufall, während der Anfang des Zuges in der Sandmasse versunken ist (ich gehe davon aus, dass die Linie H I zu kurz ist, als dass der Lokführer, der den Richtungsfehler auf halber Höhe bemerkt hatte, dies hätte tun können Zeit, die Katastrophe abzuwehren), brachen die Kupplungen des letzten Wagens, und der Wagen und der Wachwagen begannen, die Linie hinunterzufahren, die an einem Hang lag, da sie zu dieser Sandmasse führte. Dort, nachdem sie hinuntergefahren waren Linie nach H und zurück nach K, da sah man die Kutsche und Signor Petito am Fenster. (Wahrscheinlich öffnete Signor Petito das Fenster mit der Absicht, herauszuspringen, in dem Moment begriff er die drohende Katastrophe und als sie geschah, den Schock davon steckte er seinen Kopf ins Fenster.)'

„'Das verstehe ich; aber was ich nicht verstehe ...'

„' *Lassen Sie uns zunächst überlegen, was wir verstehen : Das ist das rechte Ende der Vernunft. Als nächstes betrachten wir, was wir nicht verstehen. Niemand wird im Wagen des Wachmanns gefunden. Der Schock hat den Wachmann zweifellos in den Sand geschleudert. Alle ."* Das ist sicher. Nachdem Sie Signor Petito seiner Kleider entledigt hatten, setzten Sie sich auf die Böschung und lasen seine Papiere. Als Sie den Kopf hoben, war der Eisenbahnwaggon nicht mehr da. Nun, da es ein Gefälle gab und seitdem Es wehte ein Wind, der den Kopf von M.

Petito am Fenster bewegte. Nachdem der Wagen nach H hinuntergeglitten war, befand er sich wieder auf der Linie A B, etwas höher als H auf der Seite von B, wo sich der Stab befand des Bahnhofs haben es inzwischen sicherlich gefunden. *Verstehen Sie es jetzt? Verstehen Sie alles, außer dass Sie den Zug nicht an K vorbeifahren sahen? Da alles so erklärt ist, muss es sein, dass die Dinge so passiert sind.* Nun ich Versuchen Sie nur, wie Sie den Zug an K vorbeifahren sehen konnten. Was sich im Fall von fünf Personen in A oder B nicht erklären lässt, kann sehr wohl im Fall von einer Person in K erklärt werden.

„„Ich warte', sagte M. Longuet .

„Ich lachte – und es gab wirklich Grund zum Lachen – und fuhr fort: ,Es gibt Momente, in denen Sie taub sind, M. Longuet ?'

„„Das gibt es auf jeden Fall', sagte M. Longuet .

„„Angenommen, Sie wären während des Wartens auf den Zug in K taub gewesen, *dann hätten Sie es nicht gehört .'*

„„Nein, aber ich hätte es sehen sollen.'

„Wir sind bereits zu dem Schluss gekommen, dass Sie *es nicht gehört haben .* Das ist ein beträchtlicher Fortschritt! Gott segne Sie, Herr Longuet ! Gott segne Sie!" (M. Longuet nieste.)

„M. Longuet dankte mir für meinen frommen Wunsch, und da er weiter nieste, zog ich meine Uhr aus *seiner Tasche* (er hatte sie mir bereits gestohlen) und sagte zu ihm: ,Wissen Sie, M. Longuet. ' , wie lange dauert ein einziges Niesen von Ihnen, das heißt, wie lange bleiben Sie beim Niesen mit gesenktem Kopf?... Drei Sekunden!... Das heißt eine Sekunde und zwei Fünftel länger als es ist Ich muss übersehen, dass vor Ihnen ein Schnellzug mit vier Waggons vorbeifährt, der sechzig Meilen pro Stunde fährt. Herr Longuet , der Schnellzug ist verschwunden, oder vielmehr schien er verschwunden, *weil Sie taub waren und eine Erkältung hatten!* "

„M. Longuet warf seine Arme wild in Richtung der Decke der Katakomben.

KAPITEL XXV

M. MIFROID ÜBERNIMMT DIE FÜHRUNG

„Als Herr Longuet sich von der Aufregung erholt hatte, mit der ihn meine Erklärung des Verschwindens des Expresszuges erfüllt hatte, umarmte er mich und reichte mir einen Revolver, den er in der Tasche von Signor Petito gefunden hatte . Er wollte ihn nicht behalten Er wollte, dass ich mich notfalls gegen die Exzentrizitäten verteidigen konnte, die er fürchtete, und zwar aus Gründen, die leider auf einer allzu realen Erfahrung, der gefährlichen Rückkehr, beruhten. Aus dem gleichen Grund, den er mir anvertraute ein großes Messer, das ebenfalls aus der Tasche von Signor Petito stammte .

„Wir lachten; und dann machten wir uns daran, ernsthaft über unsere Situation nachzudenken. Monsieur Longuet fuhr fort, seine Taschen zu leeren, und aus ihnen kamen sieben kleine elektrische Lampen hervor, ähnlich denen, die ich selbst gekauft hatte, bevor ich in dieses Loch fiel. Er gratulierte sich selbst Er sagte, sein Instinkt habe ihn zu Recht dazu gedrängt, reichlich davon zu nehmen, denn wenn ich meine sechs zu seinen sieben hinzurechne, hätten wir jetzt dreizehn Lampen, von denen jede garantiert achtundvierzig Stunden Licht spende, was uns sechshundertzwanzig ergibt - vier Stunden aufeinanderfolgendes Licht. Er fügte hinzu, dass wir, da wir für die zehn Stunden am Tag, Nachmittags – er war ein Befürworter der erholsamen Siesta – und Nacht, während der wir schlafen sollten, kein Licht brauchen sollten, vierzig Stunden lang Licht hätten. vier Tage acht Stunden.

„Ich sagte zu ihm: ‚Sie sind insgesamt zu altmodisch, M. Longuet . Die in den Katakomben eingemauerte Kartusche hätte mit elektrischen Lampen genau das Gleiche getan wie Sie. Aber ich, M. Longuet , ich nehme Ihre sieben Lampen.‘ und füge drei von meinen dazu; und das ist es, was ich mit ihnen mache!'

„Ich habe sie achtlos gegen den Fuß der Mauer geworfen.

Hindernissen herumzuschleppen ‘, sagte ich. ‚Sind Sie hungrig, M. Longuet ?‘

„‚Sehr, M. Mifroid …‘

„‚Wie lange denkst du, dass du hungrig sein könntest?‘

„Da er es nicht zu verstehen schien, erklärte ich ihm, dass ich ihn fragen wollte, wie lange er glaubte, ohne Essen so hungrig bleiben zu können.

„‚Ich bin mir ziemlich sicher‘, sagte er, ‚wenn ich achtundvierzig Stunden so hungrig bleiben müsste …‘

„,Nehmen wir an, dass du sieben Tage lang so hungrig geblieben bist‘, unterbrach ich. ‚Drei Lampen würden für uns völlig ausreichen, denn am Ende dieser drei Lampen hätten wir kein Licht mehr nötig!‘

„Er hatte es verstanden. Aber er lächelte freundlich, tastete herum, holte ein großes Paket vom Boden hervor und sagte:

„Aber sehen Sie, Herr Mifroid , ich muss diesen Hunger keinen Moment länger ertragen, als ich brauche . Ich habe hier einen Schinken, der zehn Pfund oder hundertsechzig Unzen wiegt. Ich bin versichert, dass, wenn ein Mann ihn zerkaut Nach der von M. Fletcher aus den Vereinigten Staaten erfundenen Methode kann er eine unbegrenzte Zeit lang von vier Unzen Schinken am Tag leben und dabei seine Fähigkeiten und seine Muskelkraft vollständig behalten. Wir haben also Nahrung für einen Mann für vierzig Tage. Essen für zwei, zwanzig Tage lang. Und dann‘ – er hielt inne, und ein seltsames Leuchten trat in seine Augen – ‚ich denke, Herr Mifroid , dass dann – am Ende dieser zwanzig Tage – *einer von uns den anderen mit Fletcherisieren wird!*‘ ‘

„,Nichts, Herr Longuet , nichts würde mich dazu bewegen, mein Leben durch die erniedrigende Praxis des Kannibalismus zu retten!‘ Sagte ich herzlich.

„,Es ist ein Gefühl, das Ihnen große Ehre erweist , Herr Mifroid ‘, sagte Herr Longuet . ‚Aber es besteht keine Notwendigkeit, und es wäre sogar unmöglich, dass wir beide Kannibalen werden.‘

„Natürlich empfand ich es als äußerst empörend, dass M. Longuet sich einer so ungeheuer altmodischen Tat schuldig gemacht hatte, dass er nicht einmal durch ein Loch in der Straße einen unerwarteten Besuch in den Katakomben machen konnte, ohne einen Schinken dabei zu haben aber ich nahm die anderen zehn elektrischen Lampen auf. Ich ließ meinem natürlichen Ärger nicht in Worten Luft, sondern sagte nur zu ihm: „Wie um alles in der Welt bist du dazu gekommen, mit einem zehn Pfund schweren Schinken durch Paris zu laufen?“

„,Ich werde meine Memoiren schreiben‘, sagte M. Longuet . ‚Und da Ruhe zum Schreiben seiner Memoiren notwendig ist und ich befürchtete, dass Sie, meine Herren von der Polizei, Ihr Bestes tun würden, um mir diesen Frieden zu rauben, wenn … Ich habe dir die Chance gegeben, ich wollte mich in einem kleinen Versteck, das ich kenne, mit diesem Schinken, diesen elektrischen Lampen und einigen weiteren notwendigen Vorräten, die ich noch nicht gekauft hatte, einschließen, um ununterbrochen schreiben zu können. Das Papier und Stifte habe ich bereits gekauft; und sie liegen in meinem Versteck.‘

„Die Entschuldigung war gültig und es gab nichts zu sagen. Ich machte mich auf den Weg den Gang entlang."

"'Wo gehst du hin?' er sagte.

„'Es spielt keine Rolle, wohin', sagte ich. ‚Aber es ist notwendig, irgendwohin zu gehen, anstatt hier zu bleiben, denn hier gibt es keine Hoffnung. Wir werden unseren Kurs beim Gehen abwägen. Unsere einzige Sicherheit liegt im Gehen; und im Gehen „Wenn wir zwanzig Tage lang laufen, ohne uns zu orientieren, haben wir alle Chancen, irgendwo anzukommen."

„'Aber warum ohne uns zu orientieren?' er hat gefragt.

„'Weil', antwortete ich, ‚ich bemerkt habe, dass es in allen Geschichten über die Katakomben immer die Orientierungen waren, die den Unglücklichen zum Verhängnis geworden sind, die verloren gegangen sind. Sie haben ihre Orientierung durcheinander gebracht, waren völlig verwirrt , und verfiel in die Erschöpfung der Verzweiflung. In unserer Situation müssen wir jeden Grund zur Verzweiflung vermeiden. Sie sind nicht zufällig verzweifelt, Herr Longuet ?'

„'Überhaupt nicht, Herr Mifroid ; ich habe nur Hunger. Und ich habe nichts dagegen, zu sagen, dass ich die Dächer der Gerando Street überhaupt nicht bereuen würde, wenn ich in Ihrer entzückenden Gesellschaft weniger hungrig wäre .'

„'Wir werden gleich essen, M. Longuet ', sagte ich. ‚Eine Unze Schinken soll unser Abendessen sein.'

„M. Longuet lächelte hungrig; dann sagte er: ‚Vielleicht würde es meinen Appetit ein wenig dämpfen, wenn Sie mir etwas über diese Katakomben erzählen würden.'

„'Ich denke, ich sollte Ihnen zunächst einen allgemeinen Überblick über die Katakomben geben', sagte ich. ‚Dann verstehen Sie besser, warum es unbedingt notwendig ist, lange zu Fuß zu gehen, bevor man sie verlässt.'

„Die Straße, der wir folgten, war eine lange Passage mit einer Höhe von fünfzehn bis zwanzig Fuß. Die Wände waren sehr trocken, und das elektrische Licht zeigte uns einen Stein, der frei von jeglicher parasitärer Vegetation und sogar frei von jeglichem Schimmel war. Es war ein Anblick, der mich faszinierte Ich beunruhigte mich, denn wenn wir uns zwanzig Tage lang von Salzschinken ohne pflanzliche Nahrung ernähren würden, befürchtete ich, dass wir dem Skorbut zum Opfer fallen könnten. Was das Trinken betraf, war ich beruhigt, denn das wusste ich In den Katakomben gab es kleine Bäche mit fließendem Wasser, und wir mussten nur weit genug gehen, um auf sie zu stoßen.

„M. Longuet konnte sich nicht mit der Vorstellung abfinden, dass wir gingen, *ohne uns darum zu kümmern, wohin* wir gingen. Ich hielt es für klug, ihm klarzumachen, dass es notwendig ist, sich nicht darum zu kümmern, wohin wir gingen. Das sagte ich ihm, was die Wahrheit war Während der Verlegung des Abwasserkanals hatten die Ingenieure, die durch das Loch in die Katakomben hinabgestiegen waren, vergeblich versucht, sich dort zurechtzufinden und einen Ausweg zu finden. Sie hatten darauf verzichten und sich mit dem Bau von drei Pfeilern begnügen müssen Stützen Sie das Dach, an dessen Oberseite die Kanalisation verlief, mit Materialien, die durch das Loch heruntergelassen wurden, durch das wir so hastig hinabgestiegen waren und das so definitiv und unglücklicherweise über unseren Köpfen zugemauert worden war.

„Um ihn nicht zu entmutigen, teilte ich ihm mit, dass wir meines Wissens mit mindestens *dreihundertzehn Meilen* [6] Katakomben rechnen könnten und dass es keinen Grund gäbe, dass es nicht noch mehr geben sollten. Es war offensichtlich, dass, wenn ich Hätte er ihm nicht sofort klar gemacht, wie schwierig es war, herauszukommen, wäre er am Ende der ein paar Tage langen Reise der Verzweiflung nachgegeben .

[6] Dies sind die offiziellen Zahlen.

„Dann denken Sie daran", sagte ich, „dass sie diesen Boden vom dritten bis zum siebzehnten Jahrhundert ausgehöhlt haben! Ja, vierzehnhundert Jahre lang hat der Mensch die Materialien aus der Erde hervorgeholt, die für den Bau darauf notwendig waren." ! So sehr, dass von Zeit zu Zeit, weil oben zu viel ist und unten stellenweise gar nichts ist, die Dinge oben wieder nach unten zurückgekehrt sind, woher sie kamen.'

„Da wir uns unter dem alten Quarter d'Enfer befanden , erinnerte ich mich daran, dass 1777 ein Haus in der d'Enfer- Straße auf diese Weise verschlungen wurde. Es wurde hundertzwölf Fuß unter dem Pflaster seines eigenen Hofes niedergestürzt. Einige Monate später, im Jahr 1778, kamen bei einem ähnlichen Erdrutsch im Bezirk Menilmontant sieben Menschen ums Leben . Ich habe mehrere Beispiele aus späterer Zeit angeführt und dabei den Verlust von Menschenleben hervorgehoben.

„Er verstand mich und sagte: ‚Tatsächlich ist es oft gefährlicher, oben herumzulaufen als unten.'

„Ich hatte seine Aufmerksamkeit erregt und fand ihn so fröhlich und interessiert, dass er alles über seinen Hunger vergaß, dass ich dies nutzte, um unsere Schritte zu beschleunigen; und ich sang den lebhaftesten Refrain, an den ich mich erinnern konnte. Er nahm ihn auf und wir sangen zusammen:

„Geht raus! Steigt aus, Jungs, mit Willen! Die Straße ist hart und heiß; Da ist ein Gasthaus hinter dem Hügel und guter Schnaps in einem Topf!'

„Das ist das Lied, das einen aus der Fassung bringt!

„Als wir des Singens müde wurden (in den Katakomben wird man des Singens schnell müde, weil die Stimme nicht trägt), stellte mir Herr Longuet hundert Fragen. Er fragte mich, wie viele Fuß Erde zwischen uns und der Oberfläche seien; und ich sagte ihm, dass sie laut dem letzten Bericht zwischen elf und zweihundertsechzig Fuß schwankte.

„„Manchmal', sagte ich, ,ist die Erdkruste so dünn, dass es notwendig ist, die Fundamente öffentlicher Gebäude bis zum Boden der Katakomben zu verlängern. Daher besteht im Laufe unserer Wanderungen die Möglichkeit, dass wir auf die Katakomben stoßen „Säulen von Saint- Sulpice , von Saint- Etienne-du-Mont, des Panthéon, des Val-de-Grâce und des Odéon . Diese Gebäude sind sozusagen auf unterirdischen Pfählen errichtet."

„Unterirdische Pfähle!' rief er freudig. „Besteht wirklich eine Chance, dass wir im Laufe unserer Wanderungen auf unterirdische Pfähle stoßen?"

„Dann kehrte er zu seiner festen Idee zurück:

„„Und besteht im Laufe unserer Wanderungen eine Chance, dass wir auf einen Ausweg stoßen? Gibt es viele Auswege aus den Katakomben?' sagte er wehmütig.

„'Viel', sagte ich. ,Erstens gibt es Ausgänge im Viertel –"

"'So viel besser!' er unterbrach ihn.

„'Und andere, die unbekannt sind, Öffnungen, durch die niemand jemals eindringt, die aber dennoch existieren: in den Kellern des Panthéon, in denen des Henri IV. College, des Observatoriums, des Saint-Sulpice- Seminars , des Midi-Hospitals, einige Häuser in den Straßen d'Enfer , Vaugirard , Tombe - Issoire; in Passy, Chaillot , Saint- Maur , Charenton und Gentilly... Mehr als sechzig...'

"'Das ist gut!'

„„Es wäre besser gewesen', antwortete ich, ,wenn Colbert nicht am 11. Juli 1678 ...'

"'Wunderbar!' unterbrach Monsieur Longuet . „Sie haben ein so gutes Gedächtnis wie Monsieur Lecamus !"

„„Es braucht Sie nicht zu überraschen, M. Longuet . Ich war früher Sekretär des Kommissars des Bezirks; und es hat mir Freude gemacht, mich für die Katakomben zu interessieren, so wie es mir seitdem Freude bereitet hat,

Geige und Bildhauerei zu üben . Sie Ich bin nicht über den altmodischen Polizeikommissar hinausgekommen, mein lieber Herr Longuet .'

„Er antwortete nicht darauf; er sagte: ‚Sie sagten, dass Colbert am 11. Juli 1678 …'

„Um der Gier der Bauherren ein Ende zu setzen, erließ er den Befehl, die Öffnungen zu den Katakomben zu schließen, bevor Paris völlig untergraben war. Diese Verordnung von Colbert hat uns sozusagen eingemauert.'

„In diesem Moment kamen wir an einer Säule vorbei. Ich untersuchte das Bauwerk und sagte: ‚Hier ist eine Säule, die 1778 im Zuge der Konsolidierung von den Architekten Ludwigs XVI. erbaut wurde.'

„„Dieser arme Ludwig XVI!' sagte Herr Longuet . „Er hätte viel besser daran getan, die Monarchie zu festigen."

„„Das wäre die Konsolidierung einer Katakombe gewesen', sagte ich glücklich, obwohl ich glaube, dass das Wort Katakomben nur im Plural verwendet wird.

„M. Longuet hatte mir die Lampe abgenommen und drehte ununterbrochen ihren Strahl von rechts nach links, als ob er etwas suchte. Ich fragte ihn nach dem Grund für diese Aktion, die meine Augen zu ermüden begann.

„„Ich suche nach Leichen', sagte er.

„„Leichen?'

„„Skelette. Mir wurde immer gesagt, dass die Wände der Katakomben mit Skeletten ausgekleidet sind.'

„„Oh, dieser makabere Wandteppich, mein Freund (ich habe ihn bereits als ‚mein Freund' angesprochen, weil ich mit seiner Gelassenheit unter so ernsten Umständen so zufrieden war), dieser makabere Wandteppich ist kaum eine dreiviertel Meile lang. Diese dreiviertel … Eine Meile wird zu Recht das Beinhaus genannt, weil Schädel, Rippen, Schienbeine, Oberschenkelknochen, Schlüsselbeine, Schulterknochen und Brustknochen ihre einzige Verzierung bilden. Aber was für eine Verzierung! Es ist eine Verzierung, die aus drei Millionen besteht und fünfzigtausend Skelette, die von den Friedhöfen von Saint- Médard , Cluny, Saint-Landry, den Karmelitern, den Benediktinern und den Unschuldigen entnommen wurden. Alle Knochen, gut sortiert, geordnet, klassifiziert und mit einem Ticket versehen, bilden entlang der Wände der Gänge, Rosen, Parallelogramme, Dreiecke, Rechtecke, Spiralen und viele andere Figuren von wunderbarer Genauigkeit. Lasst uns, mein Freund, diesen Bereich des Todes erreichen. Es wird Leben bedeuten! Denn ich kenne keinen Ort darin Paris ist angenehmer frequentiert. Man trifft dort nur verlobte Paare, Paare mitten in den Flitterwochen, Verliebte und eigentlich alle glücklichen Menschen. Aber wir sind noch nicht am Ziel. Was sind dreiviertel Meile Knochen bei dreihundertzehn Meilen Katakomben?

„,Nicht viel', sagte er mit einem tiefen Seufzer. ,Was glauben Sie, wie viele Meilen wir zurückgelegt haben, M. Mifroid ?'

„Ich flehte ihn an, keine Zeit mit Berechnungen zu verschwenden, die völlig vergeblich sein müssten; dann erzählte ich ihm, um ihn aufzuheitern, die Geschichte vom Hausmeister und den vier Soldaten. Die erste war sehr kurz: Es war einmal ein Hausmeister des Hauses Katakomben, der sich darin verirrte; sie fanden seine Leiche eine Woche später. Die zweite erzählt von vier Soldaten des Val-de-Grâce, die mit Hilfe eines Seils einen zweihundert Fuß tiefen Brunnen hinabstiegen. Sie befanden sich in der Katakomben. Da sie nicht wieder auftauchten, ließen sie Trommler im Stich, die mit ihren Trommeln so viel Lärm machten, wie sie konnten. Aber da in den Katakomben *kein Ton übertragen wird*, antwortete niemand auf den Appell. Sie suchten nach ihnen. Am Ende von Achtundvierzig Stunden lang fanden sie sie sterbend in einer Sackgasse.

„,Sie hatten keine moralische Kraft', sagte Theophrastus.

„,Sie waren Idioten', sagte ich. ,Wenn jemand dumm genug ist, sich in den Katakomben zu verirren, ist er des Mitleids, ich würde sogar sagen, des Interesses unwürdig.'

„Darauf fragte er mich, wie ich selbst verhindern könne, dass ich mich in den Katakomben verliere. Da wir eine Stelle erreichten, wo ein anderer Gang den Gang kreuzte, in dem wir uns befanden, konnte ich ohne Verzögerung antworten. Ich sagte:

„,Hier sind zwei Passagen, welche wirst du nehmen?'

„,Einer von ihnen rannte direkt von unserem Ausgangspunkt weg; der andere kehrte mit ziemlicher Sicherheit dorthin zurück. Da es unsere Absicht war, von unserem Ausgangspunkt wegzukommen, zeigte M. Longuet auf den ersten."

„,Da war ich mir sicher!' Rief ich aus. „Kennst du die experimentelle Methode überhaupt nicht? Die experimentelle Methode in den Tiefen der Katakomben hat seit Jahrhunderten gezeigt, dass jeder Mensch, der glaubt, zu seinem Ausgangspunkt (am Eingang der Katakomben) zurückzukehren, sich bewegt." Weg davon. Um also vom Ausgangspunkt wegzukommen, ist es logisch, den Weg einzuschlagen, der scheinbar dorthin zurückführt!'

„Wir lehnten den Gang ab, durch den wir offenbar unseren Weg zurückverfolgten. Auf diese Weise waren wir sicher, dass wir nicht umsonst unterwegs waren.

„Meine beiden Geschichten hatten uns über eine weitere Meile getragen;
dann sagte M. Longuet : ‚Ich muss unbedingt zu Abend essen.‘

„Wir aßen zu Abend, jeder eine Unze Schinken. Es war schwierig zu
beurteilen, wie viel eine Unze war, aber wir taten unser Bestes. Er erklärte
mir die von M. Fletcher von den Vereinigten Staaten entdeckte Methode,
sein Essen zu essen.“ Staaten. Wir teilten jede Unze in vier Bissen auf, nicht
dass es irgendwelche Bissen waren; und wir kauten jeden geduldig, bis wir
den letzten Rest Geschmack daraus herausgeholt hatten . Ich konnte ihm gut
glauben, als er mir versicherte, dass wir auf diese Weise Ich für meinen Teil
hätte mit Vergnügen den letzten Rest Geschmack aus fünfzig weiteren
Bissen dieser Art herausholen können .

„Nach diesem dürftigen, aber zweifellos überaus nahrhaften Abendessen
setzten wir unsere Reise fort. Wir legten weitere vier Meilen zurück, als ich
gestand, dass ich anfing, mich müde zu fühlen. Ich war einigermaßen
überrascht, einen Stempelhersteller zu finden, der wie M. eine sesshafte
Tätigkeit ausübte . Longuet soll mit so unermüdlicher Kraft ausgestattet sein
. Als ich von meiner Uhr, die er immer noch bei sich trug, erfuhr, dass es elf
Uhr sei, weil er sagte, er fände es tröstlich, die Uhr eines anderen zu tragen,
schlug ich vor, dass wir dorthin gehen sollten schlafen.

„Seine feste Idee, dass wir einen Ausgang aus den Katakomben finden
sollten, veranlasste ihn, eine gewisse Zurückhaltung zu zeigen. Aber ich
machte ihn darauf aufmerksam, dass es äußerst unwahrscheinlich ist, in den
ersten zwanzig Meilen von dreihundertzehn einen Ausgang zu finden; und
wir beruhigten uns.“ ausruhen.

KAPITEL XXVI

M. LONGUET FISCHE IN DEN KATAKOMBEN

„Am nächsten Morgen erwachten wir mit dem Appetit der Jugend. Mitten in unserem dürftigen Frühstück fiel mir auf, dass wir uns äußerst altmodisch benahmen. Die Helden der Romantik teilen ihre Tafel Schokolade stets in mehrere Stücke . Wir mit unserem Schinken zeigten uns genauso banal wie sie. Ich teilte diese Überlegungen Herrn Longuet mit und schlug vor, dass wir, anstatt unsere 158 Unzen Schinken zwanzig Tage lang haltbar zu machen, jeweils 10 Unzen essen sollten pro Tag, und geben Sie sich damit zufrieden, sie acht zu lassen.

„M. Longuet widersprach entschieden. Er sagte:

„„Erstens hat die bewundernswerte Entdeckung von M. Fletcher aus den Vereinigten Staaten bewiesen, dass eine solche Menge an Nahrungsmitteln für den Lebensunterhalt des Menschen unnötig ist.‘ (Später erfuhr ich, dass dies eine Falschdarstellung war.) „Zweitens ist es unsere Pflicht als französische Bürger, die erniedrigende Praxis des Kannibalismus auf den letztmöglichen Moment zu verschieben.“

„Er sprach mit energischem Nachdruck, es gab keine Widersprüche. Ich bewunderte seine Charakterstärke und schwieg.“

„Gleich nach dem Frühstück setzten wir unsere Reise fort.

„Nach etwa einer halben Stunde klagte M. Longuet über Durst, und ich erklärte ihm, dass unter unseren Umständen alle Beschwerden völlig zwecklos seien: eine Aussage, die ihm trotz aller unbestreitbaren Logik nur sehr wenig Trost zu spenden schien. Aber glücklicherweise am … Am Ende einer weiteren Stunde wurden unsere Ohren von dem angenehmen Plätschern des Wassers begrüßt, und bald darauf leuchtete der Strahl unserer elektrischen Lampe auf einem kleinen Bach, der von einer unterirdischen Quelle über den Gang floss. M. Longuet warf sich hin und begann zu trinken. Ich zögerte, denn es kam mir als Logiker so vor, als würde uns *das Trinken nur durstig machen, da wir kein Wasser mitnehmen konnten* . Dann überlegte ich, dass wir andere Quellen finden sollten, und folgte bald seinem Beispiel.

„Wir machten uns auf den Weg, und alsbald erkundigte sich Herr Longuet bei mir, ob es in den Katakomben keine Nahrung irgendeiner Art gäbe, von der wir unser Leben ernähren könnten, wenn wir die Ressourcen des Schinkens und der Überlebenden des Kannibalismus erschöpft hätten. Glücklicherweise hatte ich sie besucht das Labor der Katakomben von M. Milne-Edwards; und ich könnte ihn mit einem Bericht über die Fauna und Flora dieser Höhlen unterhalten, auf denen er sich bei Bedarf am Leben halten könnte. Das muss ich sagen Entgegen meiner üblichen Gewohnheit hatte ich große Freude an diesem Gespräch über essbare Dinge. Ich hatte tatsächlich das Gefühl, dass ein solches Thema äußerst altmodisch war; zweifellos rührte meine Freude daran von der Dürftigkeit meines Frühstücks her.

„Mein lieber Freund‘, sagte ich, ‚es ist immer möglich, nicht an Hunger zu sterben, auch wenn man die Katakomben nie verlässt. Die Flora, die kryptogame Vegetation, kurz gesagt die Pilze der Katakomben, werden es tun Ich fürchte, das reicht nicht aus, um dich am Leben zu erhalten. Aber zum Glück findest du überall dort, wo du in diesen Höhlen Wasser findest, Nahrung. Du kannst immer ein Ichthyophage werden .

„Was zum Teufel ist das?‘ sagte er misstrauisch.

„Ein Ichthyophagus ist ein Fischesser.‘

"'Ah!' rief er mit großer Befriedigung aus: „In den Gewässern der Katakomben gibt es Fische! Ich mag Fische sehr!" Er hielt inne und fügte dann nachdenklich hinzu: „Schließlich ist es besser, ein Ichthyophage als ein Kannibale zu sein."

„Sie sind keine großen Fische; aber bestimmte Bäche enthalten unkalkulierbare Mengen davon.‘

„'Wirklich? Unkalkulierbare Mengen?... Unkalkulierbare?... Wie groß sind sie?' sagte er mit großer Animation.

„Oh, sie sind unterschiedlich groß. Im Allgemeinen sind sie klein. Aber es ist überhaupt nicht unangenehm, sie zu essen. Mir wurde von ihnen erzählt, als ich zum Samariterbrunnen ging, einer sehr hübschen, großen Quelle." im Beinhaus.'

"'Ist es weit von hier?' sagte er eifrig.

„Ich kann es Ihnen im Moment nicht sagen. Ich weiß nur, dass dieser Brunnen 1810 von M. Héricourt de Thury , dem Ingenieur für unterirdische Gänge, erbaut wurde. Tatsächlich wird dieser Brunnen häufig von Copepoden (Cyclops Fimbriatus) besucht. .. '

„Ah! Copepoden ! Sind das Fische?‘

„Ja; und sie weisen für sie eigene Veränderungen des Gewebes und der Färbung auf. Sie haben ein wunderschönes rotes Auge.‘

„Was? Ein Auge?‘

„Ja; deshalb werden sie Zyklopen genannt. Aber Sie brauchen sich nicht zu wundern, dass dieser Fisch nur ein Auge hat, denn der Asellus Aquaticus, der auch in den fließenden Bächen der Katakomben lebt, ist ein kleiner

Wasserassel, wie er heißt weist darauf hin, dass es oft überhaupt keine Augen hat.'

"'Unmöglich!' rief Herr Longuet . „Wie sehen sie?"

„'Sie haben kein Bedürfnis zu sehen, da sie in der Dunkelheit leben. Die Natur ist perfekt. Sie ist perfekt darin, denen Augen zu geben, die sie brauchen; sie ist perfekt darin, denen die Augen zu nehmen, die sie nicht brauchen.'

„M. Longuet schien ein wenig nachzudenken; dann sagte er: ,Wenn wir dann weiterhin in den Katakomben leben würden, hätten wir am Ende keine Augen mehr?'

„'Offensichtlich: Wir sollten damit beginnen, dass wir unser Sehvermögen verlieren und dann unser Sehvermögen selbst. Unsere Nachkommen würden bald ihre Augen ganz verlieren.'

„'Unsere Nachkommen!' er weinte.

„Wir haben über diesen kleinen Ausrutscher gelacht; und dann drängte er mich, mit meiner Beschreibung der Fische der Katakomben fortzufahren.

„Ich habe ausführlich über die Veränderung von Organen, ihre übermäßige Entwicklung oder ihre Atrophie gesprochen, abhängig von der Umgebung, in der die Art lebt. Ich habe auch ausführlich die verschiedenen Fischarten beschrieben.

„Aber schließlich sagte er: ,Das alles über ihre Organe ist sehr interessant. Aber wie fängt man sie?'

„'Ich kann Ihnen nur sagen, dass die Katakomben, die all diese Millionen Knochen enthalten, uns nicht eine einzige Made als Köder bieten können.'

„'Egal', sagte Theophrastus. ,Es gibt mehr Möglichkeiten, einen Hund zu töten, als ihn aufzuhängen. Ein Angler hat mehr als einen Trick im Korb; und der Asellus Aquaticus sollte besser auf der Hut sein.'

„Dieser Tag und die darauffolgenden Tage waren sich sehr ähnlich. Wann immer wir an einen Bach kamen, hielten wir an und tranken. Monsieur Longuet wollte immer anhalten und fischen. Das war nicht nur Hunger; die Begeisterung des Sportlers brannte in seiner Seele. Aber Ich erklärte ihm, dass wir, soweit wir wüssten, die gesamten dreihundertzehn Meilen der Katakomben durchqueren müssten, bevor wir zum Ausgang kamen, und dass es unsere erste Pflicht sei, weiter und weiter zu gehen. Wir hätten in sie hineinfallen können das äußerste Ende.

„Um elf Uhr schien nicht nur die unterstützende, sondern auch die sättigende Wirkung der Unze Schinken erschöpft zu sein; wir waren nicht nur extrem hungrig, sondern bewegten uns auch in einem viel langsameren Tempo. Das habe ich Herrn Longuet dargelegt Es wäre klug, unser Déjeuner sofort zu haben. Aber seine schrecklichen bürgerlichen Instinkte waren zu stark für uns. Er hatte die Gewohnheit eines normalen Lebens so tief in sich verwurzelt, dass er vor Mittag nichts von Déjeuner hören wollte. Auch ich staunte darüber seine Ausdauer: Ich hätte nie gedacht, dass die Herstellung von Stempeln einem Mann diese Muskeln aus Stahl verleihen könnte. Trotzdem redeten wir zwischen elf und Mittag sehr wenig.

„Diese Unze Schinken war eine der köstlichsten Mahlzeiten, die ich je gegessen habe. M. Longuet , der im Laufe unseres Gesprächs offenbar etwas von meinem wissenschaftlichen Geist geweckt hatte, bestimmte die Zeit der Mahlzeit nach meiner Uhr. Es war eine Quelle von Es war für ihn eine große Genugtuung, dass er bei jedem Bissen neun bis elf Sekunden länger brauchte als ich. Danach setzten wir unseren Weg mit neuem Elan fort; und da ich feststellte, dass er von der wirklich empfänglichen Art war, fand ich unser Gespräch sehr angenehm.

„Der Nachmittag war genau wie der Morgen. Wir gingen spazieren und unterhielten uns über etwa ein Dutzend verschiedene Themen. Der nächste Morgen war genau wie der letzte Nachmittag; und die folgenden Tage waren einander genau gleich. Der zweite und dritte Tag waren die am wenigsten angenehmen.“ An jenen Tagen schien die sättigende Wirkung unserer Unzen Schinken schneller nachzulassen. Aber nach dem dritten Tag begann ich, den großen Wert der Entdeckung von M. Fletcher aus den Vereinigten Staaten zu erkennen . Unser Appetit hatte sich ganz normalisiert; ein Eine Unze Schinken machte sie bis zur nächsten Mahlzeit stumpf. Wir verloren tatsächlich an Gewicht, besonders M. Longuet , dessen Weste vorne etwas schlaff herunterhing. Aber die Muskeln unserer Beine schienen stärker geworden zu sein; und zweifellos war unser Intellekt schneller und schneller geworden wachsamer. Als wir meine Themen erschöpft hatten, lernte ich von M. Longuet den Prozess der Herstellung von Stempeln mit einer Gründlichkeit, die es mir ermöglichte, jederzeit in diese Karriere einzusteigen. Ich stellte fest, dass er sich das Wissen noch schneller aneignete geht es um die Ausbildung eines fähigen Polizeikommissars.

„Es wäre in der Tat eine sehr angenehme Wanderung gewesen, dank der Verschiedenartigkeit unserer Natur, die die harmonischste Gemeinschaft hervorbringt, wenn da nicht die Monotonie der Landschaft gewesen wäre, durch die unser Weg führte. Die unterirdischen Gänge, beleuchtet von unseren Lampen.“ Sie waren manchmal riesig, manchmal schmal, manchmal rund wie die Kirchenschiffe der Kathedralen, manchmal quadratisch, eckig und gemein wie die Korridore von Arbeitshäusern. Aber sie boten kein Schauspiel von großer Vielfalt. Als er gesagt hatte: „Schau, Stein!“ Schau, Lehm! Schau, Sand!' wir hatten alles gesagt, weil wir alles gesehen hatten.

„Es war am Nachmittag des vierzehnten Tages, als M. Longuet ein Gesprächsthema ansprach, das mir äußerst zuwider war: die essbaren Eigenschaften des menschlichen Körpers seine festen Ideen; und er spielte zwei sehr ermüdende Stunden lang darauf herum. An diesem Abend hielt ich zum Abendessen an den Ufern eines Baches an, der fast fünfzig Zentimeter breit war und durch den Durchgang floss, in dem wir uns befanden; und nach dem Abendessen schlug ich das schon einmal vor Wenn er sich für die Nacht zurückzieht, sollte er einmal die Begeisterung seines Sportlers ausschöpfen .

„Obwohl er tatsächlich keine Haken hatte, widmete er sich mit größtem Eifer seinem Angeln. Wir richteten das Licht unserer Lampe auf das Wasser des Baches, und plötzlich kam aus dem Loch in der Wand, aus dem es hervorging, Schwimmen Ein kleiner Fisch. Dann stellten wir fest, dass Haken beim Sport in den Katakomben unnötig waren. Da der kleine Fisch keine Augen hatte, konnte M. Longuet seine Hand auf das Bachbett legen, was vielleicht der Fall war , an dieser Stelle drei Zoll tief, und als der kleine Fisch darüber schwamm, riss er seine Hand hoch und warf sie ans Ufer. Wir untersuchten seinen Fang im Licht unserer Lampe; aber ich konnte nicht sagen, ob es so war ein Asellus Aquaticus oder ein Cyclops Fimbriatus .

„Im Laufe der nächsten Viertelstunde fingen wir noch drei weitere dieser kleinen Fische (sie waren fast zehn Zentimeter lang); beim Anblick frischer Fische erschien dann ein wölfischer Glanz in Monsieur Longuets Augen; und er machte einen Vorschlag dass wir das Abendessen wiederholen sollten, das wir gerade erst gegessen hatten. Nach seinem unangenehmen Gespräch am Nachmittag erhob ich keine Einwände. Aber mit seinem unausrottbaren bürgerlichen Instinkt beklagte er sich, dass wir keine Möglichkeit hätten, unseren Fang zu kochen. Das erklärte ich ihm Unsere frühen Vorfahren, die Höhlenmenschen, aßen wahrscheinlich den größten Teil ihrer Nahrung roh, und was auch immer wir sonst waren, wir waren im Moment zweifellos Höhlenmenschen. Mit dieser neuen intellektuellen Wachsamkeit, die wir uns nach der Methode von M. Fletcher angeeignet hatten Als ich aus den Vereinigten Staaten kam, verstand er meinen Standpunkt. Wir säuberten den Fisch mit dem Messer von Signor Petito und aßen ihn. Sie waren köstlich.

„Aber wie ich vorhersehen musste, war uns nach der vernünftigen Kost, von der wir uns in den letzten zwei Wochen ernährt hatten, plötzlich so viel reichhaltiges Essen zu viel, und mehrere Stunden lang litten wir unter den schlimmsten Verdauungsbeschwerden Aufgrund der gierigen Eile der Feinschmecker hatten wir die Zeit für die Mahlzeit nicht eingehalten und den Fisch viel zu schnell gegessen. Für einen vernünftigen Menschen ist jedoch keine Erfahrung verschwendet, und mir wurde klar , dass ein Asellus Aquaticus nach Schinken für die Mahlzeit ausreicht logischer Fletcherit.

„Nachdem unsere Verdauungsbeschwerden vorüber waren, schliefen wir tief und fest, und am nächsten Morgen setzten wir völlig unbesorgt unsere Reise fort: Es könnte sechs Monate oder ein Jahr dauern, aber früher oder später würden wir das Beinhaus finden und der Ausgang aus den Katakomben, unterstützt bei unserer Aufgabe durch den Asellus Aquaticus. Tatsächlich war es äußerst unwahrscheinlich, dass wir dafür mehr als ein paar Tage länger brauchen würden, denn ich hatte nie eine Chance verpasst, einen Durchgang zu nutzen, der scheinbar zurückführte Um zu unserem Ausgangspunkt zu gelangen, müssen wir uns zwangsläufig immer weiter von ihm entfernt haben.

„Diese Erwartung erfüllte sich früher, als ich erwartet hatte, denn in der Nacht des siebzehnten Tages, gerade als wir am Ende einer sehr interessanten Diskussion über die Vernachlässigung der logischen Fähigkeiten durch die große Mehrheit der Menschen unsere Gedanken auf uns gerichtet hatten Nach dem Abendessen und Schlafen standen uns plötzlich zwei Skelette gegenüber.

„Sie waren auf beiden Seiten an der Wand befestigt, und *ein Arm von beiden zeigte wie der Arm eines Wegweisers in den vor uns liegenden Gang* .

KAPITEL XXVII

M. MIFROID-TEILE VON THEOPHRASTUS

„Mit einem gleichzeitigen Freudenschrei beschleunigten wir unsere Schritte und befanden uns plötzlich zwischen den interessantesten geometrischen und ornamentalen Figuren, die vollständig aus Knochen bestanden.“

„Ich zog den Hut vor diesen Knochen, mit einem Gefühl tiefer Erleichterung und Dankbarkeit. Mein Aufenthalt in den Katakomben war alles andere als unangenehm, da ich die Zeit in der Gesellschaft eines so angenehmen und mitfühlenden Begleiters verbracht hatte; aber ich war es.“ Ich war froh, dass es zu Ende war. Ich hatte genug davon – vielleicht hatte mich die Monotonie der Landschaft davon ermüdet. Ich hatte mich auf die Art und Weise eingelassen, Theophrastus zu unterweisen, und brachte ihm sofort bei, zwischen dem Schienbein und dem Schienbein zu unterscheiden. den Cubitus und den Femur. Anatomiekenntnisse schaden niemandem. Aber ich musste mit Bedauern feststellen, dass er mir mit düsterer Miene zuhörte. Er schien meine Freude über das Erreichen des Ziels unserer Reise nicht zu teilen.

„Wir waren mehr als eine halbe Stunde lang zügig gelaufen; und ab und zu hatte ich innegehalten, um Theophrastus auf eine ungewöhnlich kunstvolle Anordnung der Knochen hinzuweisen, als wir plötzlich auf eine brennende Kerze im linken Auge eines Schädels stießen.“ Ich schloss dass wir endlich das Reich der Lebenden erreicht hatten. Dann stießen wir auf Kerzen über Kerzen in den Augen von Totenköpfen und dann auf Kronleuchter voller funkelnder Kerzen. Dann hörten wir Stimmen: das plappernde, klingelnde Gelächter von Frauen. Wir waren am Ende angelangt unserer Reise.

„Die ersten Worte des 20. Jahrhunderts, die wir hörten, waren:

„‚Nun, lieber Junge, diese Funktion ist nicht schwul. Ich bevorzuge den Bullier …‘

„‚Gott sei Dank, ich bin erst achtzehn Jahre alt – weit davon entfernt, diese Schienbeine zu ersetzen!‘

„Wir kamen in eine große Höhle und befanden uns mitten in einem Fest. Niemand schenkte uns Beachtung; sie hielten uns für Gäste.“

„Überall an diesen Grabwänden standen Reihen von Stühlen. Das Licht war hell, die Kerzen und die Kronleuchter mit Totenköpfen leuchteten. Am Ende der Höhle befand sich eine Plattform, die mit Reihen von Notenständern bedeckt war. Die Musiker kamen gerade dazu Das Publikum nahm die Stühle in Besitz, die Leute stritten und scherzten über die makabere Verzierung der Wände.

„Alle Cafés des Abyss, alle künstlerischen , mystischen und makabren Szenen, in denen über das Leben gelacht und der Tod verspottet wird, alle diese Logen des Butte, in denen Schädel von den Wänden grinsen und Skelette auf dem Boden klappern, alles der Trauerkarneval von Montmartre wurde übertroffen.

„Wir hatten fünfzig Musiker der Oper, von Lamoureux und von Colonne vor uns , die in das Königreich der Knochen herabgekommen waren, um den Toten ein Ständchen zu singen. Und unter den Gewölben der Katakomben, zwischen ihren Alleen und Kreuzungen, wo sich die Tragik erstreckt." Wände bedeckt mit den knöchernen Wracks von Menschen, der Trauermarsch von Chopin erhob seine Klage vor einem Publikum von Ästheten , Künstlern, Bulgaren, Moldau -Walachiern, Uraufführungsgästen, M. Mifroid und M. Theophrastus Longuet , der wie immer im Theater friedlich auf seinem Stuhl schläft.

„‚Perfekt, diese erste Geige! Perfekt!' Sagte ich leise. (Ich bin ein Kenner.)

„Was mich am meisten entzückte, war die exquisite Art und Weise, in der das Orchester das Adagio der dritten Symphonie von Beethoven vortrug. Schließlich hatten wir ‚The Dance Macabre' von Saint-Saëns. Dann klopfte ich Theophrastus auf die Schulter und sagte, dass es so sei Dann gingen wir nach Hause. Das Konzert nach drei Wochen Katakomben hatte mir sehr gut getan.

„Wir gingen zügig voran und zehn Minuten später befanden wir uns auf der Erdoberfläche. Ich atmete tief auf und atmete zufrieden auf: Mit Ausnahme des Schinkens war an unserer dreiwöchigen Reise durch die Katakomben nichts Altmodisches gewesen." .

„‚Ich habe dir gesagt, dass wir raus sollen!' Ich sagte : „Meine Frau wird sich wirklich freuen, mich zu sehen!"

„‚Umso besser für dich und für sie', sagte Theophrastus düster.

„‚Ich hätte nie geglaubt, dass die Katakomben so angenehm sind', sagte ich.

„‚Ich sollte es auch nicht tun', sagte Theophrastus düster.

„Wir gingen ein paar Minuten schweigend weiter. Es war so angenehm, unter freiem Himmel und unter den Sternen zu laufen, statt unter einem Dach bei elektrischem Licht, dass ich mich nicht beeilte, ein Taxi zu nehmen."

„Dann sagte Theophrastus: ‚Worauf wartest du?'

„Worauf warte ich? Ich warte auf nichts und niemanden. Auf mich wird gewartet. Und ich bin sicher, dass Frau Mifroid in einem schrecklichen Angstzustand sein muss."

„‚Aber warum verhaften Sie mich nicht? Als ich fragte, worauf Sie gewartet haben, meinte ich, worauf warten Sie noch, um mich zu verhaften?'

„‚Nein, M. Longuet , nein. Ich werde Sie nicht verhaften … Es war meine Mission, Cartouche zu verhaften. Aber Cartouche existiert nicht mehr! Es gibt nur M. Longuet ; und M. Longuet ist mein Freund!'

„Die Augen des Theophrastus füllten sich mit Tränen.

„‚Ich habe das starke Gefühl, dass ich geheilt bin … wenn ich mir dessen nur sicher sein könnte.'

„‚Was würdest du tun, wenn du es wärst?' sagte ich.

„‚Ich sollte zu meiner Frau zurückkehren, meine liebe Marceline', sagte er wehmütig.

„‚Nun, Sie müssen zu Ihrer Frau zurückkehren, M. Longuet ; das müssen Sie auf jeden Fall.'

„‚Du rätst mir das?'

„‚ Natürlich tue ich das.'

„‚Nein, Herr Mifroid , nein. Sie erwartet mich nicht mehr. Bevor ich durch das Loch in der d'Enfer -Straße fiel, achtete ich darauf, meine Kleidung am Ufer eines Flusses liegen zu lassen. Sie glaubt, ich sei tot – ertrunken. Sie muss in tiefe Verzweiflung versinken. Meine einzige Genugtuung ist, dass mein lieber Freund, M. Lecamus , den Sie kennen, in ihrem Kummer alles getan hat, was für sie möglich war.'

„Umso notwendiger ist es, dass du zu ihr zurückgehst", sagte ich.

„‚Das werde ich', sagte Theophrastus; und sein Gesicht hellte sich auf.

„Wir schüttelten einander die Hände und wollten uns nicht von unseren besten Freunden trennen; und tatsächlich hatte unser Aufenthalt in den Katakomben uns zu echten Freunden gemacht, als Theophrastus sich plötzlich an die Stirn schlug und sagte:

„‚ *Ich muss dir eine Geschichte deiner Jugend erzählen!* '

„Wenn nun jemand zu einem solchen Zeitpunkt, während Frau Mifroid sich in einem solchen Zustand der Angst befand, zu mir gesagt hätte: ‚Ich muss Ihnen eine Geschichte aus *meiner Jugend erzählen* ', hätte ich mich entschuldigen können und wäre geflohen. Aber er sagte: „ *Ich muss dir eine*

Geschichte deiner Jugend erzählen.'' Es war äußerst merkwürdig; ich blieb stehen und lauschte; und das war, was er mir sagte:

„„Der Vorfall ereignete sich an dieser Stelle, der Buci -Kreuzung', sagte Theophrastus.

„„War ich noch sehr jung?' fragte ich lächelnd.

„„Nun, Sie müssen zwischen fünfzig und fünfundfünfzig gewesen sein.'

„Ich zuckte zusammen. Ich bin noch nicht ganz vierzig. Und Sie können mein Erstaunen verstehen, als M. Longuet von einem Vorfall aus meiner Jugend sprach, als ich zwischen fünfzig und fünfundfünfzig war. Aber er schenkte meiner Bewegung keine Beachtung, und ging weiter:

„„Zu dieser Zeit hatten Sie einen grauen Bart, der in zwei lange, breite Spitzen geschnitten war, die anmutig bis zu Ihrem Gürtel reichten; und Sie saßen – ich kann es jetzt sehen – auf einem schönen spanischen Pferd.'

„„Wirklich? Ich saß auf einem spanischen Pferd?' (Ich war noch nie auf etwas anderem als einem Fahrrad montiert.)

„„Ein spanisches Pferd, das du einem deiner Bogenschützen zum Halten gegeben hast.'

„„Ah, ich hatte das Kommando über Bogenschützen, oder?'

„„Ja, von zwanzig berittenen Bogenschützen und hundert Bogenschützen zu Fuß. Diese ganze Truppe war aus dem Palais de Justice gekommen; und als sie die Buci -Kreuzung erreichte, stiegen Sie ab, weil Sie durstig waren und sich vor der Zeremonie etwas wünschten um draußen ein Pint in der Taverne des Smackers zu trinken.'

„„Und zu welcher Zeremonie war ich mit meinen hundertzwanzig Bogenschützen aus dem Palais de Justice gekommen?' sagte ich und wollte ihn belustigen , denn ich wollte nur nach Hause.

„„Es ging darum, mich wegen der Ermordung des Arbeiters Mondelot per öffentlicher Proklamation vorzuladen . Deshalb marschierten an diesem Tag, dem 28. März 1721, die Gerichtsschreiber, Trompeter, Trommler, Bogenschützen zu Pferd und Bogenschützen zu Fuß aus Sie marschierten in einer imposanten Prozession zum Palais de Justice, und nachdem sie die Proklamation zunächst im Court de May, wo alles ruhig verlief, und dann noch einmal auf dem Croix-Rouge-Platz vorgenommen hatten, kehrten sie hierher zur Buci -Kreuzung zurück. Sie hatten getrunken Ihr Pint, M. Mifroid , und bestiegen gerade Ihr spanisches Pferd, als sich dieser bemerkenswerte Vorfall ereignete. Der Gerichtsschreiber las sehr feierlich: „Im Namen des Königs, durch die Herren des Parlaments, der besagte Louis-Dominique Cartouche.'' ..', als eine Stimme schrie: ‚Anwesend! Hier ist die Kartusche!

Wer will die Kartusche?' ... Im selben Moment löste sich die ganze Prozession auf, als die Gerichtsschreiber, Bogenschützen zu Fuß und Bogenschützen zu Pferd, Trommler und Trompeter, zusammenbrachen und ... floh in alle Richtungen... Ja; es war kein einziger Mensch an der Buci - Kreuzung zurückgeblieben, *kein einziger Mensch außer mir und dem spanischen Pferd*, nachdem ich gerufen hatte:

„„Hier ist Kartusche!'

„Phänomen, das merkwürdiger ist als alle merkwürdigen Phänomene in den Tiefen der Katakomben! ... Kaum hatte M. Longuet gesagt: ‚Hier ist die Kartusche!' Dann fing ich an, von der Buci -Kreuzung wegzufliegen, so schnell meine Beine mich tragen konnten, als ob die Angst vor Kartusche *fast zweihundert Jahre lang in den Waden der Polizei an der Buci -Kreuzung gelebt hätte!* „

KAPITEL XXVIII

THEOPHRASTUS GEHT IN DAS EWIGE EXIL

An dieser Stelle verlasse ich den Bericht des Polizeikommissars M. Mifroid . Der Abschluss ist in der Tat angefüllt mit den tiefgründigsten und philosophischsten Überlegungen über die Wirkung der Kameradschaft im Unglück auf das menschliche Herz; aber sie sind für die Geschichte von Theophrastus nicht relevant.

Als der Lärm der fliegenden Füße von Herrn Mifroid nicht mehr durch die leere Straße hallte, erfüllte sich das Herz dieses unglücklichen Mannes mit tiefster Wehmut. Hier war wieder diese verfluchte schwarze Feder! Betrachten Sie ihn im flackernden Licht einer Straßenlaterne. Er schüttelt den Kopf. Ah! Mit was für einer beklagenswerten Miene schüttelt er seinen elenden und schmerzerfüllten Kopf! Wovon träumt er, unglücklicher Kerl, dass er immer wieder seinen glücklosen Kopf schüttelt? Zweifellos erscheint ihm die Idee, zurückzukehren, um den Frieden seiner lieben Marceline zu stören, nicht mehr vernünftig. Er lehnt es eindeutig ab, denn seine schweren, trägen Füße tragen ihn nicht auf die Anhöhen der Gerando Street.

Einige Minuten später findet er sich am Saint-Andrew-des-Arts Place wieder und stürzt sich in die dunkle Passage der Suger Street. Er klingelt an einer Tür. Die Tür geht auf. In der Passage fragt ihn ein Mann in Bluse, mit einer Papiermütze auf dem Kopf und einer Laterne in der Hand, was er will.

„Guten Abend, Ambrose. Du bist immer noch wach, oder – so spät?" sagte Theophrastus. „Ich bin es. Oh, es ist viel passiert, seit ich dich das letzte Mal gesehen habe!"

Es war wahr. M war viel passiert . Longuet, seit er Ambrose das letzte Mal gesehen hatte, denn er hatte ihn seit dem Tag nicht mehr gesehen, als er von ihm das Datum des Wasserzeichens auf dem Dokument erfahren hatte, das in den Kellern der Conciergerie gefunden wurde.

„Kommen Sie herein und fühlen Sie sich wie zu Hause", sagte Ambrose.

„Ich werde dir morgen alles darüber erzählen", sagte Theophrastus. „Aber heute Nacht möchte ich schlafen."

Ambrosius nahm ihn mit ins Bett und er schlief den traumlosen Schlaf eines kleinen Kindes.

In den nächsten Tagen versuchte Ambrosius, Theophrast zum Reden zu bewegen; aber seltsamerweise bewahrte er völliges Schweigen. Er verbrachte seine Zeit mit Schreiben und Schreiben. Ein- oder zweimal ging er nachts aus. Einmal fragte Ambrosius ihn, wohin er gehe.

„Ein Kommissar der Polizei, M. Mifroid , schreibt einen Bericht über eine Reise, die wir gemeinsam unternommen haben", sagte Theophrastus. „Und ich werde ihn um eine Kopie davon bitten."

Ich neige zu der Annahme, dass er in einer dieser Nächte auch in die Wohnung in der Gerando Street an seinem Lieblingsschornstein zurückgekehrt sein muss und dort den Bericht über den Betrieb von M. Lecamus mitgenommen hat, den er für den Pneumatik-Club geschrieben hatte M. Eliphas de Saint- Elme de Taillebourg de la Nox . Auch in einer dieser Nächte muss er die mit Stahl eingelegte Sandelholzkiste erworben haben; und da Ambrose glaubt, dass er nur wenig Geld hatte, ist es nicht unwahrscheinlich, dass er, als er es erwarb, seine Schwarze Feder hatte.

Eines Abends kam er mit einer Kiste, der Sandelholzkiste, unter dem Arm die Treppe hinunter; und mit einer Miene düsterer Befriedigung sagte er zu Ambrose: „Ich habe meine literarischen Arbeiten beendet und ich denke, ich werde meine Frau besuchen."

„Es gefiel mir nicht, mit Ihnen über sie zu sprechen", sagte Ambrose schnell. „Ihre Niedergeschlagenheit und Ihr unerklärliches Verhalten ließen mich befürchten, dass Sie häusliche Schwierigkeiten hätten."

„Sie liebt mich so gern wie eh und je!" rief Theophrastus mit einiger Hitze.

Als er das Haus verließ, sagte Ambrosius zu ihm: „Gedenke mir freundlich gegenüber Marceline."

Theophrastus sagte, dass er es tun würde; aber zu sich selbst sagte er:

„Marceline wird mich nie sehen; sie darf mich nie sehen. Nicht einmal die Katakomben haben meine tödliche schwarze Feder herausgerissen. Ich darf ihren Frieden nicht stören. Sie *wird* mich nie sehen. Aber ich – ich möchte sie noch einmal sehen aus der Ferne, *um zu sehen, ob sie glücklich ist* .

Er schluchzte auf der Straße.

Es ist neun Uhr nachts, eine dunkle Winternacht. Theophrastus besteigt den Hang, an dessen Spitze sich die Mauern der Azure Waves Villa erheben. Mit zitternder Hand zieht er den Riegel der kleinen Gartentür hinter dem Haus zurück. Sanft und geräuschlos durchquert er den Garten, eine Hand an sein Herz gedrückt, das noch wilder schlägt als in der Nacht des Schnurrens der kleinen violetten Katze – sein gutes Herz, sein großes Herz, immer noch überströmend vor Liebe zu seiner Frau wünscht sich glücklich zu sehen.

Im Wohnzimmer brennt Licht; und das Fenster steht ein paar Zentimeter offen, denn die Nacht ist schwül. Sie gehen langsam und lautlos auf einen

Sichtschutzstrauch zu, stellen die Sandelholzkiste ab und spähen durch die blattlosen Zweige in den gemütlichen Salon.

Ah! Was hast du im Salon gesehen? ... Warum dieses tiefe Stöhnen? Warum reißt du dir die weißen Locken aus der Stirn? ... Was hast du gesehen? ... Spielt es schließlich eine Rolle, was du gesehen hast, *da du tot bist?* Wollten Sie Ihre Frau nicht glücklich sehen? Nun, du siehst sie glücklich!

Sie und M. Lecamus sitzen auf dem Sofa. Sie halten einander an der Hand; sie schauen einander mit den Augen von Liebenden an. Er küsst sie mit Respekt, aber mit Hingabe. Er tröstet sie über den Verlust von dir. Du hast es dir gewünscht. Wie kann er sie besser trösten, als dich zu ersetzen?

Theophrastus, der sanfte, gutherzige Hersteller von Gummistempeln, erkennt dies. Er lässt sich im kalten, nassen Gras auf die Knie fallen und weint Tränen bitterer Resignation. Er versöhnt sich mit der Notwendigkeit der grausamen Tatsache, dass sie in seinem gemütlichen Wohnzimmer sitzen und er auf seinem kalten, nassen Gras kniet. Er hat sich fast damit abgefunden; aber nicht ganz. Was ist das, das da vorstößt, hinausstößt? *Der Aufwärtsschub der Vergangenheit – die schwarze Feder!*

Die Tränen trocknen in den Augen von Theophrastus. Seine Augen glänzen mit einem bösen Glanz durch die trübe Winternacht. Er springt auf; er knirscht mit den Zähnen; er schreit heiser:

„ Bei der Drossel von Madame Phalaris! “

Die Vergangenheit hat ihn im Griff; Er wird von den Schmerzen der Eifersucht der alten Zeit und den Schmerzen der neuen Zeit geplagt. In drei Sekunden ist er durch das Fenster und im Wohnzimmer. Wilde Schreie des Schreckens begrüßen seinen Eintritt; aber zehn Sekunden später liegt Herr Lecamus bewusstlos in dem großen Sessel, an Händen und Füßen mit dem Glockenseil gefesselt. Als er wieder zu sich kommt, ist der Zeiger der Uhr auf zehn Minuten vorgerückt. Von Ängsten und Spannung zerrissen, hört er mit allen Ohren zu. Er hört schwache Bewegungen im Stockwerk darüber. Die Minuten vergehen; zwanzig Minuten vergehen. Dann sind schwere Schritte auf der Treppe zu hören. Theophrastus tritt ein, erneut ein veränderter Theophrastus: Seine Augen strahlen nicht mehr in einem bösen Licht; Sie sind voller unvergossener Tränen. Sein Gesicht ist voller intensiver Emotionen; und auf seiner Schulter ist ein Portmanteau.

Was enthält dieses Portmanteau?

Theophrastus, dessen Gesicht von intensiver Emotion geprägt ist, durchquert den Raum zu seinem alten Freund. Er ringt seine Hand, ringt sie zum letzten Mal; und mit gebrochener Stimme, einer Stimme voller Tränen, sagt er:

„Auf Wiedersehen, Adolphe! Auf Wiedersehen, lieber Freund, für immer !
Ich gehe zur *Seine in der Nähe der Rathausbrücke. Ich muss diesen Koffer verlassen.*
Und dann gehe ich in die ewige Verbannung!"

Er löste die Hand seines Freundes und ging mit erstaunlicher Leichtigkeit
durch das Fenster, während sein Gesicht immer noch voller Emotionen war.

Herr Lecamus hat ihn nie wieder gesehen; er hat Marceline nie wieder
gesehen; er hat das Portmanteau nie wieder gesehen. Wandert der
unglückliche Theophrastus, glückloser Verbannter aus dem von ihm
geliebten Paris, durch den Fernen Osten oder den Fernen Westen? Ist er in
der alten Modepolizei des 18. Jahrhunderts in Bagdad oder baut er in Chicago
ein Stempelgeschäft auf?